Dal i fod yn fi

I fy nheulu

MARI GRUG

Dal i fod yn fi

gyda Meleri Wyn James

Diolch:
I Meleri Wyn James am yr holl gefnogaeth.

Argraffiad cyntaf: 2025
© Hawlfraint Mari Grug a'r Lolfa Cyf., 2025

Mae hawlfraint ar gynnwys y llyfr hwn ac mae'n anghyfreithlon llungopïo neu atgynhyrchu unrhyw ran ohono trwy unrhyw ddull ac at unrhyw bwrpas (ar wahân i adolygu) heb gytundeb ysgrifenedig y cyhoeddwyr ymlaen llaw

Dymuna'r cyhoeddwyr gydnabod cymorth ariannol
Cyngor Llyfrau Cymru

Llun y clawr: Glyn Rainer
Cynllun y clawr: Sion Ilar

Rhif Llyfr Rhyngwladol: 978 1 80099 758 8

Cyhoeddwyd, rhwymwyd ac argraffwyd yng Nghymru gan
Y Lolfa Cyf., Talybont, Ceredigion SY24 5HE
gwefan www.ylolfa.com
e-bost ylolfa@ylolfa.com
ffôn 01970 832 304

Cynnwys

1	Bron	6
2	Torri'r newydd i Mam a Dad	12
3	Barod am ffeit!	19
4	Yn llygad y cyhoedd	30
5	Genyn bach	38
6	Dreifo'r tractor pinc	45
7	Bŵbs	54
8	Ants yn fy mhants!	60
9	Salwch Mam	71
10	Ysgol brofiad	77
11	Pawb at y peth y bo	83
12	Cariadon ysgol	92
13	Chware plant	103
14	Teulu bach	111
15	Tŷ bishi	121
16	Realiti teledu	128
17	'Ymlân at 2024. Amdani!'	136
18	*1 mewn 2*	140
19	Pedlo, pedlo	149
20	Sut mae Gareth?	157
21	Cylch bywyd	167
22	Sudd seleri	174
23	Amser a ddengys	180

1

Bron

FE DDECHREUODD Y rhan hon o fy stori yn hollol ddirybudd. O'n i'n gwylio teledu gyda Gareth, y gŵr, pan deimles i lwmpyn yn fy mron. Mis Ebrill 2023 oedd hi ac roedd Eisteddfod yr Urdd ar fy stepen drws yn Sir Gâr. Roedd hi'n amser prysur ofnadwy, gyda llawer o bethe'n mynd mlân, ac ar y nos Wener o'n i'n cyflwyno sioe ffasiwn i godi arian yng Nghlwb Rygbi Castellnewydd Emlyn. Roedd llawer o fwrlwm, pawb yn edrych mlân i'r eisteddfod ac o'n i'n aelod o'r pwyllgor oedd wedi trefnu'r noson honno. Wrth gwrs, roedd y lwmpyn bach yn chware ar fy meddwl. Ond fe roies i fy ofnau tu cefn i fi a chario mlân.

Ces i apwyntiad gyda'r doctor ar y dydd Mawrth canlynol. O'n i'n gwbod bod nifer o fenywod yn dod o hyd i lympiau yn y fron. Roedd Mam wedi cael canser y fron flynyddoedd yn ôl ac mae hi'n ei saithdegau nawr. Fel hyn o'n i'n rhesymu â fi fy hunan nes i'r doctor gadarnhau fy ofnau:

'O, oes, ma lwmpyn 'na,' meddai ar ôl teimlo fy mron.

Doedd y doctor ddim yn gallu teimlo dim byd yn y nodau lymff ond fe benderfynodd fy anfon i i Ysbyty Tywysog Philip yn Llanelli mewn pythefnos.

'Cofia di nawr, mae 90% o achosion yn troi mas i fod yn ddim byd. Ond well i ni neud yn siŵr,' meddai, ac roedd ei eiriau'n gysur mawr.

Fe wnes i dreial fy ngore i beidio â meddylu gormod am y peth. O'n i'n brysur gyda bywyd teuluol ac fe es i i'r gwaith ar ôl yr apwyntiad achos o'n i'n cyflwyno rhaglen *Heno* y noson honno. Yn ystod yr un cyfnod, ces i alwad ffôn gan gynhyrchydd *Bore Cothi* ar Radio Cymru. Ro'n nhw am i fi gymryd lle Shân Cothi – a hynny ar yr un diwrnod o'n i fod i gael profion pellach yn Llanelli. O'n i'n gweithio'n llawrydd, felly do'n i ddim yn aml yn gwrthod gwaith, ond y tro hwn roedd rhywbeth bach yn dweud wrtha i, 'Na, mae'n well i ti beidio, Mari'.

Mae'n rhyfedd beth mae rhywun yn ei gofio, a dwi'n cofio'n iawn beth o'n i'n ei wisgo ar gyfer fy apwyntiad yn Llanelli ar ddydd Gwener yr 28ain – jîns a siwmper wanwynol weddol newydd, o siop Lan Llofft yn Llanbed. O'n i'n hen gyfarwydd â theithio i Lanelli wrth gwrs, achos dyna ble oedd stiwdio *Heno* a *Prynhawn Da*, ac fe es i i Ysbyty Tywysog Philip ar ben fy hunan. Er 'mod i heb fod yn yr ysbyty o'r blân o'n i'n gyfarwydd â'r gwaith da oedd yn cael ei wneud yno. O'n i wedi ffilmio sawl eitem am ddigwyddiadau i godi arian i'r Uned ac wedi cyfweld pobol oedd yn cael triniaeth a'u teuluoedd lawer gwaith, gan glywed canmol mawr. O dro i dro, bydden i'n cwrdd â menywod fydde'n dweud, 'Ti'n cofio ti'n cyfweld â fi? Dwi 'di cael yr *all clear* nawr.' Roedd clywed hynny'n cynhesu fy nghalon bob tro.

Ond nawr, dyma fi, ar yr ochr arall, yn eistedd yn stafell aros yr ysbyty ar ben fy hunan, yn meddwl, 'Be sy o dy flân di, Mari fach?'.

Ces i bwl o lefen cyn yr apwyntiad. Roedd Gareth wedi mynd i'r gwely'n gynnar y noson gynt a dechreues i wylio

Pretty Woman ar y teledu – un o'r ffilmiau hynny sy'n perthyn i fy arddegau. Pan glywes i'r gân 'It Must Have Been Love' – yn gefndir i'r olygfa pan mae Julia Roberts yn gadael y gwesty gan feddwl ei bod yn ffarwelio â'i bywyd newydd – dechreues i lefen y glaw. Ynof fy hunan, do'n i ddim yn gofidio, ac eto roedd rhan o fy isymwybod i'n gwbod.

Yn yr ysbyty, fe sylwon nhw'n syth ar y llawnder yn fy mron, rhywbeth do'n i ddim wedi sylwi arno. Ces i *ultrasound* ac fe ddwedodd yr arbenigwr, yn llawn difrifoldeb, 'Ti angen mamogram *nawr*,' gan bwysleisio ei fod yn fater brys. Doedd dim aros i fod. Ces i fy anfon i stafell arall lle roedd yr offer yn barod ar fy nghyfer. Do'n i erioed wedi cael mamogram o'r blân ond o'n i wedi clywed am brofiadau menywod eraill, gan gynnwys fy mam fy hunan, ac felly o'n i'n gwbod beth i'w ddisgwyl. Pan ddes i'n ôl i gael canlyniadau'r mamogram wrth yr arbenigwr, gofynnodd y nyrs i fi,

'Oes rhywun gyda ti?'

'Pam?' atebes i.

'Wel, ti'n edrych bach yn ypsét.'

Dwi'n meddwl bod yna ychydig o naïfrwydd yn fy mhenderfyniad i fynd i'r ysbyty ar ben fy hunan. Do'n i ddim yn sylweddoli mor arbennig oedd y gwasanaeth ac y bydden i'n dod oddi yno gyda chanlyniadau'r profion ar fy mron.

Doedd y newyddion ddim yn dda.

Roedd llawer o ddarnau gwyn, *calcifications*, ar y fron, a'r rheini'n amlwg ar y mamogram. Fe wnaethon nhw biopsi lle ro'n nhw'n rhoi prôb i mewn i'r tisw ac roedd yr arbenigwr wedi teimlo rhywbeth yn y nodau lymff hefyd. Roedd yn amlwg yn arwydd gofidus yn eu meddwl nhw. Os oedd y canser wedi lledaenu i'r nodau lymff, ble arall oedd e? Fe ddwedwyd wrtha i am ddod 'nôl mewn tair wythnos i gael canlyniadau pellach.

'Dyw e ddim yn edrych yn dda, odi fe?' gofynnes i'n ofnus.

'Na, dyw e ddim,' oedd yr ateb.

Fe wnes i adael Llanelli y diwrnod hwnnw yn gwbod bod 'da fi ganser y fron.

Ces i fy llorio.

Wrth gerdded i'r maes parcio ffones i Gareth a dechreues i lefen. Roedd e'n gwbod yn syth, dyw hyn ddim yn dda. Dwi ddim yn cofio gyrru adre ond dwi'n dal i allu'n gweld ni'n dau yn sefyll yn y gegin. Roedd Gareth yn treial bod yn gadarnhaol ond o'n i'n mynnu, 'Na, na, Gareth, ma'n nhw wedi gweud. Canser yw e.'

Roedd penwythnos prysur o'n blaenau ni. Roedd hi'n Galan Mai ac roedd y Tywysog Charles yn cael ei goroni yn Llundain. Yn ein byd bach ni, es i i ddigwyddiad codi arian i'r eisteddfod ym Mharc y Strade ac roedd Ras y Maer mlân gyda'r plant. Roedd 'da fi fandej ar fy mron chwith ar ôl y biopsi a dwi'n cofio gorfod ystyried beth o'n i'n mynd i wisgo fydde ddim yn dangos hwnnw. Roedd e'n achlysur *black tie* – swper ac ocsiwn, un o'r digwyddiadau ola i godi arian cyn yr eisteddfod. O'n i wedi dewis gyrru y noson honno ac o'n i'n rhannu bwrdd gyda sawl un cyfarwydd i fi, ond ddwedes i ddim byd wrth neb.

Dwi'n cofio siarad gyda chynhyrchydd teledu do'n i ddim wedi ei gweld ers blynyddoedd, a hithe'n dweud wrtha i ei bod hi newydd gael *'scare'* gan feddwl bod canser y fron 'da hi. Yn ffodus, roedd popeth yn iawn yn ei hachos hi. Dwi'n cofio meddwl, trueni na allai'r un peth fod yn wir am fy sefyllfa i.

Do'n i ddim wedi dweud wrth Mam a Dad, achos roedd Gareth a finne eisie prosesu'r peth rhyngddon ni'n dau yn gynta. Roedd e'n newyddion torcalonnus ac roedd elfen gref o ddymuno gwarchod pobol eraill yn ein penderfyniad i gadw'r newydd i ni'n hunain nes ein bod ni'n gwbod yn iawn beth oedd y sefyllfa. O'n i'n sylweddoli bod hyn ymhlith y newyddion gwaetha y gallai rhieni ei glywed am eu plant. Felly penderfynes i nad oedd angen iddyn nhw wbod eto. O'n i ond yn siarad gyda Gareth am y peth yn y gwely, achos yn amlwg do'n ni ddim eisie i'r plant glywed am ofid Mam eto.

Fel cyflwynydd teledu byw, dwi wedi cael fy hyfforddi i feddwl bod rhaid cario mlân, dim ots beth sy'n digwydd. Weithie, bydd trafferthion yn codi wrth ffilmio *Heno* a *Prynhawn Da* ac fe fydden ni'r cyflwynwyr yn clywed amdanyn nhw trwy'r teclyn yn ein clustiau. Y cyngor fydden ni'n ei gael wrth y cynhyrchydd bob tro yw i 'gario mlân'. A dyna wnes i yn fy mywyd i, wrth barhau i gyflwyno, i wneud gwaith lleisio, i gynnal cyfarfodydd i drafod gwaith. O'n i'n siaradwr gwadd gyda chylch cinio merched Caerfyrddin yn yr Ivy Bush ar y 5ed o Fai. Es i yno i ddiddanu'r menywod ond wnes i ddim sôn gair am y canser yn fy mron.

Wrth gael y CT Scan yn Ysbyty Glangwili i weld oedd y canser wedi lledu i unrhyw ran arall o'r corff dalies fy hunan yn hel meddyliau am y dyfodol. Oedd bywyd normal ar fin newid am byth? Ac eto, ar y tu fas, roedd bywyd yn mynd yn ei flân fel y bu, ac ers hynny mae rhai o'r mamau wedi dweud wrtha i na fydden nhw byth wedi dyfalu bod unrhyw beth yn bod. Rhaid i'r sioe fynd yn ei blân – dyna'r math o berson ydw i. Camera mlân, cyflwyno. Dyna'r drefn dwi wedi arfer gyda hi yn fy ngwaith ac mae'r meddylfryd hwnnw wedi gorlifo i fywyd bob dydd. Doedd canlyniadau'r CT Scan ddim wedi dod 'nôl eto, ond oherwydd fy oedran, fe benderfynodd yr arbenigwr y dylen i gael PET Scan yn Ysbyty Singleton... rhag ofn...

Bron

Aethon ni'n ôl i Lanelli ar y 19eg o Fai i gael canlyniad y biopsi. Roedd yr apwyntiad am 9.30 y bore, a daeth Gareth gyda fi y tro hwn. O'n i'n gwbod beth oedd o 'mlân i wrth yrru yno. Ro'n nhw wedi sgwennu'r canlyniadau ar bapur:
Left axillary lymphnode biopsy – confirms metastic spread of invasive ductal carcinoma awaiting Plan – CT scan – awaiting report, PET – CT if CT scan is negative and clear
For referral – chemotherapy.
Dwi'n cofio meddwl, reit, ti wedi cael deiagnosis ofnadwy. Ond dyna fe. Dewch i ni wneud hyn. Ymlaen.

Fel arfer, roedd 'na benwythnos lawn o'n blaenau ni, ymarfer Oedfa yr Urdd yn Llanymddyfri ar y dydd Sadwrn ac yna roedd angen mynd ati i beintio palets yn goch, gwyn a gwyrdd i groesawu pawb i Sir Gâr ar gyfer yr eisteddfod. Yng nghanol popeth, o'n i'n hynod o ddiolchgar i gael cymaint o bethe i ddwyn fy meddwl i le gwell.

11

2

Torri'r newydd i Mam a Dad

ROEDD GWAITH PWYSIG i'w gwblhau nesa. Ac roedd rhaid cyflawni'r gwaith, sef mynd lawr i Fynachlog-ddu i dorri'r newyddion am y canser i Mam a Dad. O'n i yn yr ysbyty yn Llanelli erbyn hanner awr wedi naw y bore, ac ar ôl gorffen yno aeth Gareth a finne'n syth i Fynachlog-ddu ac ro'n ni ar glos Fferm y Capel cyn cinio. Do'n nhw ddim yn ein disgwyl ni.

Roedd y siwrne i lawr yn hunllefus. Pan o'n i'n byw yng Nghaerdydd ac yn cyflwyno'r tywydd ar S4C bydden i'n aml yn teithio i'r gwaith o getre, adeg shiffts Nadolig er enghraifft. Dwi wedi teithio o Lanelli i Fynachlog-ddu cymaint o weithie mae hi bellach yn siwrne rwydd. Bron y gallen i ddweud y bydden i'n gallu ei gwneud hi â'n llygaid ar gau. Ond roedd hon yn daith wahanol iawn.

Fe ffones i fy ffrind Rhian ar y ffordd. Yn ogystal â bod yn ffrind mynwesol mae hi'n fferyllydd ac mae ei chefnogaeth a'i chynghorion wedi bod yn greiddiol i'r siwrne hon. Mae Rhian a finne'n ffrindie gore ers ein bod yn yr ysgol uwchradd a nawr mae hithe a'i gŵr Jonathan, sy'n ddoctor, yn gweithio yn y byd meddygol. Mae'r ddau wedi bod yn ffynonellau gwybodaeth gwych. Darllenes i'r deiagnosis i Rhian wrth deithio yn y car. Do'n i ddim hyd yn oed yn gallu dweud y gair *'metastasized'* ar y pryd. Pan glywodd Rhian y gair hwnnw fe ddechreuodd hi lefen. Roedd honno'n foment anodd. Fe ddaeth llais bach petrus i fy mhen, 'O, ocê, odi hynny ddim yn dda?' Na, doedd y deiagnosis ddim yn dda, yn ôl ymateb Rhian:

'O, shit!' ebychodd hi. 'Mae'r canser 'di metastasiso.'

Dyna un peth dyw pobol ddim yn ei ddeall: mae canser i'w gael, ond mae canser gwaeth i'w gael hefyd. Dyna un o'r rhesymau dwi'n grediniol ei fod e'n bwysig iawn i godi ymwybyddiaeth. Unwaith mae'r canser wedi symud o'r man gwreiddiol, a thiwmor wedi dechre tyfu mewn ail le, mae mwy o broblemau ac felly mae'n anoddach i gael ei wared e i gyd. Glywes i rywun yn cymharu'r sefyllfa gydag arllwys pot o gliter yn dy gar. Rwyt ti'n treial casglu'r darnau i gyd ar y pryd, ond mewn wythnosau, misoedd, blwyddyn, byddi di'n dal i ddod o hyd i ddarnau bach o gliter. Dyna yw canser metastatig.

Roedd fy neiagnosis gwreiddiol yn ganser *metastasized* o'r fron i'r nodau lymff. Mae hynny'n ddeiagnosis cyffredin, gwaetha'r modd. Dwedodd yr arbenigwr wrtha i fod yna bosibilrwydd y bydde'r canser wedi lledu i rywle arall hefyd, oherwydd roedd fy nghanser i yn y nodau lymff yn eitha *'invasive'*, sef ei fod wedi tyfu y tu hwnt i'r tisw gwreiddiol ac wedi mynd i mewn i disw iach. Ac roedd e'n diwmor sylweddol. O'n i'n gallu dirnad wrth ymateb Rhian bod y sefyllfa ddim yn dda o gwbwl ac fe ddwedodd hi wrtha i'n blwmp ac yn blaen, 'Byddi di'n blincin lwcus os na fydd e 'di mynd i rwle arall.' Pan glywes i hi'n llefen ben arall y ffôn ges i lond twll o ofn. Ond roedd rhaid treial rheoli'r ofn hwnnw am y tro oherwydd bydden i'n wynebu Mam a Dad unrhyw funud.

Yn Fferm y Capel, roedd hi'n ddiwrnod arferol. Roedd Dad tu fas gyda fy chwaer hynaf, Elin. Mae Elin a Dad yn cyd-ffermio erbyn hyn, ac o'n i wedi cysylltu â hi i'w rhybuddio ein bod ni ar ein ffordd. O'n i eisoes wedi rhannu'r newyddion am y deiagnosis gydag Elin ac yn falch iawn y bydde hi yno yn gefn. Pan landion ni, o'n i'n gallu gweld wrth ei hwyneb difrifol ei bod hi ddim yn edrych mlân. 'Co ni off, 'te,' oedd yn ei meddwl hi – roedd gorchwyl o'i blân. Roedd Mam yn fishi yn y tŷ yn gofalu ar ôl Martha fach, fy nith, ac roedd Dad yn brysur ar y clos. Gorfon ni ddweud wrth Dad am ddod i mewn i'r tŷ yn y diwedd, ac eto, fe ddwedodd e wedyn ei fod e'n synhwyro bod rhywbeth yn bod. Yn sydyn, gofynnodd e,

'Odi'r alwad 'ma'n fusnes neu'n bleser?'

Tynnes i anadl ddofn a dweud, 'Steddwch lawr.'

Dyna'r sgwrs anodda dwi erioed wedi ei chael 'da Mam a Dad.

Eisteddon ni wrth fwrdd y gegin, ble ry'n ni wedi eistedd droeon i roi'r byd yn ei le dros ddished neu lased o win. O'n i wedi cael sawl row fan hyn hefyd! A dyma ble o'n i'n mynd i ddweud wrth Mam a Dad am y canser.

Dwi ddim yn credu 'mod i wedi ymarfer beth o'n i'n mynd i'w ddweud ond roedd y newydd yn gorfod dod mas. Dwi'n cofio troi at Mam a dweud,

'O, Mam! Merch 'yn fam ydw i.'

Ac roedd hi'n gwbod yn syth, 'Ma canser 'da hon.'

Gwelwodd Mam, ac eto fe lwyddodd hi i ddal ei hunan at ei gilydd yn dda iawn ar y pryd. Ers hynny mae hi wedi dweud wrtha i ei bod hi wedi torri lawr yn gyfan gwbwl wedyn. Roedd e'n rhyddhad mawr i allu rhannu'r newyddion. Dwi ddim yn teimlo i fi gelu'r deiagnosis wrthyn nhw, ond o'n i eisie gwbod beth yn union oedd fy sefyllfa i gynta. Eu gwarchod nhw, dyna oedd y bwriad. Roedd hi'n anodd ofnadwy i dorri'r newyddion i fy rhieni bod canser gyda'u plentyn nhw a galla i ond dychmygu sut oedden nhw'n teimlo y foment honno. O edrych 'nôl, dwi ddim yn difaru fy mhenderfyniad i ddal y newyddion yn ôl nes 'mod i'n gwbod hyd a lled y deiagnosis. Roedd hi'n haws gallu rhannu rhai ffeithiau yn hytrach na'u blino nhw ag ofnau yn unig.

Do'n i ddim yn gwbod manylion y canser yn llawn o hyd, gan fod canlyniadau'r CT Scan ddim wedi dod 'nôl. Mae sgan CT a sgan PET yn wahanol i'w gilydd. Mae sgan CT yn defnyddio pelydrau-X i greu lluniau o drwch gwahanol rannau o'r corff, fel yr organau a'r esgyrn. Adeg sgan PET mae isotop ymbelydrol yn cael ei chwistrellu i'r corff, i astudio proses metabolig y corff, ac mae'n gallu canfod canser. Mae cyfuno'r ddau sgan yn creu llun cyflawn o ran strwythur tisw y corff a'r ffordd mae'r corff yn gweithio. Fe ddwedodd yr arbenigwr yn Llanelli, 'Hyd yn oed os yw'r CT Scan yn glir, Mari, ni'n mynd i roi PET Scan i ti, rhag ofn, oherwydd dy oedran di ac er mwyn bod yn siŵr.' Diolch byth eu bod nhw wedi gwneud hynny.

Mewn unrhyw dŷ ffarm, mae'r gegin yn ganolbwynt, yn galon y teulu. Wrth i ni eistedd rownd ford y gegin bues i'n esbonio'r sefyllfa i Mam a Dad, ac yna buon ni'n trafod – Dad yn treial edrych ar yr ochr bositif, fel sy'n nodweddiadol ohono, Mam mewn braw, a finne'n treial bod mor onest â phosib gyda nhw. Roedd Mam yn synnu cyment o'n i'n ei wbod am y manylion: maint y lwmpyn, y nodau lymff. Mae pethe wedi symud mlân o ran y ffordd mae gwybodaeth yn cael ei rhannu. Yn achos Mam, roedd y doctoriaid yn eitha cyfrinachol, fel tasen nhw ddim eisie ypseto hi.

'Falle ei fod e wedi lledu, sai'n gwbod ar hyn o bryd, ond ma 'na bosibilrwydd,' dwedes i. 'Os yw e 'di lledu ymhellach, dyw pethe ddim mor gadarnhaol. Os yw e, maen nhw wedi gweud wrtha i y bydda i'n ca'l *palliative care*.' Roedd y term *palliative care* yn un brawychus ynddo'i hunan. Mae'n golygu y bydd rhaid cael gofal lliniarol neu ofal diwedd oes, pan mae'r ffocws ar ddarparu gofal i berson sy'n dioddef o salwch difrifol. Dyw'r ffocws ddim ar wella'r claf.

Roedd y newydd yn dipyn o siglad i fy rhieni ond fe wnaethon nhw ymateb cystal ag y gallen nhw: 'Wel, 'na fe, gobeitho bo' ni ddim yn dod i fan'na,' medden nhw.

A dyna ni. Hyn a hyn oedd yna i'w ddweud. Gaethon ni ddished fach a gwneud ymdrech i siarad am rywbeth arall, am y plant siŵr o fod, ac i dreial bod yn 'normal'. O'n i'n meddwl wrtha i fy hunan, 'Dyna ni, ma hwnna wedi'i neud.' Ac roedd hynny'n rhyddhad enfawr.

Mae Mam wedi cyfadde ers hynny bod clywed am fy neiagnosis yn 'hunllefus'. Pan ddwedes i wrthyn nhw, fe ddaliodd Mam yn eitha cryf, ond ar ôl i'r car adael y clos fe dorrodd hi lawr a llefen a llefen. Dyna'r unig ffordd roedd hi'n gallu delio â newyddion fel hyn. Ers hynny mae hi wedi cyfadde wrtha i, 'Bydde'n well 'da fi 'sen i'n ca'l e'n ôl na bod ti'n ca'l e. Ma fe'n wa'th achos ti'n blentyn i fi a dwi'n 72.'

Mae Elin wedi dweud wrtha i ei bod hi wedi cael cyfnodau anodd iawn ers clywed am y deiagnosis. Chware teg iddi, roedd hi wedi mynd â Martha mas er mwyn i fi allu siarad yn agored gyda Mam a Dad, ac roedd hynny wedi rhoi rhywbeth arall iddi ganolbwyntio arno. Dwi mor falch fod Elin yna y diwrnod hwnnw. Mae Mam a Dad yn bersonoliaethau gwahanol iawn, ond mae Elin wedi bod yn gysur mawr iddyn nhw, yn noddfa iddyn nhw agor eu calonnau ac i rannu gofidiau. Dwi mor ddiolchgar iddi.

Torri'r newydd i Mam a Dad

Ond doedd drama'r diwrnod ddim ar ben. Ar ôl y ddished aeth Gareth a finne'n ôl getre oherwydd roedd angen casglu'r plant diwedd y pnawn. Fe arhoson ni i brynu llaeth a *custard slices* yn Spar Sanclêr. Roedd y trydanwyr wedi bod yn gweithio yn ein tŷ ni y diwrnod hwnnw ac o'n i eisie rhywbeth i ddiolch i'r bois am eu gwaith. Ond pan gyrhaeddon ni getre sylweddolon ni ein bod ni wedi cael ein cloi mas o'r tŷ.

Ro'n ni getre tua dau o'r gloch ond buon ni'n aros tu fas i'r tŷ am ddwy awr! Trwy lwc roedd Hanna yn y *creche*, Cywion Bach, ac roedd y bois yn y clwb tan chwech, felly roedd amser gyda ni. Daeth Owain Smart, y trydanwr, 'nôl yn un swydd, chware teg iddo. Fe fuodd yna dipyn o chwerthin wrth i Gareth ac Owain dreial cael gafael ar yr allwedd gyda'r holl dechnoleg!

Ar un adeg roedd Gareth a finne'n eistedd yn y car gyda'r *custard slices* a dwi'n cofio Gareth yn dweud, 'Blincin hec, beth arall sy'n mynd i ddigwydd heddi?' Droies i i'w wynebu a dweud, 'Dyw hyn yn ddim byd – ma canser 'da fi,' ac fe ddechreuodd y ddau ohonon ni chwerthin mas yn uchel. A fel'na ry'n ni wedi ymdopi gyda phethe ers hynny.

O ran fy mherthynas i a Gareth, fydden i'n dweud mai fi yw'r un fwya positif, yn gyffredinol. Ond yn rhyfedd iawn, yn achos y deiagnosis canser, mae Gareth wedi bod yn bositif iawn. Weithie, bydd ambell beth yn dod mas o 'ngheg i cyn i fi ystyried yn iawn. Bydda i'n clywed fy hunan yn dweud, 'Falle fydda i ddim 'ma i hwnna...' Mae Gareth yn casáu hynny a bydd e'n fy nghau i lawr yn syth trwy ddweud, 'Paid bod yn sili.' Ei rôl e yw fy atgoffa i 'mod i yma, ac mai dyna sy'n bwysig. Mae e'n arbennig. Mae'n bwysig iawn i geisio peidio â mynd o flân gofid, er wrth gwrs mae'r ddau ohonon ni siŵr o fod yn hel meddyliau yn dawel bach. Dwi'n gwbod fy mod i, yn bendant, yn gwneud

17

hynny. Cadw pethe'n normal. Dyna beth ry'n ni eisie yng nghanol y cyfan yw normalrwydd ar gyfer y plant. Mae'n gweithio ddwy ffordd, oherwydd mae'r plant yn cadw ein bywyd ni'n 'normal' mewn cyfnod sy'n unrhyw beth ond 'normal'. Ar y daith hon, allen i ddim gofyn am gwmpeini gwell na'u cwmni nhw.

3

Barod am ffeit!

O'N I'N BAROD am ffeit! Dyna sut o'n i'n teimlo pan ges i'r deiagnosis canser, fy mod i'n barod i frwydro. Dwi'n gwbod bod 'na bobol sydd ddim yn hoffi'r gair 'brwydro' wrth drafod profiad o fod â chanser. Dwi wedi clywed hynny sawl tro wrth recordio fy mhodlediad, *1 mewn 2*. Mwy am hynny yn nes mlân... Ond dwi'n bendant wedi gweld fy neiagnosis i fel brwydr. Dwi'n teimlo 'mod i wedi mynd i ryfel gyda'r canser yma a dwi'n benderfynol o beidio â gadael iddo gymryd drosodd fy mywyd i. Ydy, mae e wedi meddiannu 'nghorff i, ond fy agwedd i yw, 'Na, dwi ddim yn mynd i adel i ti ennill.' A dyna oedd fy meddylfryd yn ystod y cyfnod cynnar hwnnw hefyd. Dal i fyw bywyd, dal i fod yn fi.

Fe ddaeth cyfnod o aros am alwadau wrth yr ysbyty, aros am newyddion. A fel'na mae bywyd ers hynny. Dim galwad ffôn? Poeni. O, mae'n newyddion drwg! Dyna'n union sut o'n i'n teimlo wrth ddisgwyl am ganlyniad y CT Scan. Es i â Tomos i nofio ar y dydd Iau gan ddisgwyl yr alwad, ond wrth i'r prynhawn fynd mlân o'n i heb glywed dim byd ac o'n i'n meddwl y gwaetha. Dyw'r ffôn ddim 'di canu. Dy'n nhw ddim eisie dweud wrtha i dros y ffôn. Rhaid bod y canser 'di lledu... Ond yn hwyrach na'r disgwyl yn y dydd, fe ddaeth yr alwad. O'n i'n methu credu'r peth! Roedd y sgan yn glir! Ar ôl yr holl hel meddyliau, roedd honno'n syrpréis a hanner. Ac, wrth gwrs, o'n i wrth fy modd.

Y drefn y prynhawn hwnnw oedd y bydde Gareth yn casglu Steffan wrtha i er mwyn mynd ag e i ymarfer pêl-droed. O'n i'n methu aros i rannu'r newyddion da gydag e, 'Ma'n nhw 'di ffono, Gareth. Ma'r sgan yn glir! Dyw e ddim 'di lledu.' Roedd yn rhyddhad anferth. Fe wnes i Facetime gyda Mam ac roedd hi lan gydag Elin, fy chwaer, ac ro'n nhw i gyd yn bownso! Es i ati i anfon negeseuon testun at ffrindie eraill. Criw bach oedd yn gwbod, wrth gwrs, ond ro'n nhw i gyd yn dweud yr un peth, 'Grêt!' Roedd ymateb pawb yn golygu'r byd i fi. Roedd y tywydd yn braf y diwrnod hwnnw, ac am ychydig o oriau ar ddiwedd y pnawn fues i getre ar ben fy hunan ac fe ges i lased bach o seidr i ddathlu. Mae'n atgof sy'n fy nghynhesu i o hyd.

Ar ôl rhoi'r plant yn y gwely, cafodd Gareth a finne gyfle i drafod yn iawn. Ro'n ni'n dau mewn hwyliau da oherwydd ro'n ni'n teimlo ein bod ni'n gwbod beth ro'n ni'n delio ag e nawr. Ac eto, ro'n ni'n gwbod bod y PET Scan i ddod. Ond, fel maen nhw'n dweud, dathlwch y llwyddiannau bach, dathlwch y newyddion da. Ac yn sicr dyna beth wnaethon ni. Wrth edrych 'nôl, falle ein bod ni wedi rhoi'r cart o flân y ceffyl.

Roedd wythnos i fynd cyn Eisteddfod yr Urdd Sir Gâr ac o'n i wedi bod yn rhan o'r criw oedd yn paratoi ar gyfer Oedfa'r Eisteddfod ar y bore dydd Sul. Roedd penwythnos brysur o'n blaenau ni. Dydd Sadwrn, aeth Gareth â Steffan i chware pêl-droed yn Reading ac roedd ymarfer yr Oedfa gyda ni yn y capel yn Llanymddyfri. Ges i lifft i Lanymddyfri gydag Angharad a Lowri, oedd hefyd yn rhan o'r tîm oedd ynghlwm â'r oedfa. O'n i'n eistedd yng nghefn y car ac, er i ni fân siarad yn rhwydd yr holl ffordd, wnes i ddim sôn gair am y deiagnosis. Dwi'n berson eitha agored fel arfer; hynny yw, dwi ddim yn berson sy'n hoffi cuddio pethe. Felly roedd cadw'r newyddion i fi fy hunan yn anodd, ond eto roedd yr ymarfer a'r Eisteddfod yn rhoi rhyw ffocws gwahanol i fi. Fy agwedd i oedd, 'Ma job 'da fi neud fan hyn nawr.'

Wedi dweud hynny, fe wnaeth e groesi 'meddwl i gamu'n ôl oddi wrth fy ymrwymiadau yn yr eisteddfod. Ar un adeg, roedd pob math o bethe'n mynd trwy fy meddwl, yn blith draphlith o banig ac ofnau. Bydd rhaid i fi gamu'n ôl... Dwi wedi cytuno i arwain... Mae'r plant yn cystadlu... Ond yna arafes i fy anadlu ac ystyried yn iawn. Beth fydden i'n ennill o wneud hynny? Doedd dim byd yn mynd i ddigwydd am sawl wythnos o ran y driniaeth canser, oherwydd o'n i'n dal i ddisgwyl am apwyntiad ar gyfer y PET Scan. Dwi'n cofio meddwl y bydde adeg yn dod pan fydde'n rhaid dweud wrth bobol, y bydde pethe'n newid, yn anorfod, ac y bydde'n rhaid i fi roi'r gore i wneud rhai pethe falle. Ond fel hyn roedd Gareth a finne'n meddwl ar y pryd, 'Wel, dyw pethe ddim yn mynd i ddigwydd yn glou iawn, Mari. Aros am funud a charia mlân fel 'yt ti am y tro.' A diolch byth 'mod i wedi gwneud hynny, oherwydd wnes i ddim dechre cemotherapi tan fis Gorffennaf.

Ar y dydd Sul cyn Eisteddfod yr Urdd aethon ni i Gastellnedd gan fod Steffan yn rhedeg gyda Harriers Caerfyrddin. Dyna pryd ddechreues i rannu'r newyddion am fy iechyd gyda rhai o'r rhieni, yn dawel bach. Ond o'n i ond yn rhannu'r newydd wrth weld ffrindie agos.

Roedd heidiau o bobol o gwmpas ar y cae y diwrnod hwnnw yng Nghastell-nedd, ac roedd y plant yno hefyd, wrth gwrs, felly wrth ddweud wrth bobol bydden i'n gofyn iddyn nhw gadw'r newydd iddyn nhw eu hunain ac i beidio ag ymateb rhag ofn i bobol eraill sylwi. 'Paid twtsh â fi, paid cwtsho fi, paid ymateb, ond fi'n gweud hyn wrthot ti...' Dyna o'n i'n ddweud wrth bobol. Fel y gallwch chi ddychmygu, roedd rhaid i fi weithio'n galed iawn i reoli fy nheimladau. Roedd rhannu'r newyddion gyda ffrindie yn ddigon anodd ynddo'i hunan. Fe fydde gweld eu hwynebau'n toddi, yn llawn cydymdeimlad, clywed eu geiriau caredig, teimlo eu breichiau amdana i, wedi bod yn ormod i fi ar y pryd.

Yn ystod wythnos yr eisteddfod, ges i gwmni rhieni a phlant yr ysgol ar y Maes a dyna pryd ddwedes i wrth nifer o bobol. O'n i'n treial rheoli pwy oedd yn cael gwbod, gan ddewis gyda pwy o'n i'n rhannu'r newydd ymhlith y rhieni eraill. Roedd hynny'n haws i fi ar y pryd. Wnes i ddim datgan y newyddion yn gyhoeddus nes dechre cemotherapi. Ond fel mae pethe o fewn cymunedau clòs, doedd hi ddim yn hir cyn bod pobol yn cysylltu gyda fy chwiorydd i ddweud, 'O mai god, ni 'di clywed hyn! Odi e'n wir?'

Felly, fe newidiodd bywyd, ac er gwaetha fy ymdrechion, o'n i'n methu osgoi hynny.

Fel dwi wedi sôn eisoes, dyw pawb ddim yn gweld canser fel brwydr. Fe alla i ddeall hynny'n iawn. Mae'r feddylfryd honno, am frwydro, yn creu darlun ohonoch chi'n gwneud pethe treisgar i'r corff er mwyn cael 'buddugoliaeth' dros y 'gelyn'. Mae elfen o feirniadaeth yn y syniad o frwydr hefyd. Hynny yw, mae'n sefydlu'r syniad bod 'y frwydr' yn erbyn canser yn rhywbeth y mae modd ei ennill neu ei golli – ac nid pawb sy'n goroesi'r dolur wrth gwrs. Mae cymunedau sy'n cefnogi canser bellach yn datgan nad oes neb yn ennill neu golli yn y siwrne gyda chanser. Mae pawb yn wahanol ac mae hynny'n un peth dwi wedi dod i ddeall wrth greu'r podlediad yn ddiweddarach.

Mae triniaeth canser pawb yn bersonol iddyn nhw.

'Nôl yn 2022 o'n i jyst eisie byw bywyd. Mae gyda fi dri o blant bach ac o'n i'n gwbod bod bywyd yn mynd i newid. Bod bywyd wedi newid. 'Reit, amdani!' oedd fy agwedd i a dyna'r agwedd dwi wedi treial ei dewis hyd heddiw. Ar y pryd dwi'n cofio meddwl, dyw'r canser yma ddim yn mynd i 'nghuro i. Ac eto... mae'n bosib y bydd e'n ennill y dydd yn y diwedd.

Daeth Eisteddfod yr Urdd i Sir Gâr ac o'n i'n edrych mlân i'r wythnos oedd i ddod. O'n i'n arwain ar y llwyfan ac roedd y plant yn cystadlu mewn sawl cystadleuaeth. Mae arwain yr eisteddfod yn rhywbeth dwi'n ei fwynhau. Ydw, dwi'n dwli ar yr eisteddfod! Ges i fy magu ym mwrlwm yr eisteddfod ac o'n i'n cystadlu o oed ifanc iawn. O'n i wrth fy modd yn cael bod gefn llwyfan gyda'r cystadleuwyr, yn cael sgwrs fach gyda nhw. Dwi'n gallu uniaethu â nhw a bydda i'n treial tawelu'r nerfau, gan wbod o brofiad sut maen nhw'n teimlo. Mae'r Urdd yn fudiad pwysig tu hwnt ac mae e wedi bod yn rhan enfawr o 'mywyd i. Dwi'n bachu ar bob cyfle dwi'n ei gael i roi rhywbeth 'nôl ac yn ei hystyried hi'n fraint i allu gwneud hynny.

Bydd pobol yn holi weithie, 'Wyt ti'n nerfus, Mari, yn llywio'r cystadlu oddi ar y llwyfan?' Dwi ddim, mewn gwirionedd. Ydy, mae e'n brofiad byw, ac fe allai unrhyw beth ddigwydd! Ond dyna fy ngwaith i. Mae'r sgiliau dwi wedi eu meithrin fel cyflwynydd rhaglenni teledu byw yn werthfawr iawn. Pan mae angen llenwi amser, neu pan mae rhywbeth technegol yn mynd o'i le – a chredwch chi fi, mae'n digwydd! – dwi'n gallu siarad. Dwi'n gallu llenwi twll!

Fuon ni yn yr eisteddfod fel teulu ar y dydd Iau. Roedd yr ysgol wedi cael ei dewis i wneud cyflwyniad o lyfr buddugol Huw Aaron yng nghystadleuaeth Tir na n-Og ac roedd Steffan ymhlith y criw oedd yn perfformio. Roedd hynny'n brofiad gwahanol i ni ac roedd tipyn o gyffro, fel y gallwch chi ddychmygu. Roedd y tywydd yn braf a phawb yn joio. Ond roedd newid byd i ddod.

Dwi'n cofio gweld Tomos ar ben y wal ddringo am ugain munud wedi pedwar. Roedd e'n llawn bywyd. Ond ar y ffordd getre fe gysgodd e – rhywbeth anarferol iddo fe. Roedd y tywydd yn braf o hyd ac fe benderfynon ni fynd lawr i Saundersfoot i gael *chips* i swper. Ond doedd dim tamaid o chwant bwyd ar Tomos. Eto, roedd hynny'n od ond ro'n ni'n meddwl falle ei fod e wedi ei gor-wneud hi yn y gwres ar faes yr eisteddfod. Y noswaith honno fuodd e'n sic, ac am bedwar o'r gloch ar y bore dydd Gwener es i mewn ag e i A+E. Greddf Mam falle, ond doedd rhywbeth ddim yn ishte'n iawn gyda fi.

O'n i fod i arwain ar y llwyfan dydd Gwener ond bu'n rhaid i fi ganslo, achos ro'n ni'n dal yn yr ysbyty gyda Tomos, gan feddwl y bydden i'n iawn i arwain ar y dydd Sadwrn. Ond fel ddatblygodd pethe, buodd Tomos yn yr ysbyty am ddeg diwrnod i gyd. Felly dyna ddiwedd ar Eisteddfod Sir Gâr! Roedd e'n amser gofidus ac roedd e'n tynnu'r sylw oddi ar yr hyn o'n i'n mynd trwyddo hefyd.

I ddechre, o'n i'n meddwl y bydde Tomos mewn a mas o'r ysbyty, ond yn anffodus – ac yn ofidus i ni fel teulu – fe gafodd e niwmonia. Ro'n ni'n gwbod bod yna nam bach ar ei galon. *Mitral valve regurgitation* yw'r enw ar ei gyflwr ac mae hynny'n golygu bod fflaps y falf ddim yn cau'n iawn a bod gwaed yn llifo'n ôl i'r galon. Roedd yr arbenigwyr yn poeni bod Tomos wedi cael haint ar y galon a dyna pam roedd yna gymhlethdodau. Ond mynd o flân gofid oedd hynny, diolch byth. Fe gafodd Tomos ofal arbennig ond roedd e'n gyfnod hir wrth iddo wella. Roedd hi'n anodd camu'n ôl wrth y gwaith cyflwyno wythnos yr eisteddfod. Dwi ddim yn hoffi dweud 'na' wrth bobol na siomi pobol chwaith. O'n i'n siomedig iawn ond, yn amlwg, Tomos oedd y flaenoriaeth.

Yr wythnos ar ôl yr eisteddfod, o'n i wedi cytuno i gyflwyno rhaglen *Bore Cothi* ar BBC Radio Cymru ac fe wnes i barhau i wneud y gwaith hwnnw er gwaetha popeth. O'n i'n ymwybodol bod fy mywyd i'n mynd i newid. O'n i'n mynd i golli gwaith ac oherwydd 'mod i'n llawrydd fe fydde hynny'n ergyd ariannol hefyd. Fe wnaeth Gareth a fi drafod a chytuno os oedden i eisie gwneud y gwaith cyflwyno y dylen i fwrw mlân a'i wneud e. O'n i'n sylweddoli y bydden ni'n dau fel *tag team* yn yr ysbyty, un yn cymryd lle'r llall er mwyn gofalu am Tomos. Ond ro'n ni hefyd yn gwbod ein bod ni'n dîm da. Felly, mlân â fi. Ac roedd cymhlethdod pellach i ddod. O'r diwedd, fe ddaeth yr apwyntiad ar gyfer y PET Scan.

Fe es i i Gaerdydd ar fore Llun y 5ed o Fehefin i gyflwyno *Bore Cothi* a theithio'n ôl i Ysbyty Singleton yn Abertawe erbyn 3 y pnawn i gael y sgan. Wrth edrych 'nôl, oedd, roedd cyflawni'r ddau beth hyn ar yr un diwrnod yn ddewis bisâr ar fy rhan, a dwi ddim yn siŵr sut ddes i ben â phob dim. Ond dyna'r math o bobol yw Gareth a finne – os y'n ni'n dweud ein bod ni'n mynd i wneud rhywbeth, ni'n ei wneud e.

Wnes i ddim pendroni rhyw lawer am y sgan. Roedd canlyniad y sgan CT yn glir. Hynny yw, roedd e'n dangos nad oedd y canser wedi lledu – neu, dyna o'n i'n ei feddwl ar y pryd. Fe wnes i ddathlu'r canlyniad hwnnw! Ac felly, wrth edrych 'nôl, o'n i bach yn naïf am yr hyn oedd o 'mlân i y diwrnod hwn. Mae PET Scan yn un o'r sgans mwya manwl gewch chi. Maen nhw'n chwistrellu mesuriadau bach o siwgwr ymbelydrol i mewn i'r corff ac yna'n edrych sut mae rhannau o'r corff yn adweithio. Ar ôl i fi gael y chwistrelliad, roedd rhaid aros awr cyn cael fy sganio gan y peiriant. Roedd rhaid gorwedd ar wely i ddechre, yna roedd hwnnw'n symud yn araf trwy lygaid rhywbeth tebyg i olwyn fawr. Yn anffodus, erbyn hyn, o'n i'n dod yn eitha cyfarwydd â chael fy rhoi mewn peiriant lle doedd dim llawer o le i symud. Do'n i ddim yn cael bwyta am chwe awr cyn y sgan chwaith, oherwydd bydde hynny'n effeithio ar ansawdd y sgan, felly dwi'n cofio 'mod i'n starfo braidd ac roedd hi'n ddiwrnod twym iawn hefyd. Wrth edrych 'nôl roedd y cyfnod hwnnw yn fy mywyd yn hollol wallgo: Tomos yn yr ysbyty, finne'n aros i ddechre triniaeth canser a neb lawer yn gwbod am y sefyllfa honno.

Ar ôl y sgan o'n i'n radioactif ac, wrth gwrs, roedd hynny'n golygu 'mod i ddim yn cael mynd 'nôl i'r ward ac yn gorfod cadw draw wrth Tomos. Roedd hynny'n anodd ofnadwy. O'n i'n ysu am weld Tomos bach, eisie iddo fe wbod 'mod i yno, yn gefen iddo fe. Esbonies i'r sefyllfa i un o'r doctoriaid yn Glangwili yn y gobaith y bydde pethe'n wahanol. Fe aeth hi i ffeindio mas beth oedd yn bosib, ond pan ddaeth hi'n ôl yr un oedd yr ateb, 'Na, sdim hawl 'da ti i weld Tomos.'

Diolch byth am fam Gareth a chefnogaeth fy rhieni yng nghyfraith yr wythnos honno. Ar ben gorfod cadw draw wrth Tomos ar y ward, do'n i ddim yn cael cyffwrdd â Hanna fach chwaith. Do'n i ddim yn cael rhoi cwtsh i blant bach. Roedd rhaid bod yn ofalus a chadw draw o'r tŷ tan yn hwyr y nos. Bydde mam Gareth yn rhoi'r plant yn y gwely ac yna bydden i'n cael dod adre ar ôl iddyn nhw gysgu.

Dwi'n cofio diwrnod y 15fed o Fehefin yn glir. Ges i ganlyniad y PET Scan ac wedyn es i i gyflwyno blodau i Sulwyn Tomos ar ei ben-blwydd yn 80 oed. Dyna yw bywyd! Dwi'n gobeithio y bydd pobol yn gallu deall fy safbwynt i. Beth fydde pwrpas peidio â mynd i'r gwaith? Dyna oedd fy meddylfryd i. Wnes i ddim dweud gair wrth

Sulwyn, wrth gwrs. Galla i ddeall nad pawb fydde wedi gwneud beth wnes i. Falle y bydde ambell un yn meddwl 'mod i off fy mhen – a fydden i ddim yn gweld bai arnyn nhw! Ond y dewis arall oedd ishte getre yn teimlo'n flin drosta i'n hunan, a doedd hynny ddim yn opsiwn yn fy meddwl i.

Fe ges i wbod bod y canser wedi mynd i'r afu, ond doedd y newyddion ddim mor ddrwg ag roedd yr arbenigwyr wedi ofni. Mae modd cael llawdriniaeth ar yr afu. Felly, o ddewis organ i'r canser symud iddo, roedd yna opsiynau ar gyfer trin yr afu.

Wrth gwrs, o'n i'n hollol siomedig i glywed bod y canser wedi lledu i'r afu, ond wrth edrych 'nôl falle o'n i braidd yn naïf, eisie gweld yr ochr bositif ac yn glynu at eiriau'r oncolegydd – bod yr afu'n organ sy'n tyfu'n ôl, felly bydde llawdriniaeth yn bosib. Ac o'n i'n dal i gofio geiriau'r arbenigwr ar y cychwyn a ddwedodd wrtha i tase'r canser wedi lledu o'r fron a'r nodau lymff mai dim ond gofal lliniarol fydde o 'mlân i.

Felly, er gwaetha ergyd canlyniad y sgan, o'n i'n teimlo'n obeithiol. Yn wahanol i'r hyn a ddwedwyd wrtha i'n wreiddiol, roedd triniaeth ar gael i fi. Roedd hynny'n rhoi rhywbeth i anelu ato, i dynnu'r sylw i gyd oddi ar y canser a chanolbwyntio ar y driniaeth a allai fy ngwella i.

Doedd Gareth a finne ddim yn teimlo ein bod ni eisie dweud wrth y plant nes i fi ddechre'r cemo. Dyna pryd fydde fy edrychiad i'n newid ac y bydden nhw'n dechre gweld 'mod i'n sâl. Fe lwyddon ni i gadw fe'n dawel tan hynny. Wrth edrych 'nôl, dwi ddim yn difaru ein penderfyniad. Ond mae'n bosib ein bod ni wedi ei gadael hi dipyn bach yn hwyr i rannu'r newydd gyda nhw. Aeth Gareth a fi mas am fwyd i fwyty yn Aberteifi cyn dechre'r cemo. Roedd llawer o bobol wedi dweud wrtha i na fydden i'n cael yr un blas ar fwyd unwaith i'r driniaeth ddechre. Ac fel mae unrhyw un sy'n fy nabod i'n gwbod – fi'n dwli ar fy mwyd.

Roedd y plant yn aros gydag Elin a Gwion yn Nhalgarreg ac fe benderfynon ni ddweud wrth Steffan a Tomos ar y ffordd getre yn y car ar y dydd Sul. O'n i'n dechre cemo dydd Llun. Fuon ni'n disgwyl yr holl ffordd adre i Hanna fynd i gysgu – do'n ni ddim yn teimlo bod angen dweud wrthi hi ar y pryd. Wrth gwrs, chysgodd Hanna ddim o gwbwl. Roedd hi fel winci fach! Fe ofynnes i i fy ffrind, Gerallt, dynnu lluniau ar draeth Llansteffan y pnawn yna. O'n i'n meddwl, 'Fi'n mynd i newid ar ôl hyn, falle colli 'ngwallt i gyd. Bydda i'n edrych yn wahanol, falle fydd ddim cyfle eto.' Tase'r plant wedi holi, bydden ni wedi dweud pam ein bod ni'n tynnu lluniau, ond wnaethon nhw ddim gofyn.

Ar y dydd Llun canlynol, o'n i'n dechre cemo ac yn meddwl, 'O na, sai 'di gweud wrth y plant. O, nefoedd.' Roedd rhaid i Gareth ddweud wrth y bois ar ôl pigo nhw lan o'r ysgol, wedyn dod i bigo fi lan o'r Uned yn Glangwili. Dwedodd Gareth, 'O, ma Mam 'di ffeindio lwmpyn yn ei bron ac maen nhw angen ca'l e mas. Mae'n cael moddion nawr i dreial gwella'r lwmpyn.'

Ddes i mas o'r Uned gyda fy ngwallt yn wlyb achos y *cold cap*.

'Chi'n iawn, bois?' gofynnes i.

'Ie, grêt.'

'Odi Dad wedi gweud wrthoch chi?'

'Odi', a wnaeth Steff ddweud, 'Odi fe'n canser, Mam?'

Ddwedes i, 'Odi, Steff, ma fe. Ond peidwch becso, fi'n mynd i fod yn iawn.'

Trwy lwc, roedd canser yn air ro'n nhw wedi clywed cyn hyn. Roedd ffrind da i Steff wedi colli ei ddad-cu i ganser.

Unwaith i fi ddechre cemo o'n i'n teimlo'n fwy cadarnhaol. Oes, ma gyda fi ganser ond roedd rhywbeth yn digwydd nawr – roedd y driniaeth wedi dechre. O'n i'n teimlo'n saff. Y cyfnod gwaetha, heb os, oedd aros i gael y canlyniadau, ac aros ar gyfer y driniaeth. Mae llawer o bobol yn dweud yr un peth am eu profiad nhw. Unwaith ry'ch chi'n dechre'r driniaeth, ry'ch chi'n gwbod bod cynllun yn ei le a bod hwnnw wedi ei deilwra ar gyfer trin eich canser chi. A'r gobaith yw gwellhad. Wrth edrych o 'nghwmpas ar y teulu bach, roedd meddwl am wellhad yn bopeth.

4
Yn llygad y cyhoedd

'Pam mynd yn gyhoeddus am y canser, Mari?'
Dyna un cwestiwn mae pobol yn ei ofyn i fi'n aml. Ac, oes, mae yna sawl ateb. Dwi'n meddwl mai amgylchiadau wnaeth fy arwain i i wneud y penderfyniad i siarad yn gyhoeddus am y canser yn y lle cynta. Ond unwaith i fi wneud y penderfyniad, dwi ddim wedi difaru am eiliad.

O'n i lan yn y Sioe Frenhinol ar y penwythnos agoriadol, rhywbeth sy'n draddodiad teuluol ers sawl blwyddyn erbyn hyn. Ar y dydd Sul, o'n i'n crwydro'r maes cyn mynd i wasanaeth Moliant y Maes, 'run peth ag y'n ni'n arfer ei wneud. Wrth gwrs, o'n i'n taro mewn i bobol ac roedd y cwestiynau arferol yn cael eu gofyn,

'Wyt ti'n gweithio wythnos 'ma, Mari? Wyt ti'n neud *Heno* wythnos 'ma?'

O'n i'n treial ateb, heb ateb yn llawn,

'Na, dim wthnos 'ma, 'te.'

Ac roedd hynny'n ddigon wrth sgwrsio â rhai pobol. Ond pan o'n i'n cwrdd ag ambell berson arall o'n i'n eu nabod yn dda, o'n i'n teimlo'n fwy hyderus i fod yn onest a chyfadde,

'Na, dwi ddim yn gweithio wthnos 'ma achos dwi'n gorfod mynd getre i gael mwy o drinieth cemotherapi.'

Roedd tipyn o gwmnïau teledu yn Llanelwedd, fel sy'n arferol, pob un â'i griwiau ffilmio, ac o'n i wedi gweithio gyda nifer ohonyn nhw. Felly, pan o'n i mewn grŵp o bobol, do'n i ddim yn teimlo'n hyderus i rannu'r newyddion, ond doedd e ddim yn deimlad neis i ddweud celwydd chwaith. Dyna pam dechreues i feddwl falle ei bod hi'n amser i fi siarad am fy neiagnosis yn gyhoeddus ond do'n i heb ystyried effaith hynny a'r ymateb fydde clywed fy newyddion yn ei gael ar bobol eraill.

Unwaith i fi wneud y penderfyniad fe ddechreues i feddwl beth o'n i eisie ei ddweud yn fy mhen. Fe wnes i gofnodi nodiadau ar fy ffôn, felly roedd rhyw fath o strwythur gyda fi. Fe wnaeth Gareth a finne yrru'n ôl o Lanelwedd ar y bore dydd Llun, achos roedd y cemo am ddeg yn Glangwili, gan adael y bois yn y Sioe gyda Mam a Dad a fy chwaer a Gwion, ei gŵr, tra bod Hanna gyda fy rhieni yng nghyfraith. Roedd y plant yn iawn, ond roedd e *yn* deimlad rhyfedd i adael a gweld pobol yn y bore yn codi llaw ac yn meddwl, 'Ble maen nhw'n mynd, 'te?' Ro'n nhw'n edrych mlân at ddiwrnod prysur arall yn y Sioe ac o'n i'n mynd 'nôl i gael blincin cemotherapi!

Yn yr Uned, dreulies i lawer o'r diwrnod yn sgriptio neges fach i'w rhannu ar y cyfryngau cymdeithasol ac erbyn diwedd y prynhawn o'n i'n teimlo'n barod i wasgu'r botwm, 'Send'. Gyda hynny, fe rannes i lun ohona i tu fas yr Uned gyda'r geiriau,

'Wedi gadael Llanelwedd heddi ac yn Glangwili yn cael fy ail ddos o gemotherapi.'

Do'n i ddim yn disgwyl am yr hyn ddigwyddodd nesa.

Aeth y ffôn yn wyllt! Do'n i ddim wedi dychmygu'r fath ymateb, heb feddwl na deall falle beth yw pŵer y cyfryngau cymdeithasol. Fe ddechreuodd y llif o anogaeth gyrraedd fy ffôn, yn gyfuniad o negeseuon ar Instagram a Facebook, a negeseuon personol wrth bobol amrywiol. Mae'n anodd disgrifio beth oedd y gefnogaeth hyn yn ei feddwl i fi ar y pryd. Ro'n nhw'n negeseuon mor bersonol, mor gefnogol. Yn llythrennol, roedd cannoedd ohonyn nhw. Wrth ddarllen ambell un bydden i'n meddwl, 'Jiw, do'n i ddim yn sylweddoli beth oedd pobol yn meddwl ohona i.' Roedd e'n gysur mawr i ddarllen eu geiriau a chael cyfle i weld ymateb pobol i fi.

Un o'r rhai cynta i anfon neges oedd y cyflwynydd Alex Jones. Pan wnes i ddechre cyflwyno *Planed Plant* ar S4C roedd Alex hefyd yn rhan o'r tîm cyflwyno ac fe fuodd Gareth a finne ym mharti priodas Alex a Charlie. Ro'n ni'n dwy wedi cadw mewn cysylltiad ond do'n ni ddim yn siarad yn aml. Cyn 'mod i mas o'r Uned cemo y diwrnod hwnnw hyd yn oed, roedd hi wedi anfon neges ata i. Dwi'n cofio meddwl, 'Waw, ma'r neges wedi cyrraedd Llundain.' Fe wnaeth hynny gyffwrdd â fi ac mae Alex yn dal i gysylltu i weld sut mae pethe'n mynd.

Fe ddaliodd fy neges rithiol sylw'r newyddion. Doedd hynny ddim yn rhywbeth o'n i wedi ei ystyried yn iawn chwaith. Ces i gais i siarad ar raglen newyddion BBC Radio Cymru ar y bore Mawrth ac fe wnes i gyfweliad ar Facetime. Daeth mwy o negeseuon gan wrandawyr radio yn sgil hynny a'r rheini'n bobol oedd ddim wedi gweld y neges dydd Llun. Yr un diwrnod, daeth criw Newyddion S4C mas i fy nghyfweld i yn y tŷ. O fewn cwpwl o ddiwrnodau, fe aeth y newyddion o fod yn rhywbeth o'n i'n ei gadw'n weddol dawel o fewn cylch tyn o deulu a ffrindie agos, i fod yn gwbwl gyhoeddus. Trwy lwc, ar ôl cael y cemo ar y dydd

Llun, o'n i'n teimlo'n iawn – roedd y steroids yn gweithio! O'n i'n gallu ymateb i negeseuon pobol ac o'n i'n hapus i wneud y cyfweliadau radio a theledu. Dwi'n siŵr 'mod i'n dal ddim wedi llwyddo i ateb pawb gysylltodd â fi! Erbyn dydd Mercher, dydd Iau o'n i'n dirywio – sgileffeithiau'r cemo, wrth gwrs. Dwi'n meddwl bod rhannu'r newyddion wedi rhoi rhyw ffocws i fi ar y dydd Mawrth, falle, ac wedyn roedd realiti'r sefyllfa wedi fy mwrw: 'O mai god, ma'r newyddion mas 'na.' Ond o'n i'n synhwyro'n syth bod hynny'n beth da, a 'mod i wedi gwneud y peth iawn i fi. Yn ogystal â'r cysur a'r gefnogaeth, ges i lawer o gyngor, ac mae'r cyngor hynny wedi bod yn llawer o help i fi, yn ymarferol yn ogystal ag yn feddyliol.

Roedd sawl un yn ddigon hael i rannu eu storïau personol. Ges i negeseuon gan bobol oedd wedi cael canser ac a oedd yn cael triniaeth neu wedi cael triniaeth. Roedd e'n help mawr i fi allu darllen profiadau pobol eraill a sylweddoli 'mod i'n gallu uniaethu â sawl peth. Ond dim pawb oedd â chanser y fron, wrth gwrs.

Un o'r rhai cynta i gysylltu â fi oedd Lindsey Ellis. Roedd Lindsey flwyddyn yn hŷn na fi yn y Coleg ac roedd ganddi ganser y coluddyn:

'Ma siŵr na fydda di'n fy nghofio i, Mari... newydd wrando ar dy *reel* ar Cymru Fyw ac o'dd rhaid i mi anfon neges...'

Roedd Lindsey hefyd yn fam ifanc ac roedd hi wedi cael blwyddyn o radiotherapi, cemotherapi a llawdriniaeth fawr.

'Eleni dwi wedi ca'l yr *all clear* ac yn y Sioe yn mwynhau gyda fy nheulu bach! Ac yma fyddi dithau flwyddyn nesa dwi'n sicr. Mae o'n amser caled a brawychus ofnadwy a weithie ma'r ofn yn gallu bod yn *overwhelming* ond mi ddoi di drwyddi.'

Roedd darllen y geiriau hynny'n gysur ac yn hwb enfawr ar adeg pan o'n i'n teimlo'n isel. Roedd derbyn y don hon o negeseuon yn brofiad emosiynol iawn ac ymhell y tu hwnt i fy nisgwyliadau. A does dim ots 'da fi gyfadde bod y dagrau'n dod wrth i fi gofio am y caredigrwydd a ddangoswyd.

Gwenllian Grigg wnaeth fy nghyfweld i ar gyfer rhaglen *Dros Frecwast* ar Radio Cymru. Dwi'n credu, unwaith eto, 'mod i bach yn naïf wrth baratoi ar gyfer y cyfweliad hwnnw. Yn fy ngwaith ar *Heno* a *Prynhawn Da* dwi'n holi pobol eraill yn rheolaidd, ond roedd bod ar ochr arall y meicroffon yn dra gwahanol. Yn y prynhawn fe ddaeth criw Newyddion S4C i ffilmio cyfweliad wyneb yn wyneb, yn fy nghartre yn Sanclêr, a dwi'n sylweddoli bod y tîm yn gwbod beth o'n nhw'n ei wneud. Fe ddechreuodd y cyfweliad yn iawn ac o'n i'n gallu siarad yn hyderus. Fe alla i gamu'n ôl wrth sgwrsio am y broses a'r driniaeth canser, ond pan dwi'n siarad am y teulu, yn siarad am y plant, dyna pryd dwi'n mynd yn emosiynol. Mae hyd yn oed ysgrifennu'r geiriau yma'n fy ngwneud i'n emosiynol ac mae'r dagrau'n dod. Unwaith wnes i feddwl am y plant, wrth gael fy holi, dyna pryd wnes i dorri lawr. Roedd e'n annisgwyl. Do'n i ddim yn meddwl y bydde'r dagrau'n llifo o flân y camera. Dwi mor gyfarwydd ag ymddwyn yn broffesiynol o flân y camera, cadw wyneb... a nawr o'n i'n swp o emosiwn. Roedd yn gysur i fi feddwl bod llawer o bobol si r o fod yn gallu uniaethu â fi wrth fy ngweld i dan deimlad.

Ar ôl y cyfweliad cynta ges i neges gan Gwenllian Grigg yn diolch i fi:

'Diolch o waelod calon am y sgwrs gawson ni. Mae sawl un wedi dweud wrtha i mor bwerus oedd dy eiriau di ac yn dy edmygu am fod mor barod i siarad yn ystod cyfnod mor heriol. Dwi eisie ategu'r geiriau hynny. Diolch am ymateb mor huawdl, mor glir a gonest, er ei fod yn hollol ddealladwy ei fod yn anodd i ti ar adegau. Dwi ddim yn meddwl ein bod ni wedi cwrdd, a gobeithio bod dim ots gen ti fy mod i'n dy alw di'n "ti". Roedd yn adlewyrchiad o dy gynhesrwydd di fel cyflwynydd.'

Mae darllen bod rhywun yn fy 'edmygu' i yn beth rhyfedd iawn, yn beth estron hyd yn oed. I fi, yr unig beth dwi'n ei wneud yw bod yn fi. Dwi ddim yn treial bod yn ddim byd arall. Yn amlwg, bydden i'n dwli tasen i ddim ar y siwrne 'ma, 'mod i ddim yn recordio'r podlediad, 'mod i ddim yn ysgrifennu'r llyfr hwn. Weithie, fe fydda i'n anghofio am fy sefyllfa. Yna, mae rhywbeth yn dod drosta i a dwi'n sylweddoli. 'Ma hwn yn real.' Mae meddyliau tebyg wedi codi sawl gwaith wrth gael fy nghyfweld, neu wrth siarad yn gyhoeddus. Bydda i'n cael ymateb da, falle, ond wedyn bydda i'n meddwl, 'Ie, ond sai moyn bod yn y sefyllfa hon.' Ydyn, mae'r dagrau'n dod wrth feddwl hyn. Y gwirionedd yw mae'n sefyllfa ofnadwy i fod ynddi. Ydy, mae gwaith a siarad yn gyhoeddus am y canser yn helpu ond maen nhw hefyd yn tanlinellu diflastod fy sefyllfa i. Dyna yw fy agwedd i. Dwi'n ffodus 'mod i'n gallu siarad am y canser, ond bydd hynny'n fy atgoffa i o'r sefyllfa dwi ynddi a bod dim dianc rhagddi.

Un peth sy'n fy nghadw i i fynd yw'r argraff dwi'n ei gael bod pobol yn gwerthfawrogi gweld yr ochr ddynol ohona i. Mae 'ngweld i'n dal ati, yn mynd i'r gwaith, er bod fy ngwallt yn teneuo, wedi bod o gymorth i rai pobol. Falle fod yna rai eraill sy'n gofyn yn dawel bach, 'Be sy mlân 'da hi?' Ond yr hyn mae pobol yn ei ddweud i fy wyneb yw ei fod yn help iddyn nhw allu fy ngweld i'n dal ati i weithio, yn dal ati i fyw. Mae llawer o fenywod yn cysylltu i ddweud bod fy ngweld i'n mynd i'r gwaith yn hwb iddyn nhw feddwl y gallan nhw wneud yr un peth. Dwi'n meddwl bod agwedd pobol at ganser wedi newid yn fawr. Roedd pobol yn arfer meddwl bod rhaid cymryd amser bant, colli cysylltiad gyda phobol, gwisgo sgarff am eu pennau i guddio'r moelni, symud i'r cyrion a chuddio hyd yn oed. Ond dyw hynny ddim o reidrwydd yn wir nawr. Mae cael deiagnosis o ganser yn newid bywyd yn gyfan gwbwl. Dyw rhywun ddim yn gwbod beth sydd o'u blaene nhw, na beth fydd hyd y siwrne. Ac mae siwrne pawb yn hollol wahanol. Fy agwedd i yw 'mod i'n mynd i wneud y mwya o bob eiliad, pob munud, pob awr a phob dydd. Dwi ddim yn gwbod beth fydd hyd a lled fy nhriniaeth canser a dwi ddim eisie edrych 'nôl a difaru peidio â gwneud unrhyw beth. Wedi dweud hynny, dwi'n lwcus iawn 'mod i wedi teimlo'n ddigon iach, yn ddigon cryf i allu cario mlân, ond mae dal ati i weithio yn bendant wedi fy helpu i.

Mae'r ffordd dwi'n meddwl am ganser wedi newid dros amser. Ond dwi'n dal i feddwl bod pawb yn wahanol a does dim hawl gan neb i ddweud mai eu ffordd nhw sy'n gywir a bod ffordd pobol eraill yn anghywir. Dwi'n siŵr bod yna bobol sy'n gofyn, 'Pam ma Mari'n siarad mor agored? Pam ma hi'n rhannu cyment? Pam mae'n cadw fynd?' Mae e'r un peth ag unrhyw beth mewn bywyd, mae'n ddewis personol. Rhydd i bawb ei farn o ran y ffordd maen nhw'n teimlo, ond wrth edrych ar yr holl negeseuon dwi wedi'u derbyn gan bobol, yn diolch i fi ac yn gwerthfawrogi, dwi'n gwbod 'mod i wedi helpu rhai pobol trwy siarad yn gyhoeddus. Mae hynny'n hwb i fi yn fy siwrne inne.

Ges i lythyr wrth fenyw â chanser angheuol. Roedd hi wedi gwrthod derbyn triniaeth yn wreiddiol ond ar ôl gwrando ar bennod gynta'r podlediad roedd hi wedi mynd 'nôl at yr arbenigwr ac wedi derbyn y driniaeth.

'Ti 'di newid fy meddylfryd i, Mari. Diolch,' meddai.

Roedd hi'n braf meddwl 'mod i wedi helpu un person.

Yn llygad y cyhoedd

Dwi'n cael negeseuon wrth bobol yn Saesneg hefyd erbyn hyn. Mae geiriau un ddynes anfonodd neges ata i ar Instagram yn aros yn y meddwl. Dwedodd hi, '*I don't know you, and you don't know me, but I've been following your journey and you've helped me so much.*'

Mae clywed y geiriau hynny yn ysgogiad. Mae'r feddylfryd am bobol sydd â chanser yn newid. Ac, yn ffodus, ac yn anffodus, mae hynny'n anorfod. Mae un mewn dau yn cael deiagnosis canser erbyn hyn ac felly ry'n ni fel cymdeithas yn mynd i orfod ailystyried y ffordd rydyn ni'n trafod canser.

5

Genyn bach

AR ÔL RHANNU'R newydd gyda'r cyhoedd, fy mwriad oedd treial bod mor normal â phosib. O'n i'n cael cemo pob tair wythnos ac yn parhau i weithio. Fuon ni i Eisteddfod Genedlaethol Llŷn ac Eifionydd fel teulu ac roedd e'n hyfryd gallu mynd yno yn y garafán gyda chriw o ffrindie ac i sgwrsio gyda phobol wyneb yn wyneb ar y Maes. Yn ystod yr wythnos honno, roedd bywyd yn lled normal ond roedd rhaid i ni adael yn gynnar ar y dydd Gwener i gael prawf gwaed oherwydd o'n i'n cael cemotherapi ar y dydd Llun. Mae unrhyw un sy'n cael cemotherapi yn gorfod cael prawf gwaed cyn y driniaeth i wirio lefelau'r gwaed. Mae angen sicrhau fod y corff yn ddigon cryf a bod y system imiwnedd wedi dod 'nôl i'r hyn ddylai fod er mwyn cael *hit* arall, fel petai.

Wrth edrych 'nôl, o'n i'n barod i adael yr Eisteddfod. Mae wythnos ar y Maes carafanio yn fendigedig, dwi wrth fy modd, ond mae eisie tipyn o egni hefyd, fel mae unrhyw un sydd wedi carafanio yn gwbod! O'n i'n gorfod bod yn ofalus, er enghraifft, yn wyliadwrus o *germs* wrth ddefnyddio'r toiledau cyhoeddus a gwylio beth o'n i'n ei fwyta a'i yfed. Roedd fy system imiwnedd yn fwy gwan

Genyn bach

na'r arfer, felly o'n i ddim eisie mynd yn sâl a methu cael triniaeth yr wythnos wedyn. Ond ar y cyfan, roedd hi'n wythnos normal i ni a'r plant.

Er hynny, mae Gareth a'r plant yn dweud bod mynd rownd Maes yr Eisteddfod gyda fi yn waith caled! 'Ti'n nabod pawb, Mam!' Wrth i fi ddod ar draws pobol ar y Maes roedd fel tase gan bawb eu ffyrdd gwahanol o ddelio â'r newydd am fy salwch. Roedd rhai'n rhoi cwtsh i fi ac eraill yn rhoi llaw fach ar yr ysgwydd ac yn sibrwd, 'Mari, ni'n meddwl amdanat ti.' Cwtshys mawr gan rai, tra bod eraill ddim yn lico dweud dim byd, yn fy nghydnabod gydag edrychiad i nodi, 'Ni gyda ti, Mari...' Roedd pobol yn hyfryd. O'n i'n gorfod bod yn ofalus, fel soniais i, oherwydd *germs*, ond roedd hynny'n llai o ofid na phetai'n dywydd oer, gaeafol.

Yr wythnos honno yn yr Eisteddfod, fe ddaeth pobol do'n i ddim yn eu nabod ata i ar y Maes hefyd. A dwi'n cofio fy ffrind, Rhian, yn dweud wrtha i, 'Ti 'di delio gyda'r deiagnosis, yn amlwg ti'n teimlo'n gryf, Mari. Ond nawr bod ti'n gyhoeddus, ti angen bod yn barod i ddelio ag ymateb pobol eraill. A falle bydd ymateb pobol eraill yn gwneud i ti deimlo'n waeth.' Mae hyn yn rhywbeth mae fy rhieni wedi ei brofi hefyd wrth i ambell berson gydymdeimlo â nhw ac i'w hymateb wneud i Mam a Dad deimlo'n ddigalon. Mae ambell un wedi cydymdeimlo'n ddwys, er enghraifft, 'O, wy ffaelu credu'r newyddion ofnadw!' ac mae eu difrifoldeb wedi digalonni fy rhieni. Ond falle, wrth gwrs, fod rheswm da am ymateb y bobol hyn. Mae gan bawb eu straeon canser. Falle fod rhai wedi troedio'r siwrne hon eu hunain fel teulu ac yn gwbod yn iawn ei bod hi'n daith ansefydlog.

Oherwydd fy mod i'n berson cadarnhaol ar y cyfan, dwi'n teimlo weithie mai fi yw'r un sy'n treial rheoli teimladau pobol eraill. Dwi'n dueddol o ymateb mewn ffordd dim nonsens, yn nodweddiadol o fy magwraeth cefn gwlad falle: 'Wel, 'na fe, dwi'n iawn. Mae'n rhaid delio 'da fe,' a dim mwy na hynny. Weithie, fe fydda i'n synhwyro bod pobol eisie fy arwain i gyfeiriad penodol, ond gobeithio 'mod i'n gallu delio â hynny a sicrhau fod y sgwrs yn eitha rhwydd. Mae hynny'n rhywbeth dwi'n falch ohono, ac yn un peth sy'n rhoi gwên ar fy wyneb.

Mae'n gallu bod yn flinedig i ddelio ag emosiynau pobol eraill. Ond fy agwedd i yw hyn: dwi'n canolbwyntio ar y canser. Os dwi'n teimlo'n iawn, yn hapus, yna dwi ddim yn meddylu'n ormodol am y pethe mae pobol eraill yn eu dweud. Dwi ddim yn beirniadu pobol, cofiwch, ac mae gan bawb ei resymau. Ond dwi wir yn casáu pan mae rhywun yn cydymdeimlo â fi yn ddwys, 'Fi mor sori, Mari, am y cardiau sy 'di cael eu delio i ti a beth ti'n mynd trwyddo.' Does dim byd yn fwy anodd na delio ag ymateb pobol sy'n gwneud i fi deimlo'n waeth. Fy ateb i yw, 'Wel, dyna fel mae hi.' Yn aml, pobol sy'n deall y sefyllfa'n iawn sy'n cydymdeimlo â fi gyda geiriau taer a wynebau hir a weithie mae'r bobol hynny'n ddoctoriaid. Mae'n amhosib peidio â meddwl eu bod nhw'n deall yn iawn beth sydd o 'mlân i. Falle 'mod i'n naïf yn dweud hyn, ond dwi ddim eisie i neb deimlo'n flin drosta i. Dwi wedi derbyn y deiagnosis ac, fel ddwedodd Rhian, mae hynny'n fy helpu i feddwl mlân ac i fod yn gryf.

Yr wythnos ar ôl yr Eisteddfod, o'n i'n cael trydedd dos o gemotherapi ac roedd yr effeithiau'n gwaethygu bob tro. O'n i wedi cael gwbod mai'r dosys gwaetha yw rhifau pump a chwech, sef y ddau ola. Ac o'n i'n gwbod yn iawn beth i'w ddisgwyl y tro hwn. Mae meddwl 'nôl am hynny yn fy ngwneud i'n emosiynol ond eto roedd e'n fater o lyncu'r lwmp yn fy ngwddwg a bwrw mlân. Rhaid cyfadde bod y lwmp yn dod yn ôl i'r gwddwg wrth feddwl am y cyfnod hwn. Roedd cwblhau'r driniaeth hefyd yn rhywbeth i anelu ato. Ac roedd hynny'n beth cadarnhaol. Wrth ddod at y diwedd o'n i'n gallu meddwl wrtha i fy hunan, 'Dyma'r tro ola.' Am y tro.

Roedd hi'n wyliau haf ac unwaith eto ro'n ni'n lwcus iawn o gefnogaeth y teulu o ran gwarchod y plant. Roedd yna batrwm yn ei le ac mae'r patrwm hwnnw wedi parhau, felly o'n i'n gwbod yn iawn pa ddyddiau fydden i'n teimlo ar fy ngwaetha, pa ddyddiau fydden i angen llonydd. Fe gafon ni wythnos o wyliau yn y garafán yn Nhyddewi wythnos ola mis Awst. Roedd hi'n dair wythnos ers y cemo erbyn hyn ac yn adeg fy mhen-blwydd. Ry'n ni'n pump yn dwli ar faes carafanau Bae Caerfai ac fel arfer ry'n ni'n mynd yno bob wythnos hanner tymor ym mis Mai. Ond aethon ni ddim y flwyddyn honno oherwydd roedd Eisteddfod yr Urdd wedi mynd â'n hamser ni.

Fe gafon ni wythnos hyfryd. O'n i'n gallu gwisgo gwisg nofio 'normal' oherwydd roedd hyn cyn i fi gael y masectomi. Ers y masectomi, mae prosthesis gyda fi a dwi wedi gorfod newid beth dwi'n wisgo oherwydd hynny. Fues i'n edrych 'nôl ar luniau'r gwyliau yn ddiweddar ac fe ddalies fy hunan yn meddwl, 'Co fi ar y traeth yn gallu gwisgo'r *bathers* o'n i moyn, yn hytrach na gorfod prynu rhywbeth sydd ddim beth fydden i wedi ei ddewis.' Galla i weld 'mod i'n edrych damed bach yn wahanol yn y lluniau hyn, fy wyneb yn fwy pwfflyd, oherwydd effaith y cyffuriau. Ond mae'r effeithiau hyn yn bris bach i dalu am gael triniaeth a llawdriniaeth, a dwi'n gwerthfawrogi i ni gael wythnos fendigedig i'w chloi yn y gist atgofion.

Ry'n ni wedi bod yn mynd i faes carafanau Bae Caerfai ers blynyddoedd. Mae'n llecyn sbesial iawn ac yn lle ry'n ni'n teimlo'n ddiogel. Y peth pwysica am y gwyliau oedd y teimlad o normalrwydd, mwynhau gwyliau'r haf a gwneud beth ro'n ni'n arfer ei wneud. Yr wythnos ar ôl hynny, roedd hi'n amser i'r plant fynd 'nôl i'r ysgol ac o'n i'n paratoi i gael pedweredd dos o gemotherapi. Ac o'n i'n ddigon bodlon fy myd oherwydd bod yna batrwm i fywyd eto.

Yn ystod y cyfnod hwn es i ar hyd y trywydd geneteg i weld a oedd gyda fi enyn diffygiol, ac yn fwy na hynny, i weld a oedd genyn diffygiol yn y teulu. Oherwydd fod Mam wedi cael canser y fron, fe wnaeth yr Uned yn Llanelli awgrymu 'mod i'n cael prawf gwaed geneteg. Ges i wbod yng nghanol triniaeth cemotherapi Medi 2023 bod 'da fi enyn diffygiol o'r enw RAD51D. Dim hwn yw'r genyn sydd â'r cysylltiad cryfaf â chanser y fron. BRCA 1 a BRCA 2 yw'r ddau hynny, ond mae'r risg i fenywod â'r genyn RAD51D yn uchel hefyd, rhwng 20 a 40%. Mae ymchwil yn dangos bod nifer o enynnau eraill sy'n gysylltiedig â chanser y fron.

Ges i lythyr gan yr adran eneteg yn fy nghynghori i roi gwbod i fy chwiorydd, ac unrhyw un arall yn y teulu y gallai'r newydd effeithio arnyn nhw, bod gyda fi'r genyn hwn. Roedd e'n chware ar fy meddwl – yw'r genyn yma ar ochr Dad y teulu? Yn dilyn y cyngor, fe gafodd fy nwy gyfneither arall, Sara a Gwen, brofion, ac ro'n nhw'n negatif. Fe gafodd Lisa'r deunydd trwy'r post ond doedd hi ddim wedi cael y prawf gwaed. Mae ganddi ddau o blant bach ac roedd bywyd yn fishi. Ers hynny, mae hi wedi ffeindio mas bod ganddi hithe'r genyn RAD51D hefyd. Ond dyw e ddim gydag Elin, fy chwaer hynaf, a hynny er ei bod hi'n risg uchel gyda dwy chwaer sydd â'r genyn a Mam sydd wedi cael canser y fron.

Yn ystod y mis hwn ces i fwy o newydd annisgwyl, newyddion siomedig. Ges i alwad ffôn gan Elan yn holi o'n i o gwmpas am sgwrs. Mae Elan yn gyfnither gynta i fi ar ochr Dad ac yn ferch i frawd Dad, sef Dyfed. O'n

Genyn bach

i'n meddwl ei bod hi eisie siarad â fi ynglŷn â Chyswllt Ffermio gan fod Elan yn gweithio iddyn nhw a 'mod i wedi gweithio iddyn nhw ambell dro yn y gorffennol, ond roedd y gwir yn wahanol iawn: roedd hi wedi dod o hyd i lwmpyn yn ei bron. Cafodd hi ddeiagnosis canser y fron yn 32 oed ac ers hynny mae hi wedi cael cemo, yr union 'run cemotherapi â fi ac yna lwmpectomi, sydd hefyd yn cael ei nabod fel 'llawdriniaeth cadw'r fron'. Mae'r ddwy ohonon ni wedi bod yn edrych 'nôl ar y cyfnod ac yn chwerthin ein bod ni'n trafod enwau'r cemotherapis 'ma – Carboplatin a Docetaxel – fel tasen nhw'n gynnyrch colur neu'n enwau cynllunwyr dillad! Ry'n ni'n chwech o ferched ar ochr Dad, ni'n tair ac yna dair Pantithel, sef merched Dyfed. Elan yw cyfnither ifanca'r teulu.

Ein blaenoriaeth ni nawr, wrth gwrs, yw'r genhedlaeth nesa. Rhyngddon ni, ry'n ni'n famau i dair o ferched. Mae'n rhy hwyr i newid pethe i ni, ond yn sicr bydd modd newid pethe iddyn nhw, neu wneud yn siŵr bod yna wybodaeth am opsiynau mewn lle ar eu cyfer nhw. Un opsiwn sydd wedi cael ei grybwyll wrthon ni yw cywiro genynnau. Mae geneteg yn faes sy'n symud yn gyflym iawn. Wrth i fi sgrifennu hwn, mae Hanna a Martha'n bedair oed a Nel yn ddwy. Erbyn i'r merched ddod i oed sgrinio bydd llawer wedi newid. Ond cyn i fi adael y byd 'ma, bydda i'n sicr yn gwneud yn siŵr bod cynllun yn ei le ar eu cyfer nhw, fel eu bod nhw ddim yn gorfod byw'r hunllef hon.

Dim y merched yw'r unig rai ry'n ni'n paratoi ar eu cyfer. Mae'n rhaid meddwl am y bechgyn hefyd oherwydd mae rhai arbenigwyr yn awgrymu eu bod nhw'n fwy tebygol o basio'r genyn hwn mlân. Os yw'r genyn gyda nhw, fe allen nhw ei basio fe i'w plant nhw. Dyw'r maes geneteg hwn ddim yn un mae cymdeithas yn gwbod llawer amdano ar hyn o bryd, ond gyda'r wybodaeth iawn dwi'n gobeithio y bydd teuluoedd yn dechre trafod y materion hyn yn agored. Mae rhywun yn meddwl am achos yr actores Angelina Jolie, a benderfynodd gael masectomi dwbwl rhag ofn, ar ôl deall bod ganddi'r genyn BRCA1. Fe fu farw mam Angelina o ganser yn 56 oed ar ôl i ganser yr ofari ledaenu i'r fron. Un esiampl yw hi, ond fe ddewisodd yr actores siarad yn gyhoeddus am y pwnc. Mae codi ymwybyddiaeth a rhannu gwybodaeth yn bwysig i fi. Os yw'r ddau beth yna'n digwydd mae nifer o bethe'n bosib i bobol wrth ymdrin â chanser yn y dyfodol.

6
Dreifo'r tractor pinc

DWI'N TREIAL PEIDIO ag edrych yn ôl ar fy mywyd a difaru. Ond mae'n anodd peidio â phendroni am un peth. Yn 2017, fe gymres i ran mewn taith dractor anferth gydag Angharad Morgan Williams. Roedd Angharad yng nghanol triniaeth cemotherapi ar gyfer canser y fron ar y pryd. Roedd hi a'i theulu wedi trefnu taith dractor i godi arian i Uned Cancr y Fron yn Llanelli, ac wedi gofyn i bawb wisgo pinc ar gyfer yr achlysur. Ges i gyfle i fod yn rhan o'r diwrnod ac i ddreifo'r tractor pinc wrth i'r digwyddiad gael ei ffilmio ar gyfer *Heno*. Dwi'n cofio bod yn llawn edmygedd o ddewrder a phenderfyniad Angharad. Dwi hefyd yn ei chofio hi'n rhannu gair o gyngor gyda fi, 'Ma isie i ti fynd i gael dy jeco, Mari, gyda hanes dy fam.'

Roedd y bechgyn, Steffan a Tomos, yn fach ar y pryd a Hanna heb gael ei geni eto. Roedd bywyd yn ras wyllt! Ar y daith dractor fues i'n sgwrsio gyda llawer o fenywod oedd wedi cael deiagnosis canser. Dwi'n cofio cyfweld ag un ferch oedd wedi cael masectomi dwbwl rhag ofn, fel

Angelina Jolie, oherwydd ei bod hi wedi colli ei mam i ganser. O'n i'n siarad gyda'r holl bobol hyn, ond Mari Grug y cyflwynydd o'n i'r diwrnod hwnnw, a dim mwy na hynny. Tasen i wedi mynd i'r syrjeri bryd hynny a dweud, 'Ma fy mam wedi ca'l canser, alla i ga'l prawf rhag ofn?', sgwn i a fydden i wedi cael newyddion am fy iechyd yn gynt? Fydde pethe wedi bod yn wahanol yn sgil hynny? Pwy a ŵyr? Dwi'n dal fy hunan yn meddwl 'nôl am eiriau Angharad ac yn pendroni, 'Beth tasen i wedi gwrando ar ei hanogaeth ac wedi gofyn am brawf yn dilyn y sgwrs honno?' Dwi'n difaru hyd heddiw 'mod i ddim wedi gwrando ar ei chyngor hi.

Es i'n ôl ym mis Hydref 2023 i ffilmio Angharad ar y ffarm ac i ddal lan gyda hi. Mae hi'n un o'r bobol sydd wedi bod o gymorth i fi yn y blynyddoedd diwetha, yn cynnig llawer o gefnogaeth, cysur ac anogaeth – a hyd yn oed wedi rhoi ambell gic lan fy mhen-ôl i ffonio ac i gwrso am ganlyniadau. Mae hi'n gwneud yn dda, dwi'n falch i allu dweud, ond mae hi wedi profi ambell blip ar hyd y ffordd hefyd. Fel mae hi'n dweud, 'Dyw e byth yn gadel ti, Mari.' Mae Angharad wedi gorfod cael hysterectomi yn lled ddiweddar ond mae mor ddiolchgar i'r tîm yn Llanelli am ei gofal. Mae sgwrsio gyda rhywun fel Angharad sy'n gwbod o brofiad am y siwrne ganser yn help mawr i fi, a gobeithio bod ei gweld hi ar *Heno* yn help i unigolion a theuluoedd eraill hefyd. Ac eto mae'r sgwrs hynny'n fy atgoffa i, dim yn unig o'r hyn dwi'n mynd drwyddo nawr, ond am y rhybudd ges i ganddi flynyddoedd yn ôl.

Roedd mis Hydref yn fis ymwybyddiaeth canser y fron ac o'n i'n dod i ddiwedd fy nhriniaeth canser. Ges i'r cemo ola ar yr 16eg o Hydref, sef cemo rhif 6. Yn ystod y mis hwnnw fe benderfynodd *Heno* wneud eitem arna i, dangos dyddiadur fy wythnos cemotherapi ac fe wnes i gyfweliad gyda Rhodri Owen ar *Heno*. O'n i'n gyflwynydd ac yn westai y noson honno ac oedd, roedd e'n brofiad rhyfedd. Ar ôl y cyfweliad, fe ddalies fy hunan yn meddwl, am eiliad neu ddwy, bod y cyfweliad wedi mynd yn dda. Yna, yn sydyn, fe gofies i – ma canser 'da fi. O'n i'n teimlo'n dda yn y foment, ond doedd dim newid y gwir am fy sefyllfa i.

Ar yr un pryd roedd brwydr newydd o 'mlân i: y frwydr i gael llawdriniaeth. Wrth drafod y masectomi, fe ddwedes i wrth yr arbenigwr, 'I wouldn't mind having both breasts off because I've got this gene.' Yr ateb ges i oedd, 'It's gone to your liver, Mari. You're lucky to have one off.' Yn draddodiadol, os yw'r canser wedi lledu ymhellach, fel yn fy achos i, dy'n nhw ddim yn trin gwreiddiau'r canser. Os yw e wedi lledu ymhellach na'r fron, dyw trin gwreiddiau'r canser ddim yn opsiwn. Ond mi o'n i'n benderfynol, 'Na, dwi moyn y fron bant'.

Doedd y tiwmor yn y fron ddim yn ymateb rhyw lawer i'r cemotherapi. Felly, roedd meddwl 'mod i'n cerdded o gwmpas gyda fy mron yn llawn canser yn fy llenwi i ag ofn. O'n i'n hollol benderfynol i gael masectomi. Cyn iddyn nhw gytuno i hynny yn yr ysbyty, roedd yn rhaid i fi gael cyfres o sgans clir, gan gynnwys sgan ar fy esgyrn. Fe alla i ddweud gyda fy llaw ar fy nghalon mai dyma gyfnod tywylla'r siwrne hyd yn hyn, sef y cyfnod wrth i fi aros i gael sgan ar yr esgyrn. Roedd pwysau difrifol ar y sgan yma. Ac fe fu'n rhaid i fi aros amdano.

Roedd y dyddiad gwreiddiol gafodd ei gynnig i fi yn hwyr ym mis Tachwedd, ond o'n i wedi rhoi fy mryd ar gael y masectomi cyn Nadolig. O'n i'n gwbod, os na fydden i'n cael y sgan nes diwedd Tachwedd fydde ddim llawdriniaeth cyn Nadolig! Felly, bues i'n ffonio a ffonio a ffonio er mwyn treial newid dyddiad y sgan yn gynt.

Y sioc fwya dwi wedi ei chael yw bod cymaint o aros... aros am brawf... aros am ganlyniad y prawf... yna, aros eto i gael gwbod beth a phryd fydd y driniaeth. Mae'r syniad bod rhaid aros am dair wythnos am ganlyniadau yn ymddangos yn hurt. Tair wythnos pan mae yna rywbeth yn lledu yn fy nghorff? Mae'n mynd yn erbyn pob synnwyr cyffredin! Ond dyna'r oes ry'n ni'n byw ynddi, yn anffodus. A dyna pam dwi wedi siarad yn gyhoeddus am fy neiagnosis ac am y driniaeth. Dwi'n gwbod o brofiad, cynta i gyd ewch chi at y doctor, cynta i gyd byddwch chi'n cael eich gweld. Yna, o leia byddwch chi yn y system. Ac fe fydd oedi. Doed a ddêl.

Fy nghyngor i unrhyw un yn yr un sefyllfa â fi fydde i gwrso! Mae'r Gwasanaeth Iechyd yn anhygoel ac mae'r gofal dwi wedi ei gael yn wych, chware teg, ond mae gymaint mwy o bobol angen triniaeth erbyn hyn, os nad ydych chi'n gwthio pethe mlân byddwch chi'n aros yn hir am ymateb. Dwi wastad yn cymharu fy sefyllfa i gydag un Mam ar ôl iddi hi ddod o hyd i lwmpyn yn ei bron. Fe gafodd Mam ddeiagnosis canser ar ddydd Llun. Erbyn y dydd Gwener roedd hi'n cael ei bron i ffwrdd. Wrth gwrs, roedd pethe'n wahanol bryd hynny ac fe gafodd hi gemotherapi ar ôl y llawdriniaeth hefyd. Ond mae ymateb y byd meddygol i'w deiagnosis hi yn anhygoel o gymharu â fy mhrofiad i.

Fe wnes i lawer o gwrso ond fe ges i'r newyddion o'n i'n gobeithio amdano yn y diwedd ac apwyntiad am sgan ar yr esgyrn ar y 9fed o Dachwedd. Roedd y cyfnod yma wrth aros am y sgan yn amser tywyll iawn i fi a, do, fe wnes i feddwl am fy angladd. Mae cofio hynny'n dod â'r dagrau wrth roi'r geiriau hyn ar bapur. Os oedd y canser wedi lledu i'r esgyrn, fydde ddim llawdriniaeth. Ac o'n i'n gwbod beth fydde hynny'n ei olygu: "Na fe, sdim dod o fan hyn'.

Roedd y meddwl yn chware triciau â fi. O'n i'n teimlo

Dreifo'r tractor pinc

poenau yn fy esgyrn, gwynegon anesmwyth, ac yn meddwl y gwaetha. O'n i'n hollol paranoid. Bydd unrhyw un sydd wedi bod trwy'r profiad hwn yn gwbod bod y meddwl yn cymryd drosodd. Dwi'n cofio mynd i gasglu Steffan o ymarfer pêl-droed un noson. Wrth i fi yrru mewn i Gaerfyrddin o'n i'n llefen y glaw, gan ofni bod y diwedd yn dod. O'n i angen crio, a gadael i'r emosiwn lifo mas. Ond do'n i ddim eisie llefen o flaen Steff, felly pan gyrhaeddes i fan casglu'r plant roedd yr amser i golli dagrau ar ben. Unwaith daeth Steff mewn i'r car roedd rhaid dod ataf fy hunan, llyncu fy nagrau a holi, 'O, hai Steff, sut a'th y pêl-dro'd?' Dwi'n ddiolchgar bod y plant yn fy nenu i'n ôl at yr haul. Dyna'r byd dwi'n byw ynddo nawr, un rhwng y tywyllwch a'r goleuni, a dwi'n gallu dod ataf fy hunan yn syndod o glou.

Mewn cyfnod tywyll, mae'r plant yn fy nghadw i i fynd, yn fy helpu i ddelio â fy sefyllfa. Does dim amser i gynhyrfu, i fod yn ypsét. O ran y system nerfol mae'n well i rywun ei adael e mas na'i ddala fe mewn. Falle 'mod i ddim wedi llefen digon. Ond fy ymateb i yw llefen, ie, ac yna dod at fy nghoed a gobeithio'r gore.

Roedd honno'n wythnos ofnadwy, yn hollol afiach. Ges i dri sgan yr un wythnos: sgan CT bore dydd Llun, MRI ar yr afu dydd Mercher, a'r sgan ar yr esgyrn dydd Iau. Ond wrth gwrs, roedd yna broblem eto fyth. Roedd angen dod o hyd i wythïen er mwyn cael y prawf CT a doedd y rheiny ddim yn bihafio. Bob tro dwi'n cael sgan CT maen nhw'n ychwanegu llifyn diogel (*dye*) sydd fel arfer yn dangos meinwe ac organau'r corff yn well. Mae'r llifyn diogel yn mynd mewn trwy ddefnyddio *canular*, ond ar ôl cymaint o cemotherapi doedd y gwythiennau ddim yn ymddwyn yn briodol. Fe wnes i dorri lawr. Falle y bydde rhywun yn meddwl y dylen i fod mewn hwyliau da. O'n i wedi gorffen y cemo. Ond roedd y cemo'n rhwydd o gymharu â'r wythnos honno. Roedd hi'n hunllef.

O'n i'n cael sgan CT o'r gwddwg i lawr i'r pelfis bob tri mis. Gorfes i fynd o'r lle o'n i'n cael y sgan CT yn Glangwili ac o'n nhw ffaelu dod o hyd i wythïen oedd yn ddigon cryf. Felly roedd rhaid i fi fynd i'r Uned Cemotherapi er mwyn iddyn nhw wneud prawf gwaed. Fe wnes i dorri lawr gyda'r tîm yn yr Uned – do'n nhw ddim wedi 'ngweld i yn fy nagrau o'r blân. Roedd e'n ddiwrnod hirach na'r hyn o'n i'n ddisgwyl ac roedd e'n glir i bawb 'mod i'n stryglo.

Ar y dydd Mercher ges i sgan MRI manwl ar yr afu. O'n i'n cael un o'r rheini bob tri mis hefyd. Yna, roedd y sgan ar yr esgyrn dydd Iau yn Ysbyty Llwynhelyg. Dyna ble ges i fy ngeni ac roedd hi'n anodd iawn bod yno i gael y sgan pwysig hwn. Mae Gwen, fy nghyfneither, yn gweithio fel Therapydd Galwedigaethol yn yr ysbyty ac fe ddaeth hi i 'ngweld i yn y stafell aros. Roedd hi mor braf i weld wyneb cyfarwydd, ond eto roedd hi'n anodd iawn dal y dagrau'n ôl. Chwarae teg i Gwen, fe ddaeth hi'n ôl i aros gyda fi ar ôl i'w shifft orffen gan ei bod hi'n gallu gweld 'mod i ddim mewn lle da. Tase'r sgan ar yr esgyrn ddim yn glir, fydde ddim masectomi. Ac, wrth gwrs, roedd yn rhaid aros am ganlyniad y sgan. Eto, fuodd raid i fi gwrso er mwyn cael rhywun i ddarllen y sgan yma. Bydden i'n ffonio i weld oedd canlyniad a chael gwbod, 'Na, dim canlyniad, mae'r sgan fan hyn o hyd, yn barod i fynd at yr arbenigwr.'

Wythnos yn ddiweddarach ac o'n i yn Tinopolis, ar fin cyflwyno *Heno*, pan ges i'r alwad bod y sgan ar yr esgyrn yn glir. Do'n i ddim yn poeni'n ormodol am y ddau sgan arall gan 'mod i wedi bod yn eu cael bob tri mis, ond roedd tipyn o bwysau ar sgan yr esgyrn. Roedd clywed hynny'n werth y byd. Falle y bydd hi'n stori arall rhyw ddydd, pwy a ŵyr? Y cyngor dwi wedi'i gael, fel dwi wedi sôn, yw i ddathlu'r llwyddiannau bach. Pob canlyniad da sy'n dod, dathla fe. Gwna'r mwya ohono, oherwydd mae'n siwrne uffernol o herciog ac fe fydd llawer iawn o lan a lawr. Unwaith ges i'r canlyniad hwn o'n i'n gwbod bod yna gynllun – o'n i'n cael masectomi. A dwi'n hoffi cynllun.

Yn amlwg, y cwestiwn nesa oedd, pryd? Ffones i Ysbyty Llanelli a dweud, 'Dwi 'di ca'l y canlyniade, bwcwch fi mewn!' O'n i'n gwbod bod hyn a hyn o wythnosau o restr aros i gael llawdriniaeth. Ges i wybod y bydden i'n cael y masectomi ar y 19eg o Ragfyr. Dwi'n siŵr mai dyna'r peth diwetha y bydde llawer o famau eisie mor agos i Nadolig, ond o'n i'n edrych mlân! O'n i'n teimlo'n gryf. Dyma o'n i eisie ac o'r diwedd roedd e'n digwydd.

Do'n i erioed wedi cael llawdriniaeth fel hon o'r blân. Yr unig bryd o'n i wedi bod i'r ysbyty oedd i gael y plant ac roedd popeth wedi mynd yn hwylus wrth eni Steffan, Tomos a Hanna. Roedd angen *pre-op* cyn y masectomi, ond o'n i'n edrych mlân. Roedd pobol yn dweud wrtha i, 'O, Mari, ti'n mynd mewn i'r ysbyty ar y 19eg, dyddie cyn y Nadolig... druan â ti!' Fy ymateb i oedd, 'Fe elen i noswyl Nadolig tase raid!' Os nad yw rhywun wedi bod yn y sefyllfa hon, dy'n nhw ddim yn gweld y pictiwr llawn. Tasech chi yn fy sefyllfa i, fyddech chi ddim yn dweud, 'Na, sori, dwi'n mynd i aros pythefnos fel 'mod i'n gallu joio Nadolig gynta.' Do'n i ddim yn becso pryd o'n i'n mewn na mas o'r ysbyty, dim ond 'mod i'n cael y llawdriniaeth.

Fel digwyddodd hi, es i mewn ar y dydd Mawrth a ddes i mas dydd Iau. Ac o'n i'n lwcus, ddes i ben â mynd i gyngherddau Nadolig y plant i gyd cyn hynny. Roedd e'n gysur i fi eu bod nhw'n mwynhau bwrlwm dathlu'r ŵyl yn yr ysgol tra 'mod i yn yr ysbyty. Felly, doedd dim gormod o newid iddyn nhw ac ro'n nhw'n gallu ymdopi gyda'r ffaith bod Mam ddim adre. Er gwaetha'r llawdriniaeth fe aethon ni i weld sioe *Deian a Loli* yn yr Egin, a mynd i weld Siôn Corn, y pethe traddodiadol ry'n ni'n eu gwneud cyn Nadolig, a hynny fel tase dim byd wedi newid.

Un o'r uchafbwyntiau eraill yn ystod mis Rhagfyr oedd recordio *Dathlu Dewrder 2024* yn stiwdio Coco & Cwtsh ym Mynyddcerrig, rhaglen sy'n ymddangos yn flynyddol ar S4C ac sy'n dathlu dewrder plant a phobol Cymru. O'n i'n cyflwyno gwobr i Hollie McFarlane, awdur *Weithie mae Mam yn teimlo...* Roedd hithe hefyd wedi cael deiagnosis canser y fron ac wedi sgrifennu llyfr i blant sy'n esbonio pam bod mam yn teimlo fel mae hi wrth dderbyn triniaeth. Mae Hollie wedi sgrifennu llyfr ar gyfer tadau hefyd erbyn hyn. Wrth i fi gyflwyno'r wobr fe wnaeth Elin Fflur, cyflwynydd y rhaglen, ddiolch i fi. Roedd hwnnw'n brofiad emosiynol iawn, yn enwedig wythnos cyn i fi gael y masectomi.

Fe aeth y llawdriniaeth yn hwylus, fel oedd y tîm meddygol wedi'i ragweld. Ges i'r fron i ffwrdd a'r nodau lymff ar yr ochr chwith. O'n i'n lwcus – doedd dim angen dod mas o'r ysbyty gyda *'drains'* sy'n tynnu'r hylif sy'n cronni yn y rhan o'r corff lle cafwyd y llawdriniaeth, ac roedd hynny'n help o ran y plant. Doedd dim offer gweledol i ddangos bod Mam yn wahanol. Fe ddaeth Steffan a Tomos i nôl fi getre ar y dydd Iau ac roedd hynny'n hyfryd ofnadwy, ro'n nhw mor ecseited! Alla i ddim atal fy hunan rhag gwenu wrth gofio am eu gweld nhw'n cerdded mewn i'r stafell yn eu siwmperi Nadolig.

Roedd Gareth, druan, wedi colli ei fam-gu yr wythnos gynt a ffaeles i fynd i'r angladd ar y dydd Gwener oherwydd 'mod i'n gorfod gorffwys ar ôl dod mas o'r ysbyty y diwrnod cynt. Roedd e'n gyfnod anodd iawn iddo fe hefyd, roedd e'n agos iawn at ei fam-gu, ond y flaenoriaeth oedd 'mod i adre ac yn gwella.

Yr wythnos ganlynol roedd Nadolig ar ein pennau. Ond

roedd pethe yn eu lle. O'n i wedi treial bod yn drefnus cyn y llawdriniaeth oherwydd do'n i ddim yn siŵr pa mor hir fydden i yn yr ysbyty na sut fydden i ar ôl dod mas. Y penwythnos cyn y Nadolig, fe ddaeth ffrindie draw i'n gweld ni. Fe ges i wydraid o *mulled wine* gyda fy ffrind da, Elin, a meddwl, 'Mae'n mynd i fod yn Nadolig da.' Mae llun ohonon ni'n dwy yn codi gwydr i ddymuno 'Iechyd da'. Dwi'n meddwl mai'r farn oedd na fydden i'n abl i wneud dim byd, ond fe lwyddodd Gareth a finne i wneud y gwaith paratoi noswyl Nadolig. Fel arfer, mae Gareth a fi'n coginio gyda'n gilydd ar ddydd Nadolig ac ry'n ni'n gweithio'n dda fel tîm. Roedd Mam a Dad yn mynd at fy chwaer i ginio ond fe alwon nhw yn y bore ac roedd hynny'n hyfryd. Daeth fy rhieni yng nghyfraith draw i ginio. Chware teg, ro'n nhw wedi cyrraedd yn gynnar, gan feddwl y bydde angen eu help, ond roedd popeth mewn trefn. Weithiodd pethe mas yn dda ac roedd y plant wrth eu boddau. Ie, dathlu'r pethe bach ac, ar ôl y flwyddyn a fu, o'n i'n falch ofnadwy i fod getre i allu gwneud hynny gyda'r teulu ar fy aelwyd fy hunan.

7

Bŵbs

O'N I AR dân eisie'r fron bant, felly do'n i ddim yn teimlo unrhyw fath o dristwch na siom 'mod i ar fin ei cholli hi. Fe fues i'n pendroni, wrth gwrs, sut fydde fy nghorff i'n newid, sut fydden i'n teimlo am y corff hwnnw? Ond ar y cyfan, o'n i'n gwbod beth o'n i eisie a wnes i ddim teimlo galar na hiraeth ar ôl y llawdriniaeth. Ond pan oedd Gareth a finne ar ein gwylie yn San Sebastian o'n i'n gweld pobol yn eu bicinis a'u *bathers* ac fe drawodd fi am y tro cynta, 'O, odw, fi'n wahanol.' O'n i'n dal i allu gorwedd o gwmpas y pwll mewn gwisg nofio, ond fe ges i sawl pwl o hunandosturi. Dyma fi, ar fy ngwylie gyda Gareth, yn ddeugen oed a drychwch ar fy ngolwg i!

Des i dros y llawdriniaeth yn gyflym, diolch byth, ac ar y cychwyn roedd gofyn i Gareth roi dresing glân ar y clwy'. Mae e wedi dweud o'r dechre dyw'r ffaith 'mod i wedi colli bron ddim yn ei boeni o gwbwl. Mae e'n gwbod sut i dawelu fy meddwl. 'Mari fach, dyw hyn yn ddim byd,' mae e'n dweud. Dwi ddim wedi teimlo embaras o flân Gareth, hyd yn oed ar y dechre. Ry'n ni wedi bod gyda'n gilydd yn rhy hir i fod yn lletchwith. Dwi'n teimlo'n lwcus 'mod i mewn perthynas. Mae Gareth wedi fy ngweld i'n rhoi genedigaeth, wedi fy ngwylio i'n bwydo'r plant, felly dwi ddim wedi gorfod poeni am golli bron.

Pan weles i'r graith am y tro cynta wnes i ddim teimlo siom na cholled. Os rhywbeth o'n i'n falch ohoni. Roedd y fron â'r canser wedi mynd ac roedd hynny'n rhywbeth i ymfalchïo ynddo. Fe fues i'n trafod y pwnc yma gyda rhai o'r menywod eraill ar y podlediad. I un ohonyn nhw roedd ei chraith yn arwydd ei bod hi wedi brwydro, ei bod hi wedi mynd trwy amser caled. Roedd yn rhywbeth i'w hatgoffa hi o'r cyfnod hwnnw. Hyd yn oed os ydych chi'n un sy'n dymuno cael llawdriniaeth i ail-greu bron newydd, mae'n rhaid aros cyn gwneud hynny. Mae eisie amser ar y corff i fendio.

Yn bersonol, wnes i ddim colli deigryn o'r adeg o'n i'n gadael y tŷ i fynd i'r ysbyty yn y bore, gan wbod 'mod i'n cael masectomi y diwrnod hwnnw, i pan ddes i getre. Dim 'druan â fi'. Yn hytrach, roedd yn rhyddhad i gael ei gwared hi, am ei bod yn 'ddrwg' a'i bod wedi achosi cymaint o stres. Pwy feddyliai y bydde bŵbs yn rhywbeth mor broblematig? Yn fy arddegau, o'n i ffaelu aros i gael bronnau. Roedd bronnau mawr gan un o fy ffrindie ac o'n i'n meddwl ei bod hi'n lwcus. O'n i'n cael fy mhoeni yn yr ysgol oherwydd bod dim bronnau gyda fi – roedd llawer o fois yn fy mhryfocio. A dyma'r bronnau sydd wedi achosi cymaint o straen i fi fel oedolyn! Mae hyd yn oed y ffaith i fi fwydo'r plant o'r fron yn achos i feddylu – ydy hynny wedi effeithio ar fy iechyd?

Dwi ddim yn meddwl y bydde rhywun arall yn sylwi bod rhywbeth yn wahanol am fy nghorff pan dwi ar wyliau. Mae pethe wedi gwella cymaint yn y maes hwn, mae modd prynu prosthesis ar gyfer nofio sy'n golygu 'mod i'n gallu mynd i'r môr heb unrhyw broblem. Dyw'r un ar gyfer nofio ddim yn amsugno'r dŵr, ac os dwi'n bolaheulo mae'r fron silicon yn symud, yn fflopan, fel bŵb normal. Dwi ddim yn colli mas ar wneud pethe!

Mae llawer o bobol yn gofyn i fi, 'Wyt ti'n mynd i gael llawdriniaeth i ail-greu bron newydd?' Ar hyn o bryd dyna fy ngofid lleia. Ond pan fydda i'n hanner cant falle bydda i'n trito'n hunan i bâr o fŵbs newydd – os bydda i'n ddigon lwcus i fod yma. Am y tro, ydw i eisie ymhel â fy nghorff eto? Ydw i eisie potsian? Falle bod well gadael pethe i fod. Dyw Mam ddim wedi cael llawdriniaeth ar gyfer ail-greu bron ac mae hi'n gwneud yn dda. Oes rhywbeth yn hynny? Mae e'n ddewis personol, ond i fi ar hyn o bryd, dyw e ddim ar y *radar*.

Ddes i mas o'r ysbyty ar yr 21ain o Ragfyr ac roedd priodas cyfneither Gareth, sef Tracey, ar y nos Galan. O'n i'n teimlo'n iawn, felly fe benderfynes i fynd i'r briodas. Ond roedd problem. Doedd dim prosthesis gyda fi! Do'n i ddim yn gallu mynd i briodas Tracey a Martin heb ddim byd! Roedd hi'n rhy gynnar i gael un oddi wrth yr ysbyty. Mwy na thebyg do'n nhw ddim yn disgwyl i fi fynd i unman mor gynnar. Mae'n werth gweld fy *searches* i ar Amazon dros Nadolig! Pa brosthesis i gael, sut oedd mesur, pa seis...? Mewn diwrnod neu ddau fe ges i lwmpyn bach trwy'r post i lenwi twll ac i lenwi fy mra.

Fe ddaeth yr amser i fynd 'nôl i Lanelli i gael prosthesis go iawn gan y Gwasanaeth Iechyd, un ar gyfer y dydd ac un ar gyfer nofio. O'n i'n cael fy mesur gan *rep* oedd yn gweithio i'r cwmni prosthesis ac fe wnaeth hi sylw go bersonol:

'Your scar is very high,' meddai hi.

'Sai'n rili becso, *it is what it is*,' atebes i.

Dwyt ti ddim yn gallu rheoli beth mae pobol yn ei ddweud wrthot ti, ond yn y foment, roedd ei sylw hi'n ansensitif braidd. Doedd dim ots gyda fi ble oedd y graith – o'n i'n falch bod y fron wedi mynd!

Mae lleoliad y graith yn golygu 'mod i ddim yn gallu gwisgo ambell fra ac mae hi wedi bod yn ysgol brofiad wrth fynd mlân. Mae angen pocedi ar y bra a dyw'r dewis ddim yn eang iawn, er ei fod wedi gwella ers y cyfnod pan oedd Mam yn siopa am yr un peth ar ddiwedd y 90au. Mae'r dillad nofio yn gostus hefyd. Dwi newydd waredu'r hen fras, ar ôl sylweddoli na fydda i'n gwisgo'r rheina eto. Es i â nhw i elusen yn Llanelli oedd yn eu casglu nhw. Roedd e'n teimlo fel diwedd cyfnod. Y bras bach neis, pert... bant â nhw!

Hyd yn oed wrth wisgo'r prosthesis am y tro cynta do'n i ddim yn gallu ei deimlo. Mae'r plant yn joio tynnu fy nghoes.

'Pwy un yw bŵb esgus ti, Mam?' fyddan nhw'n gofyn ac yn teimlo fy nghorff, yn llawn cyffro.

'Ww, ti 'di ca'l bŵb ti'n ôl!'

Roedd e'n beth mawr pan welon nhw fi gyda'r bra newydd. Roedd Hanna, yn enwedig, yn fusnes i gyd.

Mae sawl un wedi cymryd 'mod i wedi cael llawdriniaeth i ail-greu'r fron a dwi'n cymryd hynny fel compliment bod y prosthesis yn edrych yn real a 'mod i'n dod i ben â thwyllo pobol. Mae'r gwasanaeth sy'n cael ei gynnig gan yr Uned yn ffantastig. Tasen i'n teimlo 'mod i wedi colli pwysau, neu roi bwysau mlân bydden i'n gallu mynd 'nôl i gael fy ail-fesur. Dwi'n meddwl bod yna gyfle bob dwy flynedd i ail-fesur a chael prosthesis newydd.

Dyw fy steil ffasiwn i ddim wedi newid yn gyfan gwbwl, er bod ambell i ddilledyn dwi'n methu gwisgo bellach. Roedd y *trouser suit off the shoulder* wisges i i'r briodas nos Galan yn gweithio'n berffaith, roedd y rhan oedd oddi ar yr ysgwydd ar yr ochr iawn o'r corff i fi allu ei gwisgo. Weithie, bydda i'n anghofio. Bydda i'n pori ar-lein ac yn meddwl, 'Bydde hwnna'n neis,' yna dwi'n cofio, 'Na, bydd hwnna'n rhy isel i fi.' Mae ambell dop dwi ddim yn gallu ei wisgo oherwydd y ffordd mae'r defnydd wedi ei dorri. Does dim *cleavage* gyda fi ac os yw dilledyn yn rhy isel bydd pobol yn gallu gweld mai un fron sydd gyda fi. Felly, dyw pethe ddim wedi gorfod newid yn ormodol, diolch byth! Y gwir yw, dwi'n anghofio. Dwi ddim yn teimlo fel tase rhywbeth sy ddim yn perthyn i fi yn fy mra. I'r gwrthwyneb, mae fy mra'n teimlo'n hollol naturiol a dwi'n gorfod atgoffa fy hunan, 'O, ie! Ma rhwbeth yn wahanol.' Mae'n arwydd o sut mae'r dechnoleg wedi symud mlân, diolch byth.

Y peth sydd wedi newid fwya yw 'ngwallt. Dwi wedi ei liwio, mae e wedi teneuo cryn dipyn ers i fi ddechre cael triniaeth canser a dwi'n llawer mwy tywyll nag o'n i'n arfer bod. Fe alla i weld y gwahaniaeth ac fe fydda i'n aml ddim yn nabod fy hunan pan fydd ambell lun ohona i'n cael ei dynnu. I fi, mae'r gwallt yn beth mawr a dwi'n falch 'mod i wedi gwisgo'r *cold cap* yn ystod y cemo oherwydd mae hwnna wedi fy helpu i i gadw fy ngwallt. Mae llawer o bobol siŵr o fod yn meddwl, 'O, mae hi'n lwcus, mae tipyn o wallt 'da hi o hyd.' Mae agwedd rhywun tuag at ei wallt yn beth personol, a falle 'mod i ddim wedi sylweddoli mor bwysig oedd fy ngwallt i fi cynt, ond dwi'n ddiolchgar bod trwch gyda fi o hyd.

Roedd fy mhlant i'n chwilfrydig ar ddechre'r driniaeth gynta ac yn fy holi, 'Wyt ti'n mynd i fynd yn *bald*, Mam?' O'n i wedi prynu wìg i fy hunan rhag ofn y bydden i'n colli fy ngwallt ond mae'r *cold cap* yn golygu 'mod i ddim wedi gorfod ei wisgo.

Fe fydd fy nhri i'n fy holi o hyd am fy ngwallt, oherwydd eu bod nhw'n ei weld mor wahanol i fel oedd e.

'Pam so ti'n siafo dy wallt? Bydde fe'n well na beth sy 'da ti nawr!' meddai Tomos wrtha i.

Mae fy ngwallt yn wyllt wrth i fi sgrifennu'r geiriau hyn,

yn dal i dyfu'n ôl ar ôl y cemo llynedd. Ac, wrth gwrs, mae'r plant yn fy ngweld i yn y bore, yn wahanol i'r ffordd dwi'n edrych ar y teledu.

'O leia dwi 'di cadw fy ngwallt,' dwi'n eu hateb nhw.

'Fydde well 'da chi tasen i wedi ei golli fe i gyd, 'te?'

Mae holi ein gilydd, tynnu coes a sgwrsio yn llesol iawn, yn sicrhau fod y plant yn teimlo ein bod ni'n gallu trafod yn agored. *Typical* Tomos i ofyn y cwestiynau mawr, busneslyd! Pan gafodd Mam ei deiagnosis, fi oedd yr un oedd yn holi cwestiynau ac mae Tomos yn union fel fi, yn ei dweud hi fel mae hi a ddim yn dala'n ôl!

8

Ants yn fy mhants!

CES I FY ngeni ar y 27ain o Awst 1984 yn Ysbyty Llwynhelyg, Hwlffordd. Roedd Mam yn athrawes, ac roedd dwy ohonon ni'r tair chwaer yn fabis mis Awst ac roedd pobol yn arfer dweud wrth Mam, 'Wel, Ann – amseru gwa'l!'

Pan o'n i'n blentyn o'n i'n gweld y ffaith i fi gael fy ngeni yn Awst fel anfantais. Bydde pobol yn dweud wrtha i, 'Ti'n ifanc iawn yn dy flwyddyn.'

Erbyn hyn mae'n grêt, ond ar y pryd o'n i'n dyheu am fod yn agosach at oedran pobol eraill yn fy mlwyddyn, i gael cyflawni'r cerrig milltir ro'n nhw'n cael eu gwneud yn gynt, fel pasio prawf gyrru a chael mynd i glwb nos.

Yn ein teulu ni, fi yw'r ail ferch, y babi canol. Fe ddaeth Elin i'r byd ym mis Hydref '81, finne ym mis Awst '84 ac fe wnaeth Lisa gwblhau'r teulu ym mis Awst '86. Mae llai na dwy flynedd rhwng Lisa a fi, ond roedd dwy flynedd ysgol rhyngddon ni. Pan oedd cyfnodau TGAU a Lefel A roedd wastad dwy, dwy, dwy... Chware teg i Mam a Dad, chafon nhw fawr o lonydd am flynyddoedd!

Ants yn fy mhants!

Ces i fy magu ym mhentre Mynachlog-ddu yng ngogledd Sir Benfro. Ro'n ni'n byw mewn tŷ bychan yn y pentre o'r enw Penrallt ar ddechre fy mywyd. Dyma'r 'Efail' mae Waldo yn sôn amdani yn ei gerdd 'Preseli' a fy hen nhad-cu oedd y gof yno:
'A'm llawr o'r Witwg i'r Wern ac i lawr i'r Efail
Lle tasgodd y gwreichion...'
Roedd Dad-cu a Mam-mam yn byw yn Fferm y Capel a phan o'n i'n tyfu lan bydde Dad yn mynd i'r ffarm i weithio. Yn 1990, pan o'n i'n bump oed, symudon ni i'r ffarm ac fe ddaeth Dad-cu a Mam-mam i fyw i'r tŷ. Bellach, mae Gwen, fy nghyfneither, a Trystan, ei gŵr, wedi prynu Penrallt ac wrthi'n ei adnewyddu. Mae'n hyfryd i weld Penrallt yn parhau yn y teulu. Erbyn i'r gyfrol hon weld golau dydd byddan nhw siŵr o fod yn byw yno.

Rhaid cyfadde nad oes llawer o ddiddordeb gyda fi mewn anifeiliaid. Ro'n ni'n byw ar ffarm 200 erw, ffarm ddefaid yn bennaf ond ro'n ni'n cadw gwartheg biff hefyd ac felly roedd rhaid pitsio mewn. Yn eironig, dwi wedi cyflwyno a chyfweld mewn sawl sioe amaethyddol ar wahanol raglenni ar S4C dros y blynyddoedd. Pan mae fy chwiorydd yn fy ngweld i'n cael fy nisgrifio fel 'merch ffarm' maen nhw'n dweud,

'Mari? Hi sydd â'r lleia o ddiléit mewn ffarmo mas o'r tair ohonon ni!'

Ffarmio mae Elin, fy chwaer hynaf, ac mae Lisa, fy chwaer fach, yn dwli ar anifeiliaid. Dyw'r diddordeb mewn amaeth ddim yn rhywbeth sy'n dod yn naturiol i fi, er fy magwraeth, ond dwi'n un sy'n mwynhau gweithio'n galed.

Fel plant, un o'n tasgau ni fydde crynhoi'r defaid oddi ar y mynydd ac o'n i'n hapus i wneud hynny, ond elfen gymdeithasol bywyd ffarm oedd fy mhrif ddiléit i, pan fydde bugeiliaid y Preselau yn dod ynghyd i helpu'i gilydd. Mae llawer o atgofion melys gyda fi o ddiwrnod stra'. Daw'r enw yma o'r ffaith fod y defaid yn 'strae', ac ar y diwrnod hwn bydden ni'n casglu'r defaid o'r mynydd. O'n i wrth fy modd yn mynd lan y mynydd gyda Dad ar y moto-beic, a bydden ni'n cael picnic a Dad yn estyn am y fflasg! Ges i blentyndod syml a hapus iawn – do'n ni ddim yn mynd ar wyliau fel teulu rhyw lawer. Roedd fy mywyd yn troi o gwmpas y calendr amaethyddol. Roedd tair o fy nghyfnitherod, plant brawd Dad, yn byw yn yr un pentre. Roedd Sara, Gwen ac Elan tua'r un oedran â ni'n tair, ychydig bach yn iau, ac ro'n ni'n gwneud llawer gyda nhw.

Dechreuon ni fynd i'r ysgol ym Mynachlog-ddu ac fe fues i yno am flwyddyn, ond yna symudodd Mam a Dad ni i Ysgol Gynradd Crymych, oherwydd bod cymeriad yr ysgol yn newid a'r rhifau yn gostwng. Doedd e ddim yn benderfyniad rhwydd i fy rhieni ond dwi'n meddwl eu bod nhw wedi gwneud y peth iawn. O'n i'n dwli ar yr ysgol, yn joio, ac unwaith eto, ie, yr elfen gymdeithasol oedd fy mhrif ddiddordeb. Roedd gwaith ysgol yn iawn, ond y pethe o'n i wir yn eu mwynhau oedd yr elfen allgyrsiol – y sioeau, y canu a'r eisteddfodau.

Ges i gyfleoedd i berfformio o oedran ifanc. Roedd Ysgol Crymych yn agos i Ysgol y Preseli ac ro'n ni'n gwneud sioeau yn yr ysgol gynradd. Mae Theatr y Gromlech yn rhan o Ysgol y Preseli, felly roedd yna neuadd a llwyfan perffaith ar gyfer sioeau bach. Ond yr ysgol Sul oedd fy llwyfan cynta, yng Nghapel y Bedyddwyr, Bethel yn y pentre.

Un o fy atgofion bore oes yw gwasanaeth Nadolig y capel, pan o'n i tua dwy oed ac Elin yn bedair. Roedd Mam getre gyda Lisa, oedd newydd gael ei geni. O'n i wedi mynd gyda Dad i'r cyngerdd Nadolig ac roedd Elin yn angel. Do'n i ddim wedi cael fy newis fel angel a do'n i ddim wedi fy ngwisgo fel angel ond o'n i'n benderfynol o 'rannu'r llwyfan' gydag Elin. A do, erbyn y diwedd, ffindies i'n ffordd lan i'r pwlpud gyda gweddill yr angylion. Mae Mam a Dad yn dweud,

'O'n ni'n gwbod yn strêt bod ti eisie bod fan'na.'

O'n i'n blentyn bywiog iawn ac mae'n debyg fod fy nhad-cu, Tom Cwmbetws, yn dweud bod injan V8 yn Mari! Ges i gyfle i gymryd rhan yn fy sioe gynta yn bump oed pan oedd Undeb y Bedyddwyr yn dathlu yn 1990. Pasiant y plant oedd stori Arch Noa, ac o'n i'n golomen a Lisa yn frân. Yn ystod ymarferion y pasiant ym mis Mai, roedd damwain fawr yng Nglandy Cross, ar y ffordd o Efail-wen lan i Grymych. Mae gorsaf betrol yno ac fe groesodd Mrs Tonwen Adams y ffordd a chael ei tharo gan gar. Dwi'n cofio Mam ar y ffôn wrth iddi glywed y newyddion ac mae hwnnw'n un o'r atgofion cynharaf sydd gyda fi fel plentyn. Dwi'n cofio deall, mewn geiriau plentyn, bod 'rhwbeth mawr wedi digwydd'. Roedd Mrs Adams yn berson bach o ran corff, yn eiddil, ac yn gwisgo sodlau. Pam oedd hi wedi parco'r car fan'na a chroesi'r ffordd? Fyddwn ni byth yn gwbod. Fe gafodd ei marwolaeth effaith fawr ar yr ardal. Hyd yn oed pan fydda i'n siarad amdani hi nawr, bydd fy llygaid i'n llenwi, mae'r emosiwn yn dal yna. Os y'ch chi'n cael eich magu mewn pentre dwi'n credu eich bod chi'n fwy ymwybodol o straeon trasig sy'n digwydd o'ch cwmpas, y da a'r drwg sy'n rhan naturiol o fywyd. Fel plentyn bach pump oed oedd newydd glywed y newyddion trist am Mrs Adams, dwi'n cofio holi Mam, 'Pwy sy'n mynd i ddysgu ni yn yr ysgol Sul nawr?'

Fy atgof perfformio cynta yw chware rhan Joseff yn y sioe *Joseff a'i Got Amryliw* yn yr ysgol Sul yn 1992, pan o'n i tua saith oed. O'n i mor lwcus o fy athrawon, Tonwen Adams yn gynta, cyn iddi farw'n ddisymwth yn y ddamwain, ac yn ddiweddarach, Llinos Penfold a Jill Lewis, oedd yn rhoi o'u hamser i'n dysgu ni ar ddyddie Sul. Cafodd Jill ei magu ym Mhenrallt, yr un tŷ ag y ges i fy magu ynddo yn y blynyddoedd cynta, ac yn anffodus nid dyna'r unig beth oedd yn gyffredin rhyngddon ni. Ar ôl i fi gael fy neiagnosis yn 2023 buon ni'n siarad tipyn, yn rhannu profiadau am ganser, ac roedd y ffordd roedd Jill yn delio â'r salwch ac yn parhau i fyw bywyd llawn yn ysbrydoliaeth fawr i fi. Fe gyfrannodd hi i bennod o fy mhodlediad *1 mewn 2*, y bennod oedd yn canolbwyntio ar fyw gyda chanser. Fe wnaeth hi siarad mor agored a dwi'n gwbod ei bod hi wedi bod yn help i gymaint o bobol. Bu farw Jill ym mis Mai 2025 ar ôl brwydro'n hir, gan ddal ati i fod yn bositif ym mhob agwedd o'i bywyd.

   Nawr 'mod i'n rhiant, dwi hefyd yn sylweddoli gwir werth yr oriau roedd ein hathrawon ysgol Sul yn eu rhoi i ni o'u gwirfodd, a'r ffyrdd wnaethon ni elwa o'r amser hynny. Fe fydde yna sesiwn pan fydden ni'n darllen ac yn trafod straeon y Beibl, ac roedd cyfleoedd i gymryd rhan yn gyhoeddus, wrth gwrs, i actio ac i ganu. Ro'n nhw fel athrawon yn gwthio'r ffiniau, yn fodern eu hagwedd. O'n i wrth fy modd.

   O'n i yn fy elfen yn chware rhan Joseff, yn cael fy nghyflwyno i stori Joseff a'r caneuon sioe gerdd gwych. Fe gafon ni'r cyfle i fynd i Lundain i weld sioe *Joseph* yn y West End, profiad bendigedig, yn enwedig am fod y caneuon yn gyfarwydd. Roedd yr athrawon hyn yn cyflwyno gwahanol brofiadau i ni, yn yr un ffordd â dwi'n treial ei wneud gyda fy mhlant inne. Dwi'n sylweddoli eu bod nhw ddim yn mynd i hoffi popeth ond mae cael dy gyflwyno i wahanol brofiadau mewn oedran ifanc yn cyfoethogi dy fywyd di. Aethon ni i weld sawl sioe yn y West End gyda fy nghyfnitherod, Sara, Gwen ac Elan. Do'n ni ddim yn mynd ar wyliau yn aml iawn, fel sonies i, ond bydden ni'n mynd

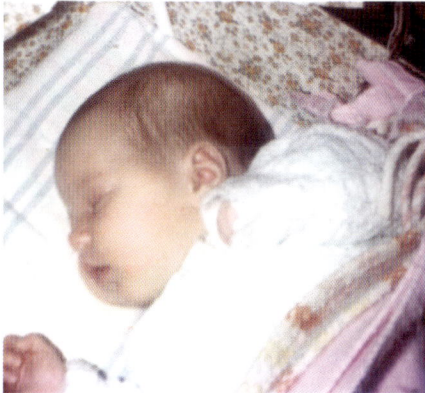

Yn dawel am unwaith – yn fis oed!

Gyda Tad-cu Cwmbetws, Nadolig 1984.

Hapus fy myd yn 1 oed ym Mhenrallt.

Fi a fy chwaer fawr, Elin, yn dathlu Dydd Gŵyl Ddewi, 1986.

Wrth fy modd yn yr eira, gaeaf 1986.

Lisa a fi'n darllen cyn mynd i gysgu.

Elin, Aled a fi yn forwynion ym mhriodas Wncwl John a Bethan, 1988.

Yn fy hoff welingtons glas!

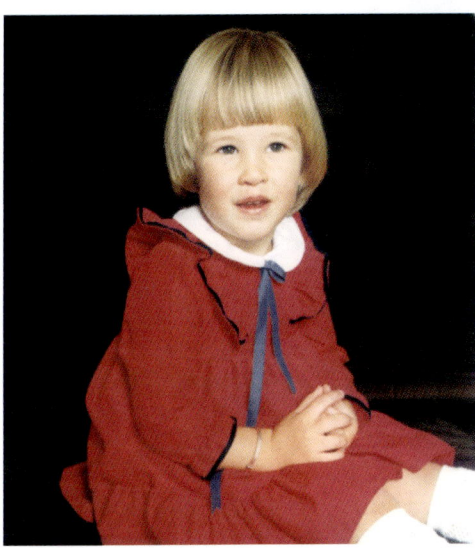

Edrych yn angylaidd, yn 3 oed.

Wrth fy modd gyda phlant erioed! Dal fy nghyfnither, Rhian Mair, pan oedd hi'n dair wythnos oed.

Tad-cu Capel yn darllen stori i Lisa, Sara a fi (ar y dde).

Y delyn ddwywaith fy maint i wrth gystadlu ar yr Unawd Cerdd Dant yn Eisteddfod Genedlaethol Cwm Gwendraeth, 1989.

Pawb wrth eu bodd ar ôl fy ngweld ar lwyfan yr Urdd am y tro cyntaf yn 4 oed. Rhes gefn: Dad, Mam-gu Doris, Annie, Tonwen Adams a Mam. Rhes flaen: Lisa, Elin a fi.

Photoshoot swyddogol gyda fy chwiorydd ar ôl cael yr ail wobr yng Nghwm Gwendraeth.

Yn Ysgol Gynradd Crymych, yn 5 oed.

Wncwl Dew, fi a Tonwen Adams, yn Eisteddfod Dyffryn Nantlle, 1990. Enilles i'r Unawd Cerdd Dant dan 8 oed, yn yr un ffrog ag Eisteddfod 1989 – Mam yn meddwl y byddai'n dod â lwc!

Iorwerth a'i frodyr, Owain ac Elis, oedd yn cyflwyno'r tlws yn 1990. Ry'n ni fel teulu yn dal i fod yn ffrindie gyda nhw.

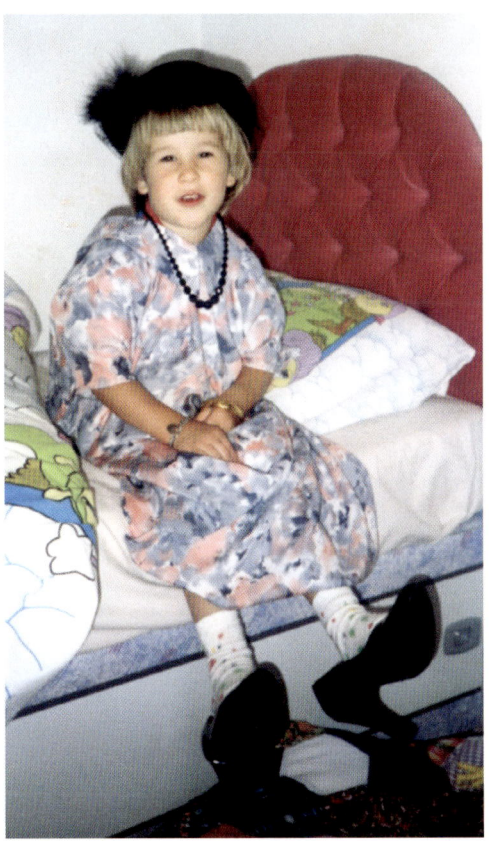

Joio gwisgo lan yn nillad Anti Bethan ym Mhantithel!

Dathlu gyda phlant yr Ysgol Sul ar ôl llwyddiant yn Eisteddod Bro Glyndwr, 1992. Cyntaf ar y Llefaru 8–10 oed ac ail ar yr Unawd Cerdd Dant 8–10 oed.

Mynd draw â te i Dad yn Dyffryn.

O'n i'n caru'r wisg yma!

Dawnsio yn seremoni agoriadol Eisteddfod yr Urdd Bro'r Preseli 1995.

Chwarae un o'r prif gymeriadau (ar y dde) ym Mhasiant y Plant, *Gan Bwyll*, Eisteddfod Bro'r Preseli, 1995. Gyda Dylan John, Fflur Davies a Gerallt Edwards.

Ar y ffordd i weithio yng Nghaffi Beca.

Fi a Lisa, yn meddwl ein bod ni'n smart yn ein hetiau, gyda Dad yn Sioe Llanelwedd.

Llun yn y *Western Mail* ar ôl dod yn gyntaf yn y gystadleuaeth Alaw Werin dan 16 yng Ngŵyl Cerdd Dant Aberystwyth 1997.

Gyda fy ail deulu yn y ddrama deledu *Darn o Dir*. O'r chwith i'r dde: Llew Davies, Sharon Morgan, Alun Saunders a finne.

Ennill y gystadleuaeth ddawnsio yn y Sioe Fawr, 1999 gyda Chlwb Ffermwyr Ifanc Hermon.

Fi, Dad a Lisa yn Eisteddfod Sir Fôn yn 1999. Roedd Elin a Mam getre gan bod Mam yn cael cemotherapi.

Myrddin ap Dafydd yn ennill y Gadair a finne yn Forwyn y Fro yn Seremoni Gadeirio Eisteddfod Genedlaethol Tyddewi, 2002.
Hawlfraint: Wyn Jones

Morwyn y Fro, cefn llwyfan.

Dathlu fy mhen-blwydd yn 18 oed getre yn Fferm y Capel, Awst 2002.

Actorion *Darn o Dir*, 2002.

Yng ngwobrau BAFTA Cymru, 2002. Enillodd *Darn o Dir* yr wobr am y Rhaglen Ieuenctid Orau.

Fi a Gareth yn ei stafell yn y coleg yng Nghaerdydd, 2003.

Adeg ein bedyddio yng Nghapel Bethel, 2005. Rhes gefn: Gwen, Sara, fi a Lisa. Rhes flaen: Elan, Mam- mam, Dad-cu ac Elin.

Graddio yng Nghaerdydd, haf 2005.

EISTEDDFOD GENEDLAETHOL SIR FFLINT A'R CYFFINIAU 2007
Darlledu cynhwysfawr o Sadwrn i Sadwrn, ar S4C ac S4C Digidol

PAN ddaw'n fater o Eisteddfota, mae Mari Grug yn hen sdêjar, er mai dim ond 22 mlwydd oed yw hi.

Camodd ar ei llwyfan gyntaf yn bedair oed gan ddod yn ail ar yr unawd cerdd dant yn Eisteddfod yr Urdd Cwm Gwendraeth yn 1989. Ers hynny bu'n cystadlu'n gyson yn yr Urdd gan ennill cryn lwyddiant ar y cystadlaethau canu, deuawd, llefaru a chorawl. Mae'n gyfarwydd iawn â chystadlu ac ennill yn yr Eisteddfod Genedlaethol hefyd dros y blynyddoedd.

Pan ddaeth yr Eisteddfod i'w hardal enedigol yn Sir Benfro yn 2002, etholwyd Mari yn Forwyn y Fro gyda'r dasg o gyflwyno'r flodeuged i enillwyr y prif seremoniau yn Eisteddfod Genedlaethol Tyddewi. Ar y pryd roedd Mari yn ddisgybl chweched dosbarth yn Ysgol y Preseli, Crymych.

"Roedd yn fraint fawr cael bod yn rhan o'r Orsedd a chario'r flodeuged â phawb yn edrych arnoch chi," meddai Mari a ddaw'n wreiddiol o Fynachlog-ddu a sydd hefyd yn wyneb cyfarwydd ar Planed Plant a'r gyfres ddrama i'r ifanc, Darn o Dir. "Roeddwn i'n gwisgo'r benwisg a'r clogyn hir yma ac roedd y flodeuged yn eithaf trwm i'w chario – ro'n i'n gorfod canolbwyntio'n galed ar beidio baglu a chofio gwenu ar yr un pryd!"

Ond camu i gefn y llwyfan y bydd Mari yn Eisteddfod Genedlaethol Sir Fflint a'r Cyffiniau eleni fel rhan o dîm cyflwyno darllediadau S4C a gynhyrchir gan BBC Cymru. Yng nghwmni ei chyd-gyflwynydd, ac un arall sy'n hen gyfarwydd â chystadlu ar lwyfannau'r Genedlaethol, Shân Cothi, bydd Mari yn cydio ar y cyfle i holi hwn ac arall.

"Wy'n edrych ymlaen yn fawr at gael cyflwyno o'r Eisteddfod am y tro cyntaf eleni a holi'r cystadleuwyr cyn ac ar ôl iddynt gamu ar y llwyfan mawr yna. Gan fy mod i wedi arfer cystadlu fy hun fe fydd gen i syniad go lew sut byddent yn teimlo – y nerfau cyn mynd arno ac wedyn y teimlad o ryddhad," ychwanega.

Daw S4C a'r cyfan o'r cystadlu a bwrlwm y Maes yn fyw o ddydd Sadwrn cyntaf yr Eisteddfod hyd y Sadwrn olaf gan ddechrau bob bore am 10am ar S4C Digidol. Y tim cyflwyno ar gyfer darllediadau'r dydd fydd Huw Llywelyn Davies, Alwyn Humphreys a Sara Gibson yn y stiwdio, gyda Shân Cothi a Mari Grug yn rhoi blas inni o'r cyffro y tu cefn i'r llwyfan. Tara Bethan a Morgan Jones fydd yn crwydro'r Maes, a Rhun ap Iorwerth fydd yn cyflwyno'r rhaglenni gyda'r nos. Bydd cyfle hefyd i fwynhau'r Oedfa Bore a'r Gymanfa Ganu yn fyw o Bafiliwn yr Eisteddfod ar ddydd Sul agoriadol yr ŵyl.

Gydag Alun Williams ac Alex Jones, fy nghyd-gyflwynwyr ar *Planed Plant*, 2006.

Erthygl yn y *Western Mail* wrth i fi baratoi i ddarlledu o Eisteddfod Genedlaethol Sir Fflint a'r Cyffiniau yn 2007 fel rhan o dîm cyflwyno S4C.

Elin, fi a Lisa adeg Pencampwriaeth y Chwe Gwlad yng Nghaerdydd cyn gêm Cymru yn erbyn Iwerddon, 2007.

Gareth a fi yng nghanol y mwd yn Glastonbury, 2007.

i Lundain weithie, ar y trên o Glunderwen. Dyna ble ro'n ni, merched y wlad, o bentre bach Mynachlog-ddu, yn joio yn y ddinas fawr!

Dechreues i gystadlu mewn eisteddfodau o oedran ifanc. Unwaith eto, Elin oedd yr un oedd yn dod getre â'r darnau gosod o'r ysgol i'w dysgu. Mae Dad yn cofio hyd heddiw amdana i'n sefyll ar ben clawdd yn canu darn roedd Elin wedi bod yn ei ymarfer ac yn meddwl, 'Waw, ma Mari'n canu cerdd dant Elin. Mae'n gwbod e'n barod.' Roedd angen hwb fach ar Elin i gystadlu, a wedyn o'n i'n dod, Mrs Show Off! Do'n i ddim yn cael gwersi canu ond o'n i'n desbret i gystadlu. Pan o'n i'n bedair blwydd oed ges i ail ar yr unawd cerdd dant yn Eisteddfod yr Urdd Cwm Gwendraeth 1989. Roedd y delyn ddwywaith fy maint i! O'n i wedi cystadlu yn erbyn fy chwaer yn y Sir a fi enillodd, ac wedyn ges i lwyfan yn y Genedlaethol. Mae'r ffrog gyda Mam o hyd. Dyna'r man cychwyn i fi a dyna pryd dechreues i gael gwersi cerdd dant go iawn gyda Tonwen Adams.

Roedd Tonwen yn dod o Gapel Iwan yn wreiddiol, ond roedd hi'n byw yn Huan Gerdd, y tŷ drws nesa i Benrallt ym Mynachlog-ddu, felly o'n i'n gallu cerdded draw i'w thŷ hi i gael gwersi cerdd dant. Doedd dim plant gyda Dewi a Tonwen. O'n i'n galw Wncwl Dew arno fe ond 'Mrs Adams' o'n i'n ei galw hi bob tro. Roedd Mrs Adams yn adnabod y cerddor Noel John o Landeilo, a fe oedd yn gosod y darnau cerdd dant i ni ar y dechre.

Pan ges i'r ail wobr yn yr Urdd yn bedair blwydd oed roedd pawb yn meddwl mai ffliwc oedd e! Fe wnes i ganu mas o diwn ar y llwyfan, ond roedd y 'ciwt ffactor' wedi fy ngharia. Y buddugwr oedd Iorwerth Williams, oedd yn ennill yn gyson yn ystod y cyfnod hwnnw. Ond y flwyddyn ganlynol, yn 1990, enilles i'r gystadleuaeth dan wyth oed yn Eisteddfod Dyffryn Nantlle. Mae'r tlws hwn wedi dod 'nôl i'r ardal sawl tro ers hynny gyda'r tenor Trystan Llŷr Griffiths a'i chwaer Siwan, ac Angharad Edwards yn ei ennill. Iorwerth a'i frodyr, Owain ac Elis, oedd yn cyflwyno'r tlws y flwyddyn honno ac ry'n ni fel teulu yn dal i fod yn ffrindie gyda nhw. Diolch i'r llyfr lloffion luniodd Mam i fi pan o'n i'n ddeunaw oed, mae gyda fi nifer o doriadau papur newydd, gan gynnwys un â'r pennawd, 'Little Mari from little village of Mynachlog-ddu wins'.

Adeg Eisteddfod Dyffryn Nantlle yn 1990, buon ni'n aros gyda rhyw Mrs Jones yn y gogledd, ac i ni, roedd hwn yn wyliau. Ro'n ni'n aros mewn bwthyn bach ar ei ffarm hi ac roedd hynny'n gyffrous. Dyna oedd yn bwysig go iawn, ddim y cystadlu! 'Ni 'di dod o Fynachlog-ddu, 'co ni fan hyn yng Nghae Garw!' Es i'n syth mewn at Mrs Jones a dechre ei holi hi. Doedd dim stop arna i! Dwi'n siŵr 'mod i'n codi cywilydd ar Mam! Do'n i ddim yn poeni am gystadlu o gwbwl. O'n i'n hapus i fynd lan ar y llwyfan a chanu. Ac o'n i ar ben y byd 'mod i wedi ennill.

Dwi ddim yn cofio canmoliaeth fawr i unrhyw dalentau canu neu berfformio, roedd e'n rhywbeth oedd yn rhan naturiol ohona i, yn rhywbeth o'n i'n ei wneud. Roedd Mam yn fy nysgu i i adrodd, ac roedd piano gyda ni getre. Roedd Mam-mam, mam Dad, yn chware'r organ ac felly roedd cael rhyw donc fach ar y piano yn ffordd o fyw yn ein tŷ ni. Pan o'n i'n fach bydden i'n esgus bod yn Jenny Ogwen, yn gwisgo'r ffrog a'r sodlau uchel a'r *beads*, ac yn cyhoeddi dros bob man, 'Fi yw Jenny Ogwen!' Roedd hynny'n un o'r pethe yna o'n i'n enwog ar fy aelwyd am ei wneud!

O'n i eisie peiriant carioci pan o'n i'n fach a dwi'n cofio un Nadolig fe wnaeth Siôn Corn ddod ag un – wel, o'n i wrth fy modd! Fe wnes i ddihuno am bedwar y bore a dyna lle o'n i'n canu 'Chwarae'n Troi'n Chwerw' ar y landing tra bod Mam a Dad yn treial cysgu! Pan ddaeth rhaglen *Slot*

Sadwrn i ymweld â Chrymych fe wnes i wisgo lan fel Caryl a threial ei dynwared hi.

O ran yr eisteddfodau, fe wnes i barhau i gystadlu. Mae Mam wastad yn dweud,

'O't ti moyn neud popeth! O't ti'n dod 'nôl o'r ysgol ac yn dweud, "Reit, fi'n neud unawd piano 'leni, a fi isie dawnsio disgo."'

Falle bod rhai pobol yn meddwl am Mam fel y fam eisteddfodol draddodiadol, yn fy ngwthio i i gystadlu. Dim o gwbwl! Fi oedd yn eu gwthio nhw. Enilles i'r wobr gynta am lefaru dan 10 oed yn Eisteddfod Rhuthun yn 1992 ac ail ar yr Unawd Cerdd Dant – Elin Llwyd yn ennill y wobr gynta ac Elin Fflur yn cael y drydedd wobr. Roedd Mam yn dweud, 'Lwcus am y steddfode, neu fydden ni ddim yn mynd i unman!' Ar ôl eisteddfod lwyddiannus, bydde'r ysgol Sul yn cynnal noson fach i ddathlu, te a chyfle i bawb ddod at ei gilydd – o'n i'n lwcus iawn. Yn Eisteddfod Bro'r Preseli yn 1995, o'n i cystadlu ar bopeth, glei: yr unawd piano, dawnsio disgo, llefaru a cherdd dant. Mae Mam yn edrych arna i a Gareth nawr yn mynd â'r bois rownd caeau pêl-droed a rygbi a dwi'n siŵr ei fod e'n dod ag atgofion iddi. Ond eisteddfota oedd fy mheth i fel plentyn.

O edrych 'nôl, dwi'n sylweddoli bod yna bobol, pan oedd hi'n dod i ddiwrnod steddfod, oedd yn siarad amdana i, 'O, yyy, Mari. Mari Grug. O, ti'n ennill popeth!' mewn ffordd ddilornus. Dwi'n gweld hyn nawr fel rhiant. Bydda i'n clywed am rai sy'n gwneud yn dda a phobol yn eu trafod yn ddilornus. Dwi'n teimlo drostyn nhw – ddim eu bai nhw yw e! – ac yn cofio am Mari fach.

Alla i ddim â dweud bod yr agwedd yma'n rhywbeth o'n i'n sylwi arno pan o'n i'n ifanc, ond pan es i i Langrannog neu pan fydden ni'n mynd bant bydde rhai plant yn ddirmygus, 'Y, yyy, ti...' ac o'n i'n pigo lan arno fe, yn fwy pan o'n i yn yr ysgol uwchradd. O'n i'n eitha naïf, 'Dyna beth fi'n neud, fi'n joio canu.' Cenfigen oedd e, siŵr o fod – mae'n rhan o natur plant – ond dyw rhywun ddim yn sylweddoli hynny yn yr oedran yna. Dwi'n cofio rhywun yn dweud yn sbeitlyd, 'Taset ti ddim yna, ma Mam fi 'di gweud bydden i 'di ennill.' O'n i'n teimlo 'mod i'n gorfod ymddiheuro. Mae athrawon canu yn gallu bod cynddrwg â'r plant. 'Yyy, yr un un yn ennill 'to.' Roedd Mam yn clywed pethe fel hyn amdana i ac yn ymwybodol o agwedd pobol, ond do'n i ddim mor ymwybodol ag ydw i nawr.

Mae llu o atgofion am fynd i'r Eisteddfod Sir, roedd e'n amser cyffrous ac o'n i wedi cael nicers a chrop top newydd un flwyddyn! Roedd Dad getre yn ffarmo ond bydde Mam-gu Doris yn dod gyda ni â basged llawn o fwyd, fflasg a brechdane. Ro'n ni fel arfer yna am y dydd! Bydden ni'n mynd i neuadd Ysgol Abergwaun erbyn 9 o'r gloch y bore ac fe fydden ni yno nes 6 neu 7 y nos. Doedd y cystadlaethau offerynnau a'r dawnsio ddim mewn eisteddfod ar wahân ar y pryd, roedd y cyfan mewn un eisteddfod. Doedd dim nerfau, dim pwysau o gwbwl, dim ond joio. Os bydden i'n lwcus bydde *chips* ar y ffordd getre.

Ar ôl i Mrs Adams farw fe ddaeth Eilyr Thomas yn athrawes ganu arna i. Hi hefyd sydd wedi bod yn athrawes i Trystan Llŷr a Jessica Robinson. O'n i'n lwcus i gael mynd i Landysilio ati hi i gael gwersi. Fe ddaeth hi'n ffrind ac fe ges i lawer o lwc gyda hi. Ac o'n i wrth fy modd yn ei gweld yn ennill gwobr Syr T H Parry-Williams yn Wrecsam eleni.

O'n i'n 'Jac of all trades' a 'master of none'. O'n i'n cael llwyddiant ar y cerdd dant pan o'n i'n ifanc ond wrth i fi fynd yn hŷn do'n i ddim yn gwneud cystal. Llefaru oedd fy mheth i erbyn diwedd fy nghyfnod cystadlu. O'n i'n aelod o gôr Newyddion Da, gyda'r arweinydd Marilyn Lewis, roedd hynny'n rhan fawr o fy magwraeth i. Dechreues i gael gwersi canu gyda hi yn nes mlân a thrwy fod yn aelod o'r côr hwn y cafodd Lisa a fi ein cyflwyno i'r Eisteddfod Genedlaethol. Do'n ni ddim yn deulu oedd yn mynd i'r Genedlaethol i gystadlu cyn hynny ond am fod y côr yn cystadlu, yr un man i ni gystadlu'n unigol hefyd.

Dechreues i gystadlu yn y Genedlaethol yn Eisteddfod Meirion a'r Cyffiniau yn y Bala yn 1997, ond ches i ddim lwc. O'n i'n erbyn pobol fel Catherine Ayers a Rhian Tomos ac o'n i'n gyfarwydd â'r enwau. Dwi'n cofio sylwi ar beth o'n nhw'n gwisgo a meddwl eu bod nhw'n edrych mor cŵl. Roedd rhywbeth wedi cydio. Es i i Eisteddfod Bro Ogwr ym Mhencoed yn 1998 a chystadlu ar y Llefaru Unigol a'r Llefaru o'r Ysgrythur a llwyddes i gael llwyfan yn y ddwy gystadleuaeth. Dyna fy mlas cynta o fod ar lwyfan y Genedlaethol. Gyda'r Llefaru o'r Ysgrythur roedd y rhagbrawf y diwrnod cyn hynny ac erbyn i fi gyrraedd y llwyfan y diwrnod canlynol o'n i wedi newid beth o'n i'n ei wisgo, gan feddwl bod angen i fi edrych yn fwy smart, yn fwy cŵl! Dwi'n credu i fi anghofio'r geiriau – ond ges i drydydd.

Y flwyddyn ganlynol roedd Mam yn derbyn triniaeth cemotherapi adeg Eisteddfod Genedlaethol Môn yn Llanbedrgoch yn 1999, ond roedd Lisa a finne'n cystadlu. Felly aeth Dad â ni lan i Fenllech i aros mewn B&B ac fe wnaeth Elin aros getre gyda Mam. O'n i'n cystadlu ar y Llefaru Unigol a'r Llefaru o'r Ysgrythur. Fe enilles y Llefaru Unigol 12 i 16 oed. Roedd hi'n rhyfedd iawn peidio cael Mam yno'n gwmni, ond fel plentyn o'n i'n cario mlân, ac roedd digon o ffrindie o'r côr o 'nghwmpas i. Nawr 'mod i'n rhiant alla i ddychmygu ei fod e'n llawer gwaeth i Mam getre, yn gwbod ei bod hi ddim ar y Maes gyda ni, fel roedd hi'n arfer bod.

O'n i wedi prynu tocyn i fynd i weld y Stereophonics yn perfformio eu gìg ola yn stadiwm Morfa, Abertawe cyn iddo gael ei ddymchwel yr un flwyddyn, ond roedd y cyngerdd yn clasho gyda rhagbrawf y Llefaru. Felly, er bod fy ffrindie a Gareth yn mynd i'r gìg bu'n rhaid i fi werthu fy nhocyn! Do'n i ddim yn blentyn cŵl iawn – yn dewis cystadlu yn yr Eisteddfod dros weld y Stereophonics yn perfformio'n fyw!

Wrth edrych 'nôl, galla i weld 'mod i'n go benderfynol, roedd rhyw uchelgais yn perthyn i fi. Mae'r Eisteddfod Genedlaethol yn cael ei chynnal yn ystod gwyliau haf yr ysgol, wrth gwrs, felly dyw rhywun ddim yn y *zone* dysgu darnau. Mae'r tywydd yn well – i fod – ac mae fy atgofion plentyndod i'n llawn hafau braf! Yn amlwg, roedd cystadlu yn rhywbeth o'n i eisie ei wneud. Roedd rhaid gwneud y ceisiadau i gystadlu ym mis Mai ond munud ola oedd y gwaith dysgu o hyd i fi. Mae'n deyrnged i Mam ei bod hi mor barod i fy hyfforddi i ac mor amyneddgar. O'n i'n lwcus iawn i gael athrawes oedd yn byw yn yr un tŷ â fi. Ar y pryd, roedd hi'n gorfod fy annog i'n barhaus,

'Cym on, Mari, ma isie i ni fynd dros yr adrodd.'

Fy ymateb i oedd, 'Yyy!'.

Typical teenager! Wedi dweud hynny, o'n i *yn* gwrando ar Mam. Roedd hi'n berthynas oedd yn gweithio. Dwi'n siŵr 'mod i wedi ei heneiddio hi wrth fynd trwy'r darnau ac anghofio'r geiriau! Nawr 'mod i'n fam, sy'n treial perswadio dau o fois i gystadlu, dwi'n sylweddoli'r stres. Roedd Mam yn joio ac o'n i'n joio hefyd.

9

Salwch Mam

DWI'N SICR YN cofio sylweddoli bod Mam yn sâl.

Gymerodd hi sbel fach iddi allu dweud wrthon ni, roedd hi eisie bod yn ddigon cryf, a dwi'n ei chofio hi'n torri'r newyddion i fi a fy chwiorydd. Ar adegau, roedd y dair ohonon ni'n mynd rownd i ganu i fudiadau fel Merched y Wawr neu gymdeithasau eraill yn yr ardal. Ni oedd yr adloniant ar ôl swper. Ro'n ni i fod i wneud cyngerdd y penwythnos hwnnw. 14 oed o'n i, ac fe alla i weld fy hunan yn llun y meddwl yn gwylio'r teledu a Mam yn dod mewn i'r stafell fyw ac yn dweud,

'Sai'n credu y byddwch chi'n gallu neud y gyngerdd nos Sadwrn.'

Wrth gwrs fy ymateb i'n syth oedd, 'Pam?' fel mater o ffaith.

Ddwedodd hi, 'Fi 'di ffeindio lwmpyn.'

Dwi'n cofio meddwl, 'O, ocê, ma hynny'n dipyn o beth.' Roedd hyn chwe mlynedd ar hugain yn ôl, mewn cyfnod pan oedd canser ddim mor gyffredin, ac mae'n siŵr 'mod i ddim yn deall yn iawn beth oedd e'n feddwl ei bod hi wedi 'ffeindio lwmpyn'.

Digwyddodd pethe'n gyflym iawn yn achos Mam. Ar

y dydd Llun roedd hi'n cael gwbod bod ganddi ganser ac erbyn y dydd Gwener roedd hi'n cael llawdriniaeth i dynnu ei bron. Dwi'n cofio dod adre o'r ysgol a meddwl, 'O, ma Mam-gu 'ma. Ble ma Mam?... O, ma hi yn yr ysbyty. O!' Roedd yna sioc ac ychydig bach o ddiffyg dealltwriaeth hefyd, mae'n siŵr. O gymharu â fy mhrofiad i, fe gafodd Mam ei thrin yn sydyn iawn. Dwi wedi wynebu wythnosau a misoedd o aros. Mae'r driniaeth canser yn well nawr, mae cymaint o ddatblygiadau, cymaint o ddewisiadau ac mae pethe'n newid o hyd. Ond o ran yr amseroedd aros, ry'n ni wedi camu'n ôl. Mae Mam yn dweud ei hunan, chafodd hi ddim llawer o amser i feddwl am ei sefyllfa ac am oblygiadau'r llawdriniaeth, ac roedd hynny siŵr o fod yn beth da.

Mae gyda fi gof plentyn o bob un yn ralio rownd, bwyd yn dod i'r tŷ, galwadau ffôn. Fe alla i weld fy hunan lan ar dop y stâr, yn edrych trwy styllod y banister. Roedd Mam yn siarad ar y ffôn gyda rhywun oedd wedi bod trwy'r un profiad â hi. Doedd dim llawer o bobol roedd hi'n gallu rhannu ei phrofiad â nhw, achos prin oedd y bobol roedd hi'n nabod oedd wedi bod yn yr un sefyllfa. Glywes i Mam yn llefen, ac o'n i'n meddwl, 'O mai god, sai moyn i Mam farw.' Dwi'n cofio ei chlywed hi'n dweud y geiriau, 'Sai moyn marw.' Ges i lond twll o ofn. Roedd mwy o ddiddordeb gyda fi ar y pryd mewn ffrindie a bois yn yr ysgol. Roedd digon o bethe i fynd â fy meddwl i, diolch byth, fel mae hi ym mywyd plant. Dwi'n meddwl am hynny nawr yn sgil oedran fy mhlant inne. Maen nhw'n ifancach eto ac mae hynny'n gysur mawr i fi wrth feddwl bod yna obaith eu bod nhw'n cael eu gwarchod rhag fy salwch i.

Roedd bod yn ferch i fam â chanser ar ddiwedd y nawdegau yn fy ngwneud i'n wahanol i fy ffrindie – doedd neb o 'nghwmpas i wedi mynd trwy unrhyw beth tebyg.

Salwch Mam

Dwi ddim yn cofio trafod salwch Mam yn ddwfn gyda fy chwiorydd, ond weithie bydde rhywbeth mlân ac yn gorfod gwrthod y gwahoddiad am ein bod ni'n 'mynd lawr i weld Mam yn yr ysbyty'. O'n i'n lwcus iawn o'r gymuned ac roedd yr ysgol yn gefnogol tu hwnt. Roedd Dad yn Llywodraethwr yn yr ysgol ac roedd Mam a Dad yn gyn-ddisgyblion, felly roedd pawb yn eu nabod nhw'n dda. Fe brofon ni gryfder cymuned wledig. Ond erbyn y diwedd, roedd yr holi dibaid yn mynd ar fy nerfau i.

'Pawb yn iawn?' byth a beunydd.

A finne wedi laru.

'Ie, pawb yn iawn, Mam yn iawn,' ac yn meddwl, 'God, stopwch gofyn!'

Aeth Mam mewn i Ysbyty Llwynhelyg, Hwlffordd, ar y dydd Iau. Dwi'n cofio mynd lawr i'w gweld hi, gyda Dad, cyn y llawdriniaeth. Yn fy meddwl, dwi'n gallu ei gweld hi'n sefyll yn y coridor o hyd. Wrth i ni adael, fe gerddodd hi mas o'r ward gyda ni ac roedd hi'n llefen. Doedd hi ddim eisie i ni fynd. Mae'r atgof yma'n dod â dagrau ac mae'n rhaid rhoi stop ar y geiriau, am ychydig, wrth i fi gofio. Dwi'n cofio'n glir bod Mam wedi cael pyjamas newydd, rhai sidan. Doedd hi ddim yn gwisgo pyjamas sidan getre! Mae'n ddoniol meddwl ei bod hi'n credu bod angen cadw rhyw ddelwedd wrth fynd i'r ysbyty. Ar y pryd, dwi ddim yn credu 'mod i'n ypsét o gwbwl, ond nawr dwi'n llawn emosiwn wrth feddwl am Mam yn ei dagrau, druan ohoni, yn ein gweld ni'n mynd ac yn meddwl, 'Be sydd o 'mlân i?'

O'n i'n lwcus gyda fy llawdriniaeth i. Es i mewn i'r ysbyty yn y bore a chael y masectomi'r bore hwnnw. Roedd rhaid i Mam fynd mewn y noson gynt ac roedd ganddi noson i aros, ac i feddylu. Dwi wedi trafod y peth gyda Mam ers hynny ac, oedd, bois bach roedd hi'n poeni beth oedd yn mynd i ddigwydd. Doedd masectomi ddim yn llawdriniaeth oedd yn cael ei gweithredu'n aml iawn ar y pryd. Erbyn heddiw, pwy sydd heb gael un? Wrth fynd yn y lifft, Dad a ni'n tair, fe wnaethon ni daro mewn i rywun ro'n ni'n nabod. Fe holodd e, 'O, Cerwyn, shw ma'i? Pwy y'ch chi mewn i weld, 'te?' a dwi'n cofio Dad yn ateb, 'O, Ann. Mae 'di ffeindio lwmpyn,' a phawb yn sefyll yno'n lletchwith wrth i'r lifft fynd lawr.

Fel sonies i eisoes, mae'r ffaith 'mod i ddim yn deall y sefyllfa'n iawn yn gysur i fi heddiw wrth feddwl am fy mhlant i. Hyd yn hyn, dyw fy salwch ddim wedi arwain at ormod o ddiflastod yn eu bywydau nhw. Yn fy achos i a Mam, roedd rhywbeth 'cyffrous' am y profiad hyd yn oed. Do'n i bron byth yn mynd i'r ysbyty, dim ond gyda Mam-gu a Dad-cu falle, i weld ffrindie. Plentyn o'n i ac roedd pethe eraill ar fy meddwl i, pleserau syml fel mynd i'r siop i nôl swîts!

Daeth Mam mas o'r ysbyty yn go glou. Mae gyda fi gof ohoni'n dod getre a'i bod hi'n eitha bregus i ddechre. Dwi'n cofio'r bwyd yn fwy na dim byd. Roedd bwyd yn dod o bob man, llond basgedi ohono! Ac roedd Dad yn gorfod cwcan yn fwy aml wrth gwrs. Roedd Mam-gu yn aros, yn gwmni ac yn help, ac roedd Dad yn dda iawn gyda ni. Dyw e ddim yn un sy'n trafod ei deimladau yn aml. 'Os oes unrhyw beth chi eisie holi, ferched, holwch,' dyna fydde fe'n dweud. Yn hynny o beth, roedd e o flân ei amser. Roedd e'n fater o ffaith iawn yn y ffordd roedd e'n siarad â ni, 'Os y'ch chi eisie gwbod...' O'n i'n gwbod y bydde fe'n treial ateb ein gofidiau.

Mae Mam wedi fy atgoffa i ers hynny o'r noson wnaeth hi dorri'r newydd am y lwmpyn i ni. Roedd Lisa ac Elin yn dawel ond fues i'n poeri cwestiynau. 'Pam? Be sy'n digwydd? Pryd ti'n ca'l y llawdriniaeth?' Mae'n ddiddorol 'mod i wedi dilyn gyrfa lle dwi'n cyfweld ac yn holi pobol.

Dwi'n un sy'n llawn cwestiynau erioed – yn un fusneslyd, mewn geiriau eraill. Ond dwi'n ofni bod fy nhechneg holi i'n eitha ymosodol ar y pryd, ac o'n i heb ddysgu'r grefft o brocio mewn ffordd sensitif eto.

Ar ôl y masectomi fe gafodd Mam gemotherapi. Bydde Dad yn mynd lawr â hi i gael y cemo yn Withybush. Dwi'n cofio Mam yn ei dresing gown yn dweud ei bod hi'n mynd 'nôl i'r gwely achos ei bod hi'n teimlo'r *'nausea'*. Mae hwnnw'n air dwi'n ei ddefnyddio'n rhy aml o lawer wrth gyfeirio at symptomau fy cemo i. Doedd dim *cold cap* i gael bryd hynny i warchod y pen, ond wnaeth Mam ddim colli ei gwallt. Do, fe wnaeth ei gwallt hi deneuo ond doedd effaith y cemo ddim yn weledol iawn. Mae'n siŵr bod yna fanteision ac anfanteision i hynny. Roedd Mam yn 46 a doedd dim llawer o sôn am ganser, felly fydde rhai pobol ddim yn ymwybodol ei bod hi wedi cael triniaeth canser. Fe fydde hi'n gallu dianc, am ychydig, rhag yr holi a'r consýrn.

Chwarter canrif yn ddiweddarach a dwi'n credu bod fy salwch i wedi bod yn waeth i Mam a Dad nag i fi, achos dwi'n gwbod beth sy'n mynd mlân i raddau. Does dim rheolaeth gyda fi o ran beth sy'n digwydd yn y corff, ond mae yna apwyntiadau, galwadau ffôn a negeseuon. Pethe i gadw'r meddwl yn brysur. Mae'n gallu bod yn anodd i rannu'r newyddion diweddara gyda Mam, er enghraifft, pan o'n i wedi cael canlyniadau'r MRI a Mam yn gwarchod y plant. Roedd rhaid aros nes bod y plant ddim o gwmpas cyn iddi allu holi, 'Ti 'di ca'l newyddion heddi? Ti 'di ca'l galwad ffôn?' Mae'r canser ar feddwl Mam a Dad trwy'r amser ac mae adeg profion yn gyfnod pryderus iawn. Mae Mam yn cael mamogram Bron Brawf Cymru bob tair mlynedd ac yn dal i ddal ei hanadl wrth agor y llythyr a darllen y canlyniad.

Wrth roi trefn ar waith papur, fe ddaeth Mam o hyd i ddarn hunangofiannol o'n i wedi ei sgrifennu ar gyfer fy nghwrs Lefel A yn sôn amdani'n cael canser y fron. Daeth sawl deigryn i lygaid Mam wrth ei ddarllen. Dwi'n cofio ei fod wedi fy helpu i i roi fy nheimladau ar bapur. Dyma sgrifennes i:

'Wrth edrych 'nôl ar fy mywyd un o'r pethau sydd wedi effeithio arna i oedd salwch fy mam, sef yr amser pan gafodd hi ganser y fron. Mae'r gair canser yn un o'r geiriau hynny sy'n codi ofn ar bobol. Gair ydyw sy'n cael ei ddefnyddio ar y teledu, mewn ffilmiau ac mewn llyfrau. Ond ym mis Ionawr 1999 fe ddaeth canser yn air o'n i'n mynd i glywed yn llawer mwy aml...'

Dwi ddim ofn marw, ond fy ofn mawr yw gadael y plant. Mae Mam yn cofio dweud wrth Dad am ofalu ar ôl ni'n tair. Roedd rhaid iddi gael dweud hynny wrtho er mwyn ei gael e mas o'i meddwl hi. Mae'r hyn mae Mam wedi mynd trwyddo, y ffordd mae hi wedi delio ag e, delio gyda ni, wedi bod yn help mawr o ran y ffordd dwi'n delio gyda fy nghanser i heddiw.

10

Ysgol brofiad

ROEDD YSGOL GYNRADD Crymych ar dir Ysgol y Preseli, felly pan es i i'r ysgol uwchradd o'n i'n teimlo'n gartrefol iawn. Ges i gyfle gan Dai Llewellyn, prifathro'r ysgol gynradd, i gymryd rhan mewn cystadleuaeth creu fideo yn Eisteddfod yr Urdd. O'n i'n actio mewn sgetsh fach ac yna'n ei ffilmio. Pan glywes i ein bod ni wedi ennill o'n i'n jwmpo dros y lle i gyd! Y cyfleoedd ychwanegol hyn oedd fy mhrif ddiddordeb i. Roedd rhai siŵr o fod yn meddwl, 'Ma hon yn joio showan off!' ond joio actio o'n i! O'n i'n lwcus o'r unigolion oedd yn rhoi o'u hamser, yn ychwanegol i'w dyletswyddau yn yr ysgol.

Buodd Eisteddfod Bro Preseli yn 1995 yn bwysig i fi achos ges i chware prif ran ym Mhasiant y Plant, *Gan Bwyll*, am hanes y Twrch Trwyth. Dafydd Wyn Jones (tad Ceri Wyn Jones), Morys Rhys ac Eifion Daniels oedd yr awduron, a David Hedley Williams oedd y Cyfarwyddwr. Roedd gan ddeg ohonon ni yn y cast brif rannau ac ro'n ni'n dod o wahanol ysgolion. Felly, bydden ni'n teithio o gwmpas yr ysgolion ar gyfer yr ymarferion. Fe gafon ni lawer o sbort ar y bỳs mini. Roedd gan Sioned Lewis (Ifans cynt) un o'r prif rannau hefyd ac mae hi'n un o fy ffrindie gore hyd heddiw. Ry'n ni'n dwy'n nabod ein gilydd ers ysgol feithrin, wedi bod yn gyd-aelodau o gôr Newyddion Da ac yn rhyfedd iawn ry'n ni bellach yn cydweithio yn Tinopolis.

Dwi'n meddwl bod fy nghymeriad i'n seiliedig ar un o sêr yr opera sebon *Pobol y Cwm*, sef Jean McGurk. Dwi ddim yn meddwl y bydde unrhyw un yn gallu dweud 'mod i'n *type cast*! O'n i'n gorfod gwisgo wìg bach eitha salw ac yn dreifo bygi golff ar y llwyfan – fydden i ddim yn cael gwneud hynny heddiw, siŵr o fod. O'n i'n byw'r freuddwyd yn mynd yn y bỳs mini o gwmpas ysgolion de Sir Benfro. 'Byddwch chi'n ymarfer yr olygfa yma heddi,' bydden ni'n cael gwbod – o'n i'n joio mas draw!

Roedd Eisteddfod Bro Preseli yn un brysur, ces i gymaint o gyfleoedd. O'n i'n dawnsio yn y seremoni agoriadol ac yn seremoni Medal y Dysgwyr ac yn cystadlu yn unigol mewn gormod o bethe! Mae elfen o lwc ynghlwm â phryd mae Eisteddfod yr Urdd yn dod i dy ardal di ac o'n i'r oedran iawn, ym Mlwyddyn 6. Ges i wobr? Naddo, o'n i'n gwneud gormod! Wnes i gamgymeriad yn rhagbrawf yr Unawd Cerdd Dant – dwi'n credu i'r beirniad ddweud y bydden i wedi cael llwyfan tasen i heb wneud hynny – ac o'n i'n agos at y llwyfan ar y Llefaru. Ond y wobr go iawn i fi yr wythnos honno oedd y cyfleoedd ges i.

Roedd fy nyddiau ysgol yn hapus ar y cyfan, heblaw am un cyfnod pan o'n i'n rhyw 13/14 oed, pan o'n i ddim eisie mynd i'r ysgol. O'n i braidd yn anaeddfed, wedi bod yn bodoli mewn byd o joio perfformio a dwi'n fodlon cyfadde 'mod i'n bach o *show off*. Bois oedd wrth wraidd y gynnen, bois oedd yn hŷn na ni, ac roedd yna griw o ferched hŷn oedd ddim yn or-hoff 'mod i'n ffrindie gyda bois oedd yn henach na fi.

Pan o'n i'n cerdded ar hyd y coridor bydden nhw'n eistedd

ar y llawr a'u coesau mas yn gwrthod gadael i fi basio, felly bydde'n rhaid troi'n ôl. Ar adegau eraill bydden i mas ar yr iard ac yn pasio'r stafell fydden nhw'n cymdeithasu ynddi, a bydde criw ohonyn nhw'n dod i'r ffenest i syllu – roedd hwnna'n teimlo'n frawychus iawn i ferch yn ei harddegau cynnar.

Dwi'n credu bod y profiad hwnnw'n rhywbeth sydd wedi fy siapo i fel person. Mae merched yn gallu bod yn anniddig gyda'i gilydd, yn annymunol hyd yn oed. Nawr mae'r un merched eisie bod yn ffrindie gyda fi ar Facebook. Fe wnaeth y sefyllfa rygnu mlân ac roedd e'n rhywbeth wnaeth effeithio arna i ar y pryd, i'r graddau 'mod i ddim eisie mynd i'r ysgol, ac roedd hynny'n anodd. Fe wnaeth Mam sylwi bod rhywbeth yn bod, wrth gwrs. Doedd e ddim fel fi i beidio eisie mynd i'r ysgol.

Wnes i ddim dweud wrth neb am yr hyn oedd yn cael ei ddweud na'r hyn oedd yn digwydd. Ond fe ddaeth yr ysgol i wbod yn y diwedd a dwi'n cofio'r Dirprwy yn dweud,

'Mari, fe ddylet ti fod wedi dweud wrthon ni'n gynt.'

Ond dyw hynny ddim yn beth hawdd pan wyt ti'r oedran yna. Kelly Morris gafodd air gyda'r merched a rhoi stop ar y sefyllfa. Mae Kelly'n ffrind teuluol. Mae hi'n ffrind i fy chwaer, Elin, roedd ein mamau yn gweithio gyda'n gilydd a dwi'n ffrindie mawr gydag Andrew, ei brawd hi. Fe gafodd hi air bach tawel gyda'r merched hyn a gwneud iddyn nhw sylweddoli bod pigo ar ferched sy'n iau na nhw ddim yn iawn.

Nawr 'mod i'n rhiant fy hunan dwi'n meddwl, be sy'n bod ar bobol? Ond yna mae pob un â'i resymau a phob un â'i broblemau. Roedd hyn yn y cyfnod pan doedd dim ffonau symudol, felly dim ond yn yr ysgol roedd e'n digwydd. Dwi'n ystyried y pethe sy'n cael eu dweud a'u rhannu ar y cyfryngau cymdeithasol heddiw ac yn meddwl, duw â'n helpo ni. Mae rhywbeth preifet yn gallu mynd yn gyhoeddus dros nos. Wrth edrych 'nôl dwi'n falch i fi gael y profiadau hyn achos mae e wedi fy ngwneud i'n rhywun cryfach yn y pen draw.

Dechreuodd fy niléit gweithio flynyddoedd cyn hyn, yn Sioe Sir Benfro. O ran pitsio mewn ar y ffarm, o'n i'n neud beth oedd raid, a dim mwy! Ond o'n i'n joio mynd i'r mart gyda Dad yn y bore – dim i weld y lloi yn cael eu gwerthu ond achos y cyffro o ddihuno yn y tywyllwch a mynd i'r mart i gael brecwast llawn. Pan o'n i ym Mlwyddyn 8, yn 12 oed, roedd Sioe Sir Benfro, oedd yn cael ei chynnal bob haf, i lawr yn Hwlffordd – 'Show Hwlffordd' ry'n ni'n ei galw hi. Fe ges i waith yn helpu Leila, oedd yn gwneud y brecwast – bydd llawer o amaethwyr yn gyfarwydd â hi. O'n i'n joio, yn gweiddi mas, 'Number 64!' A chael fy nhalu! Un tro, es i a Rhian fy ffrind, ar y bỳs i Aberteifi gyda'r arian o'n i wedi ennill ac fe brynes i byrffiwm 'Pour Moi' oedd yn boblogaidd yn y nawdegau a chrop top hollol afiach o Seconds Ahead. O'n i'n dwli gallu prynu rhywbeth bach gyda fy arian fy hunan. Pan o'n i'n fach bydden i'n dweud, 'Ma poced 'da fi' a bydde Dad-cu Lloyd wastad yn rhoi punt fach i fi. 'Ti isie rhoi'r bunt i Mam a Dad?' bydde Dad-cu yn holi, a bydden i'n ateb, 'Na, na, ma poced 'da fi!'

Roedd Caffi Beca yn Efail-wen yn rhan fawr o fy mywyd pan o'n i yn fy arddegau. Fues i'n gweithio yno fel gweinyddes am saith mlynedd, o'r adeg pan o'n i'n 14 oed i pan wnes i raddio. O'n i ar dân i ddechre gweithio ac ennill fy arian fy hunan, felly es i mewn i'r caffi i ofyn oedd gwaith ar gael. O'n i wrth fy modd yn gweithio yno. Dros yr haf bydden i'n cael lifft i'r caffi gan fy rhieni, neu gan Mam-gu neu Dad-cu pan do'n nhw ddim ar gael, ac o'n i'n gwneud bach o bopeth: gweini bwyd, golchi llestri a chymryd archebion. Mae'r caffi'n lle poblogaidd iawn yn

Ysgol brofiad

lleol ac mae llawer o angladdau yn dod 'nôl i Gaffi Beca ar ôl bod yn y crem ym Mharc Gwyn, ar bwys Arberth.

Fe ddysges i lawer o sgiliau yng Nghaffi Beca sydd wedi bod yn ddefnyddiol i fi yn y byd proffesiynol. Roedd delio â phobol yn beth mawr ac weithie roedd rhaid delio gyda chwsmeriaid anodd! Fe ddysges i'n go glou mai'r cwsmer sy'n iawn. Fe fydde cwsmeriaid ffyddlon yn archebu'r un hen bethe. Dwi'n cofio un menyw yn dweud wrtha i, 'Hwn yw'r gwasanaeth gwaetha dwi wedi ei gael erio'd!' ar ôl i fi anghofio archeb. Dim ond 14 oed o'n i, ond roedd e'n addysg da. Dyw gwyddoniaeth ddim yn un o fy mhynciau cryfa i a dwi'n cofio un tro wnes i roi'r *tray* lawr ar y bwrdd yn ddifeddwl ac fe gwympodd y tepot off ac arllwys te poeth ar hyd y bwrdd. Fues i bron â llosgi plentyn – trwy lwc, wnes i ddim! Roedd ei mam-gu gyda'r plentyn ac fe ddwedodd hi, 'O, jiw, paid poeni,' chware teg iddi. Ysgol ddrud yw ysgol brofiad. Wnes i mohono fe eto.

Un o'r rhesymau ddysges i cymaint oedd 'mod i'n gweithio gyda merched hŷn fel Kelly Morris, dwi wedi sôn amdani eisoes. Bydden i'n clywed storïau wrth i fi olchi llestri am bethe oedd yn swnio'n cŵl iawn! Ar nos Sadwrn, bydden ni i gyd yn mynd mas ar ôl gwaith, a dwi'n dal i gofio'r cyffro o'n i'n ei deimlo. Roedd e'n amser da. Mae Robert James, perchennog y caffi, yn dal i anfon Welsh cêcs a'i gacen gaws siocled enwog ata i. Mae'r caffi'n cael estyniad ar hyn o bryd, ac mae e wedi gofyn i fi agor y caffi pan fydd e ar ei newydd wedd.

Roedd cymdeithasu a mynd i dafarndai yn rhan fawr o fy arddegau – ac roedd pobol ifanc yn yfed dan oedran yn y cyfnod hwnnw. Bydden i a fy ffrindie yn mynd i ddiscos yn nhafarn y Trewern Arms yn Nanhyfer, yn Llwyngwair Manor yn Nhrefdraeth ac yn mynd i'r Lamb Inn yn Hermon hefyd. Ar ôl diwrnod o waith yn y caffi dydd Sadwrn, bydden i'n dod getre yn fy sgert ddu a chrys polo gwyn, yn drewi o *chips*, yn cael cawod ac yn gwisgo i fynd mas. O edrych 'nôl o'n i'n gwisgo dillad hollol anaddas, a hanner y corff yn dangos! Achos o'n i'n ifanc yn y flwyddyn, pan ddechreuodd y partïon deunaw o'n i'n teimlo 'mod i wastad yn ifancach na'r person oedd yn cael ei ben-blwydd. Pan ddechreues i gael gwahoddiad i'r partïon hynny roedd e'n foment 'waw'. Roedd bois yn beth mawr hefyd. O'n i wastad yn ffansïo bois oedd yn henach na fi. Dyna pam wnaeth Gareth ddod yn gariad i fi, mae'n siŵr, ac mae honno'n ddechre ar stori arall.

11

Pawb at y peth y bo

ROEDD HI FEL tase popeth oedd wedi digwydd i fi yn y gorffennol wedi fy arwain i lawr y llwybr at y man hwn: cyfweliad i ddarllen sgript ar gyfer peilot cyfres deledu *Darn o Dir* – drama am hynt a helynt criw o bobol ifanc mewn ardal amaethyddol yng ngorllewin Cymru. Ac o'n i'n lwcus ofnadwy. Fe ges i'r rhan ac roedd hynny'n golygu troed ar ysgol y diwydiant teledu.

Catrin Pant oedd enw fy nghymeriad i, yr actorion Alun Saunders a Llew Davies oedd fy mrodyr hŷn a Sharon Morgan oedd fy mam. Roedd Catrin Pant yn gymeriad tawel, roedd hi hefyd yn ferch ffarm ac o'n i'n gallu uniaethu â hynny. Yn y ddrama, ro'n nhw wedi colli'r penteulu ac roedd y brawd hynaf yn ysgwyddo'r baich o redeg y ffarm a'r teulu'n treial dygymod gyda'u colled a'r her o symud mlân. Roedd nifer o themâu dwys yn cael eu trafod. Roedd y plant yn ffeindio mas fod ganddyn nhw hanner brawd a bod hwnnw eisie ei siâr o'r ffarm ac wrth i'r cyfresi fynd mlân fe ddatblygodd Catrin broblem gydag alcohol. Mae galar a straen teuluol yn gallu amlygu ei hun mewn ffyrdd gwahanol ac i Catrin roedd hynny'n golygu partïo a hynny'n ei harwain i fan tywyll. Roedd hi'n rhan heriol. A finne ond yn 16 oed roedd portreadu rhywun â phroblem yfed y tu hwnt i fy mhrofiad i, a do'n i ddim wir yn gallu uniaethu â'i galar a'i cholled hi. Ond roedd e'n brofiad a hanner. Er gwaetha'r themâu difrifol, ro'n ni'n joio fel criw! Do'n i fel unigolyn ddim yn cymryd y profiad ormod o ddifri, mewn ffordd. Fe ddechreuon ni trwy ffilmio rhaglen beilot a gafodd ei chomisiynu, a diolch i'w phoblogrwydd fe ffilmion ni dair cyfres o *Darn o Dir* i gyd.

Roedd llawer ohonon ni oedd yn y cast yn ddisgyblion ysgol. O'n i ar ganol gwneud fy arholiadau AS a Lefel A, felly roedd e'n gyfnod hectig. Roedd e'n gyfle i gwrdd ag actorion o ardaloedd Caerfyrddin a Chwm Gwendraeth a bydden ni'n ffilmio lawr yn ardal Trefdraeth ac Eglwyswrw, yn gymysgedd o ddisgyblion ysgol ac actorion a chriw proffesiynol oedd yn hŷn na ni. Roedd y criw ifanc yn cynnwys Bethan Mai, sydd bellach yn rhan o'r grŵp Rogue Jones, a Gareth Delve, canwr gyda'r band Mattoidz, a chymysgedd o bobol ifanc o ysgolion Aberteifi, Preseli ac ardal Caerfyrddin. Fel y gallwch chi ddychmygu, roedd yn gyfle gwych i gymdeithasu. Fe fydden ni'n ffilmio rhai golygfeydd yn yr ysgol ac roedd ffrindie'n chware rhan ecstras ac yn rhan o'r cynhyrchiad. Roedd Rhian, fy ffrind gore, hefyd yn aelod o'r cast ac roedd e'n sbesial i allu rhannu'r profiad newydd hyn gyda hi.

Roedd ffilmio *Darn o Dir* hefyd yn brofiad gwych o ran rheoli amser. Fe ddysges i os wyt ti eisie rhywbeth mae'n rhaid i ti weithio'n galed amdano. Er gwaetha'r ffilmio, roedd rhaid i'r gwaith ysgol barhau ac roedd arholiadau i'w pasio. Roedd pymtheg diwrnod o ffilmio ar gyfer y gyfres i gyd a'r rheini'n cael eu rhannu dros gyfnod o ddau neu dri mis, felly doedd y pwysau ddim yn ofnadwy o drwm. Yn ystod y cyfnod hwn o'n i'n aelod o gôr Newyddion Da ym Maenclochog gyda Marilyn Lewis. Bydden i'n mynd i wersi canu ar nos Fercher ac yn ymarfer gyda'r côr ar ddydd Sadwrn, felly mae rheoli amser yn rhywbeth dwi wedi ei wneud erioed. O'n i'n mwynhau gweithgareddau allgyrsiol ond roedd rhaid cyflawni gwaith ysgol hefyd ac felly fe ddysges i i jyglo o oed ifanc. Roedd e'n ymarfer da ar gyfer y dyfodol, ac yn sicr ar gyfer fy rôl fel mam!

Er i fi fwynhau bod ar *Darn o Dir* do'n i ddim yn gweld fy hunan yn dilyn gyrfa ym myd actio, ac i fod yn onest do'n i ddim yn dda iawn. Tasen i wedi cymryd y peth yn fwy o ddifri falle y bydden i wedi gofyn i Sharon Morgan am gynghorion. Mae Sharon a finne wedi parhau'n ffrindie dros y blynyddoedd. Dwi wedi cyfweld â hi droeon ar soffas *Prynhawn Da* a *Heno* ac ar *Bore Cothi* ar BBC Radio Cymru ac mae'n wastad yn bleser i'w gweld hi a chael clonc. Pan ddaethon ni i nabod ein gilydd gynta o'n i'n ddisgybl ysgol 16 oed ac ry'n ni wedi cadw'r berthynas honno, yn fam ac yn ferch, o fewn yr un diwydiant. Wrth edrych 'nôl fe alla i weld yn fwy clir, 'Waw, 'na beth oedd cyfnod!'

Fe fuon ni'n ffilmio ar ffarm fy wncwl ac anti. Eu ffarm nhw, Cwmbetws yn Eglwyswrw, sef ffarm deuluol fy mam, oedd ffarm ddychmygol Pant yn y gyfres. Roedd mynd yno i ffilmio yn teimlo fel mynd getre, roedd gyda fi atgofion plentyndod melys iawn am aros yno. Do'n i ddim yn ffilmio golygfeydd gyda'r anifeiliaid, ac roedd hynny'n rhyddhad, ond roedd fy nghymeriad i i fod yn berson ceffylau. Felly, o'n i'n aml yn gwisgo *jodhpurs* a bŵts reidio, ond ddim yn cael fy ngweld yn reidio ceffylau, diolch byth. O'n i'n cadw ambell geffyl bach getre pan o'n i'n iau, ond doedd hynny ddim wedi datblygu yn ddiléit reidio.

Roedd yna amser, tua diwedd y cyfnod ffilmio, pan

fydden i'n teithio'n ôl o Gaerdydd i ffilmio ac yn rhannu lifft s gyda Cath Ayers achos bod dim car gyda fi. Roedd Cath yn actores brofiadol ac o'n i'n teimlo fel tasen i'n tyfu lan, yn rhannu profiadau ac yn rhan o rywbeth cyffrous. Pan mae rhywun yn ei chanol hi dy'n nhw ddim wastad yn sylweddoli nac yn gwerthfawrogi'r hyn maen nhw'n rhan ohono. Dwi'n dal i weithio gyda llawer o bobol oedd yn rhan o griw *Darn o Dir* a'r rheini'n ddynion camera, yn gyfarwyddwyr ac yn rheolwyr cynhyrchiad. O'n i'n lwcus iawn i gael y cyfle ac i wneud y cysylltiadau hyn pan o'n i'n ifanc.

Roedd hyn hefyd yn flas ar fod yn wyneb cyhoeddus a chael ymateb pobol i hynny. Er bod y rhan fwya o bobol yn canmol y gyfres roedd ambell un yn feirniadol hefyd. Dwi'n cofio gweld llun o fy hunan ar ochr bỳs oedd yn teithio o gwmpas Caerdydd. Do'n i ddim yn siŵr o'n i eisie gwenu neu guddio! Cafodd lluniau proffesiynol o'r cast eu tynnu ar gyfer y *shoot* hwnnw. Roedd angen gwneud fy ngholur a chael help wrth ddewis dillad addas ac roedd hynny'n gyffrous iawn. Pan es i i'r brifysgol bydde rhai'n dweud, 'Www, ti ar *Darn o Dir*' a dwi'n cofio ymateb tebyg wrth gwsmeriaid pan o'n i'n gweithio yng Nghaffi Beca. Roedd hi'n braf cael fy nabod ond roedd rhai pobol yn llai caredig ac yn dweud yn blaen, 'Sai'n watsho fe', fel tasen nhw'n dweud na fydden nhw'n gwastraffu eu hamser. Ddysges i'n ifanc i werthfawrogi barn pobol eraill. Derbyn, 'na fe, dyw e ddim i bawb. Pawb at y peth y bo. Mae pobol yn ei dweud hi fel mae hi weithie, a dwi wedi dysgu i dderbyn hynny ac i beidio â chael fy siomi'n ormodol.

Pan o'n i'n y brifysgol ges i fynd i wobrau'r BAFTAs yn 2002. Roedd *Darn o Dir* wedi ei henwebu fel y Rhaglen Ieuenctid Orau – a wir, fe enillon ni! Roedd mynd i'r BAFTAs yn wych. Dwi'n cofio eistedd rownd y bwrdd gyda'r cast

ifanc yn cloncan ac yn mwynhau'r bwyd a'r diod. Dyma brif wobrau'r byd ffilm a theledu yng Nghymru ac roedd ein henwau ni ar y rhestr enwebiadau. Roedd llawer o wynebau adnabyddus yno ac roedd e'n fewnwelediad i'r diwydiant. O'n i wedi bod yn siopa i ddewis ffrog i fi fy hunan. Ond fe ges i fy ngwallt wedi ei wneud yn Salon Gwallt Gee and Hayes yn un o'r arcêds yng Nghaerdydd ac roedd hynny'n bach o drychineb. Y cyngor ges i oedd,
'Put your hair up, you're going to the BAFTAs!'
'Yeah, OK!' meddai'r fi ifanc, mewn llais plentyn oedd yn awyddus i blesio.

Wrth edrych 'nôl roedd fy ngwallt yn edrych braidd yn blentynnaidd, ac o'n i'n *gutted* drannoeth pan weles i fy llun yn y *Western Mail*. Roedd y cynllunydd ffasiwn, David Emanuel, wedi dewis fy edrychiad i fel un o 'Naftas' y noson! Y wisg ore oedd un Alex Jones, ac yn rhyfedd fe wnes i fynd mlân i gyd-weithio â hi yn fy swydd nesa. Wrth edrych ar y lluniau o'r noson, dwi'n difaru dipyn bach 'mod i heb ddweud fy nwued yn y salon. Sylweddoles i ar ôl hynny, os nad yw e'n teimlo'n iawn i chi, ddylech chi ddim ei wneud e. Roedd e hefyd yn sylweddoliad y bydde'n rhaid magu croen caled os o'n i am barhau i weithio yn y diwydiant hwn.

Yn yr un flwyddyn, 2002, ges i'r anrhydedd o gael fy newis yn Forwyn y Fro yn Eisteddfod Genedlaethol Tyddewi. Roedd hynny'n dipyn o fraint ac yn uchafbwynt eisteddfodol i fi. Hyd heddiw, pan fydda i'n gweld y seremonïau fe fydd yr atgofion yn llifo, a'r dathliad mawreddog yn cyffwrdd fy nghalon. Cyn y seremoni yn yr eisteddfod ei hunan, roedd cyfle am ymarfer cyhoeddus wrth gario'r flodeuged yng Ngŵyl y Cyhoeddi yn Nhyddewi yn 2001. Un o'r pethe dwi'n ei gofio yw pa mor drwm oedd y flodeuged! Roedd fy mreichiau'n gwneud dolur ofnadwy wrth i fi gerdded trwy'r ddinas fel rhan o'r prosesiwn. Sylweddoles i bryd hynny y bydde angen i'r flodeuged fod yn ysgafnach y flwyddyn ganlynol!

O'n i'n 17 oed yn ystod yr eisteddfod honno, yn troi'n 18 yn ystod mis Awst. Roedd rhaid gwneud cyfweliad i fod yn Forwyn y Fro ac roedd pedair ar y 'rhestr fer', gan gynnwys Lisa, fy chwaer. Pan ddaeth y llythyr trwy'r post gan y Trefnydd, Aled Siôn, i ddweud 'Llongyfarchiadau, rwyt ti wedi cael dy ddewis' roedd cyffro mawr yn tŷ ni. Roedd angen cerdded mewn ffordd arbennig, i gyfeiliant y delyn, ac roedd sawl ymarfer cyn yr eisteddfod ei hunan. Mam y Fro oedd Gwenno Wyn ac fe gafon ni'n dwy sgyrsiau difyr a llawer o sbort wrth deithio i'r ymarferion hynny.

Un isafbwynt oedd i fi gael damwain car yn arwain at yr eisteddfod. O'n i wedi pasio fy mhrawf gyrru ym mis Mai 2002 ac wedi cael menthyg car Elin, fy chwaer, i fynd i ymarfer côr Newyddion Da ym Mlaenllwydiarth lle roedd yr arweinydd, Marilyn Lewis, yn byw. O'n i'n mynd yn rhy glou ac wrth i fi fynd rownd y gornel fe wnes i fwrw mewn i gar arall. Roedd Lisa, druan, yn meddwl ei bod hi'n marw ac fe wnes inne gau fy llygaid mewn ofn. Trwy lwc chafodd neb ei anafu, ond roedd hi'n wers ddrud ac roedd y car yn *write-off*. Roedd hi'n gyfnod prysur tu hwnt ac roedd Mam a Dad mor falch 'mod i'n gallu gyrru fy hunan i'r ymarferion... ac, yna, blincin hec! Pwy faga blant? Dysges i fy ngwers.

Pan ddaeth y dydd, o'n i'n nerfus iawn a'r adrenalin yn llifo. O'n i'n ailadrodd i fi fy hunan, paid anghofio dy eiriau! Dwi'n cofio'r geiriau hynny hyd heddiw, 'Hybarch Archdderwydd, yn enw morynion ein gwlad, atolwg i ti dderbyn y flodeuged hon o dir a daear Cymru.' O'n i'n cael help i wisgo fy nillad a fy esgidiau traddodiadol gan Sara o Ddyffryn Aman, oedd yn gyfrifol am wisgoedd yr

Orsedd ar y pryd. Ry'n ni'n dal i weld ein gilydd o dro i dro. Wrth i fi gerdded trwy'r Pafiliwn, fel rhan o'r orymdaith, y gynulleidfa yn curo dwylo i sŵn y gerddoriaeth, o'n i'n ymwybodol bod fy nheulu yno hefyd, yn fy ngwylio ac yn ymfalchïo. Mae seremoni'r Orsedd yn hollol unigryw i ni'r Cymry ac yn rhan bwysig iawn o'n hanes a'n diwylliant. Roedd e'n brofiad emosiynol iawn a dwi'n dal i wenu o glust i glust wrth feddwl amdano. Myrddin ap Dafydd enillodd y Gadair, Aled Jones Williams y Goron, ac Angharad Price y Fedal Ryddiaith am ei nofel, *O, Tyn y Gorchudd!* Fe fu Angharad yn ddarlithydd arna i yn y brifysgol yn ddiweddarach.

O'n i eisie gwneud popeth yn yr eisteddfod honno, felly ochr yn ochr ag unrhyw ddyletswyddau eisteddfodol o'n i eisie joio ac fe fues i'n aros ym Maes B hefyd. Dwi'n cofio codi'n gynnar un bore i sŵn ffrindie'n holi,

'Be ti'n neud?'

'Ma'n rhaid i fi fynd i'r seremoni,' atebes i, a draw â fi, gan wneud yn siŵr 'mod i'n edrych yn deidi.

Roedd hi'n eisteddfod fishi ac yn wahanol i'r Urdd ym Mro Preseli fe wnes i lwyddo i ddod i'r brig yn y Llefaru dan 19, gyda Lisa yn drydydd. Roedd hi'n wythnos arbennig, er gwaetha'r tywydd, ac roedd llawer o fwrlwm. Dwi'n lwcus iawn o'r profiadau dwi wedi eu cael a'r cysylltiadau dwi wedi eu gwneud. Dwi'n dal i weld rhai o'r bobol a fu'n rhan o fy stori hyd heddiw ac mae pawb yn dymuno'r gore i'w gilydd. Roedd hi mor braf gallu croesawu'r Eisteddfod Genedlaethol i Sir Benfro yn 2002 a nawr ni'n edrych mlân i allu gwneud yr un peth yn 2026. Ac ydw, dwi'n gobeithio bod yn rhan o'r eisteddfod honno hefyd.

Ar ôl Eisteddfod Tyddewi daeth y canlyniadau Lefel A yn Hanes, Cymraeg a Cherddoriaeth. Wrth gwrs, o'n i wedi joio'r Chweched, yn enwedig y bywyd cymdeithasol. Roedd gyda fi griw o ffrindie da ac ro'n ni'n mynd mas yn aml. Do'n i ddim yn siŵr beth o'n i eisie wneud ar ôl gadael ysgol, a dweud y gwir. O'n i wedi cael blas ar y diwydiant cyfryngau ond o'n i'n gwbod 'mod i ddim eisie actio. Fe wnaeth fy rhieni awgrymu 'mod i'n astudio iaith fel pwnc, gan y gallai hynny arwain at sawl gyrfa wahanol. Dwi ddim yn siŵr pam do'n i ddim eisie actio. Hyd yn oed yn ifanc, o'n i'n sylweddoli ei fod yn ddiwydiant anodd, bod yna lawer o ansicrwydd, er, dyw cyflwyno ddim haws chwaith! Dwi ddim yn amau bod fy rheini wedi dylanwadu arna i. Doedd neb yn y teulu yn y maes hwn – roedd Mam yn athrawes a Dad yn ffarmo. Roedd e'n ddiwydiant oedd yn anghyfarwydd i ni fel teulu, yn ddiwydiant anwadal. Ro'n nhw'n cwestiynu a fydde gyrfa yn y cyfryngau yn gallu fy nghynnal i.

Wrth i fi feddwl am fynd i'r coleg do'n i ddim yn ystyried pa swydd o'n i am ei gwneud yn y dyfodol. Falle bod mwy o ffocws gan bobol ifanc heddiw. Mae mwy o bwysau nawr wrth ddewis p'un ai mynd i brifysgol neu beidio. Mae'r ffioedd yn uchel a does dim rhaid mynd i brifysgol i gael swydd dda. Dwi ddim yn gwbod beth fydda i'n cynghori fy mhlant i i'w wneud. Beth sydd ore ar ddiwedd y dydd?

Ces fy nerbyn i astudio Cymraeg ym Mhrifysgol Caerdydd. Roedd criw mawr o ddisgyblion Ysgol y Preseli yn mynd i Gaerdydd yn y cyfnod hwnnw. Roedd Gareth, y gŵr, yn astudio yno ers blwyddyn a thrwyddo fe o'n i wedi cael blas ar y brifddinas. Roedd Elin wedi mynd i Aberystwyth ac, fel mae chwiorydd, do'n i ddim eisie mynd i Aber! Dwi'n meddwl bod yna donnau'n perthyn i wahanol gyfnodau. Roedd y rhan fwya o griw ffrindie Elin wedi mynd i Aber a'r rhan fwya o fy nghriw inne i Gaerdydd.

Roedd yr adran Gymraeg yng Nghaerdydd yn arbennig. Ro'n ni'n griw bach ac roedd yna deimlad teuluol, croesawgar. Fe ges i gwmni sawl ffrind da, a dwi'n dal i fod yn ffrindie gyda sawl un ohonyn nhw nawr. Fe ddaeth Betsan, ffrind o Preseli oedd yng Nghôr Newyddion Da gyda Marilyn, i'r adran i astudio Cymraeg gyda fi. Fe gwrddes i â Gwenllian o Benllech, sy'n ffrind agos o hyd. Ro'n ni'n cael gwersi gramadeg gyda'r Athro Peter Wynne Thomas, y beibl ar ramadeg, ac yna bydden i'n bondio gyda chriw oedd yn mynd i gaffi Seren Las i gael brecwast ar ôl y gwersi ar fore dydd Mawrth, brecwast ar blât papur gyda chyllell a fforc plastig. O, oedd, roedd steil yn perthyn i ni! Roedd y GymGym yn fudiad gwych ac yn gyfle i gwrdd â phobol o bob rhan o Gymru – roedd y daith i Baris adeg Grand Slam 2005 yn un gofiadwy, ac fe wnes i hyd yn oed lwyddo i gael fy llun yn y *Western Mail* o flân Tŵr Eiffel!

Digwydd bod, fe ffeindies i fy hunan yn rhannu fflat gyda Rhian, fy ffrind gore, yn y flwyddyn gynta. Dwi ddim yn gwbod sut oedd hi'n teimlo am hynny. Ro'n ni'n dwy'n edrych mlân i fynd i'r brifysgol gyda'n gilydd, ar gyrsiau hollol wahanol am ei bod hi'n astudio Fferylliaeth, ond i rannu'r un fflat? Ro'n ni hefyd yn cyd-fyw gyda Siwan o Bontypridd a Manon o Ddinas Mawddwy ac roedd hi'n braf ein bod ni'n dod o amrywiaeth o ardaloedd. Mae dechre yn y brifysgol yn gyfnod anodd ac roedd cael cwmni Rhian yn dda o safbwynt setlo mewn. O'n i'n edrych mlân i fynd i'r brifysgol – doedd dim unrhyw fath o hiraeth am getre o gwbwl! Galla i ddychmygu fy hunan yn mynd mas o'r drws gyda 'Ta-ra, mynd nawr!' heb edrych 'nôl. Wrth gwrs, nawr 'mod i'n rhiant dwi'n gallu teimlo dros fy rhieni yn y sefyllfa honno, ond ar y pryd o'n i methu mynd mas o'r tŷ yn ddigon clou!

12

Cariadon ysgol

FE GWRDDES I â Gareth yn yr ysgol. Fe wnaethon ni fynychu dwy ysgol gynradd wahanol ond ro'n ni yn Ysgol Uwchradd y Preseli gyda'n gilydd. Mae Gareth flwyddyn ysgol yn hŷn na fi ond mewn gwirionedd mae bron i ddwy flynedd rhyngddon ni, achos dwi'n cael fy mhen-blwydd ym mis Awst a Gareth ym mis Hydref. Fe ddechreues i yn Ysgol y Preseli yn 1995. Ysgol fach oedd hi, dim ond rhyw 70 o blant oedd yn fy mlwyddyn i, a thua 60 ym mlwyddyn Gareth, felly roedd y pŵl o fechgyn yn eitha bach ac roedd rhywun yn dod yn gyfarwydd â bechgyn o wahanol flynyddoedd. (Does dim ots gyda fi gyfadde bod yr atgof yn rhoi gwên fawr ar fy wyneb!)

Fe ddechreuon ni ddod i nabod ein gilydd mewn noson gyda chlwb criced Crymych yng Nglandy Cross yn 1998. Chware *slot machines* yn y Cross Inn, os dwi'n cofio'n iawn! O'n i'n gofyn i fy hunan, 'Pam ma bachgen o flwyddyn yn hŷn eisie siarad 'da merch o flwyddyn ifancach?' Do'n i ddim yn disgwyl i ddim byd ddigwydd a dwi'n cofio teimlo'n embarasd y diwrnod ar ôl hynny. Ond roedd hefyd rhyw gyffro o feddwl, 'Waw! Bachgen henach yn siarad â fi!'.

Yn 1999 dechreuon ni fynd mas gyda'n gilydd. O'n i'n 14

Cariadon ysgol

oed ar y pryd a doedd dim ffonau symudol gyda ni. Ro'n ni wedi bod yn potsian yn ystod y blynyddoedd cyn hynny, rhyw noson mas fan hyn neu fan'co, ond doedd dim byd cadarn. Dwi'n cofio'r siarad rhwng fy nghriw i o ffrindie a'i griw fe yng nghoridor yr ysgol. Do'n i ddim yn siŵr oedd e'n lico fi neu beidio ac fe aeth criw o ferched i holi ffrindie Gareth.

'O, *odi*, ma fe'n lico ti,' oedd yr ateb.

Wrth edrych 'nôl, mae'n braf meddwl ein bod ni'n cyfathrebu wyneb yn wyneb fel pobol ifanc, yn hytrach na gwneud hynny ar Snapchat neu WhatsApp.

Mae'n siŵr mai cerdded rownd yr iard wnaethon ni ar ein dêt cynta. Roedd Gareth ym mlwyddyn gynta'r Chweched, yn gyrru, ac yn troi'n 18 oed yn 2000 a finne ym Mlwyddyn 11. Ro'n ni wedi cael cwmni'n gilydd mewn rhyw ddawns sioe dros yr haf dwi'n siŵr. Roedd hi'n draddodiad i gynnal disgos mewn tafarndai, yn y Lamb yn Hermon, Trewern a Llwyngwair. Os oeddech chi'n lwcus byddech chi'n cael gwahoddiad i barti 18 rhywun yn henach na chi, ac roedd hynny'n gyfle i gymdeithasu gyda chriwiau hŷn. O'n i'n lwcus o'r ardal lle ges i fy magu bod tipyn o gyfleoedd i gymdeithasu ac roedd hynny'n fy siwto i i'r dim.

Roedd Gareth yn obsesd â chwaraeon ac roedd hi'n anodd iawn cael cyfle i siarad ag e amser egwyl neu amser cinio achos roedd e eisie chware rygbi. Ro'n nhw'n haid o fechgyn ar yr iard, yn gymysgedd o sawl blwyddyn, ac o'n i'n gorfod cystadlu gyda'r bêl rygbi! O'n i'n lwcus i gael sgwrs fach deg munud gydag e cyn bod y gloch yn canu. O'n i'n gwbod fy lle!

Lwcus 'mod i'n gallu chwerthin am y peth achos dwi'n dal i wbod fy lle! Dwi wedi bod yn ail i dîm Lerpwl erioed! Mae Gareth yn dwli ar dîm pêl-droed Lerpwl a phan mae Lerpwl yn chware ar y teledu mae popeth yn dod i stop.

Mae e wedi gwella tamed ers cael y plant, ond roedd yna gyfnod pan oedd rhaid mynd getre i weld y gêm os oedd Lerpwl yn chware. Lerpwl oedd y flaenoriaeth!

Roedd Gareth yn astudio TGAU Ffrangeg, a phan o'n i ym Mlwyddyn 9 fuon ni ar drip gefeillio i Ffrainc, ac fe ddaeth criw o flwyddyn Gareth gyda ni. Dwi'n cofio meddwl, 'Pwy yw'r bachgen 'ma?' Roedd e'n gyfle i fi ddod i'w nabod e'n well, ond ddaethon ni ddim at ein gilydd bryd hynny.

Heb ffonau symudol, os o'n i eisie sgwrs ar ôl ysgol roedd rhaid i fi ffonio ei getre a gofyn i'w fam, 'Alla i siarad â Gareth plis?' Bydden i'n nerfus, ac roedd gyda fi restr fach o bethe i ofyn iddo. Galla i ddychmygu plant yn darllen hyn nawr ac yn meddwl, 'O mai god', ond dyna fel oedd hi. Ffones i fe un nos Iau a dwedodd ei fam,

'Sori, dyw e ddim yn gallu dod i'r ffôn, mae e'n gwylio *Friends*.' (Roedd e'n obsesd â *Friends* hefyd.) 'Neith e ffono ti'n ôl ar ôl y rhaglen.'

'Ocê!' medden i mewn llais main.

Chi'n gallu dychmygu? Merch 14/15 oed yn magu digon o hyder i ffono mam ei chariad a hithe'n dweud, 'Sori, dyw e ddim ar gael.' Y siom! Chware teg, fe ffonodd e fi'n ôl, felly roedd popeth yn iawn.

Roedd Aelwyd Crymych yn lle arall gwych i gymdeithasu. Roedd Gareth a finne'n aelodau ac roedd yr Aelwyd ar nos Iau hefyd yn gyfle i ni ddod i nabod ein gilydd. Ro'n ni'n lwcus iawn o bobol fel y diweddar Kevin Davies oedd yn mynd â ni i ddigwyddiadau chwaraeon amrywiol ym mŷs mini'r Aelwyd. Roedd noson yr Aelwyd yn un gyffrous. Fe fydde llawer o ddyfalu o flân llaw: 'A fydd Gareth a'r criw yno?' Gobeithio y bydden nhw yno, a siom os doedden nhw ddim.

Er i Gareth a finne ddechre mynd mas gyda'n gilydd pan o'n i ym Mlwyddyn 10 fe wnaeth e fennu gyda fi, a hynny yn y cyfnod pan oedd Mam yn sâl. Dwi'n cofio Mam yn dweud wrthon ni bod ganddi ganser y fron a finne'n dweud, 'Ma Gareth wedi bennu 'da fi.' O'n i'n torri fy nghalon, a Mam oedd yr un oedd yn cysuro fi, 'Paid becso, bach.' Roedd e'n gyfnod rhyfedd. O'n i'n eitha hunanol yn yr oed hynny – fel mae plant, ac fel mae fy mhlant i'n gallu bod. Er i Mam rannu'r newydd am ei deiagnosis, roedd pethe eraill ar fy meddwl i. Mae hynny'n help i fi nawr wrth ystyried pa fath o effaith mae fy neiagnosis i wedi cael ar y plant. Mae Steffan, Tomos a Hanna hyd yn oed yn iau nag o'n i. Oes, mae pethe eraill yn eu byd nhw ac mae hynny'n gysur mawr.

Erbyn i Gareth a finne ddod 'nôl at ein gilydd, o'n i ym Mlwyddyn 11 ac roedd e yn y Chweched Isaf ac yn gyrru. Roedd e'n dod lawr i'r tŷ a bydden ni'n mynd ar ddêts. Dwi'n cofio mynd i'r sinema yn Abertawe, yn y Nova coch, i wylio'r ffilm *Cherry Falls* ac yna cael swper yn y Marquis Arms. Ro'n ni mor ifanc. Mae Gareth yn treulio llawer o amser yn Abertawe erbyn hyn. Mae e'n gyfrifydd gyda Phrifysgol Abertawe a buodd Steffan hefyd yn treulio tipyn o amser yn y dref fel rhan o Academi Bêl-droed Abertawe. Bydd Gareth yn aml yn fy ffonio i wrth basio'r dafarn ar y ffordd i'r gwaith,

'Fi ar bwys y Marquis Arms. Fi'n aros i droi, ma ciw.'

Mae'n rhyfedd sut mae'r dafarn yn dal i fod yn rhan o'n bywydau ni! Ffilm arswyd Americanaidd oedd y ffilm – ddim yn rhamantus iawn! – ond mae'r tocyn gyda fi o hyd. A dwi'n cofio beth ges i i fwyta – cyw iâr, taten bob a phys. O'n i'n meddwl, 'Co ni'n mynd ar ein dêt bach ni,' yn meddwl ein bod ni'n bobol fowr, ond ro'n ni mor ifanc!

Bydde Gareth yn dod lawr i'r tŷ ac fe ddwedodd e un tro,

'So dy dad yn lico fi.'

Atebes i, 'Ody ma fe, ond ti'n hŷn na fi. Fi'n ferch ifanc.'

Wrth edrych 'nôl, dwi ddim yn beio Dad, a dyw Gareth ddim yn ei feio fe chwaith. Roedd Dad yn dal Gareth hyd braich, ddim yn ymserchu yn rhy glou a dwi'n gallu deall hynny'n iawn. Weithie, bydden i'n ddrwg a ddim yn dweud bod Gareth ar ei ffordd, wedyn bydde'r car yn dod lawr y clos.

'Pwy sy fan'na nawr?' bydde Dad yn holi.

Ond yn amlwg, fydde Mam a Dad ddim yn hel Gareth getre. Fel rhieni ein hunain, mae Gareth a finne'n deall yn iawn nawr.

Mae nifer o atgofion gyda fi am ein dêts bach ni. Bydden ni'n mynd lawr i Ddinbych-y-pysgod ar ŵyl y banc, yn mynd am dro ar y traeth ac eto'n mynd am bryd o fwyd. Mae cystadlaethau Turkey Pool yn boblogaidd yn yr ardal yma, neu gêm darts i ennill stêcs amser Nadolig. Fe fydde Gareth yn ennill ac yn cwcan bwyd i fi. Bydden i'n cael galwad ffôn ar ddydd Sadwrn, 'Dere draw, wna i swper.' Roedd e'n feddylgar iawn. Ac mae e'n dal i fod yn gogydd da iawn.

Yn rhyfedd, er ein bod ni'n nabod ein gilydd yn dda, dy'n ni ddim yn debyg o gwbwl. Ry'n ni'n wahanol iawn o ran y ffordd mae'n meddyliau ni'n gweithio ac mae hynny wedi bod yn fuddiol adeg apwyntiadau ysbyty. Ond yn gyffredinol dwi'n berson cymdeithasol, yn joio cael lot o bobol o fy nghwmpas a chwrdd â phobol newydd, ac er bod Gareth hefyd yn joio cymdeithasu, mae'n well ganddo fe gael criw llai o bobol mae'n eu hadnabod yn dda o'i gwmpas.

Ro'n ni'n dau yn cael tipyn o rows yn yr ysgol. Ro'n ni'n hwyr i wersi achos bod Gareth â'i chwaraeon a finne'n brysur yn ymarfer dramâu a sioeau, felly roedd cyfleoedd

Cariadon ysgol

am sgwrs amser egwyl yn brin. Bydde ambell lythyr yn cael ei anfon getre at Mam a Dad. 'Mae Mari'n hwyr i wersi ac rwy'n ofni bod y "garwriaeth" yn effeithio arni.' Bydden nhw'n cael gair gyda fi wedyn – ond doedd e ddim yn gwneud llawer o wahaniaeth.

Un tro, fe dorrodd fy sbectol achos fod y bechgyn yn chware rygbi amser cinio. Siôn, ffrind Gareth, oedd wedi cicio'r bêl ond gan fod car gyda Gareth gofynnes i i Mam a Dad a fydde hi'n iawn iddo fynd â fi i'r optegydd amser cinio. Roedd angen trwsio'r sbectol, felly ro'n nhw'n hapus i roi caniatâd ac ro'n nhw'n ymddiried yn Gareth. Ond do'n ni ddim wedi gofyn caniatâd yr ysgol. *Typical*, y diwrnod hwnnw, canodd y larwm dân. Cyrhaeddon ni'n ôl ac roedd pawb tu allan ar yr iard achos y larwm. Gafon ni'n dala. Ond yn lwcus iawn roedd y prifathro ar y pryd, y diweddar Martin Lloyd, yn dysgu Economeg i Gareth y prynhawn hwnnw, felly er ei fod e wedi cael 'roced' gan Mr Lloyd fe wnaeth ei chwerthiniad chwedlonol ddilyn yn go glou!

Fe dreulion ni gyfnod arall ar wahân pan aeth Gareth i'r coleg ac o'n inne yn 6 2. Roedd Gareth yng Nghaerdydd a finne yng Nghrymych. O'n i'n ymwybodol iawn y bydde fe'n cwrdd â llawer mwy o bobol na fi. Roedd y ddau ohonon ni'n teimlo bod angen cyfnod ar wahân, gan ein bod ni wedi bod gyda'n gilydd mor ifanc, ac am fod Gareth wedi mynd bant i'r brifysgol roedd e'n teimlo fel yr amser iawn i wahanu. Y flwyddyn ganlynol es inne i'r brifysgol yng Nghaerdydd hefyd ond do'n ni ddim yn gweld llawer ar ein gilydd. Dwi'n cofio bwrw mewn i Gareth yng nghlwb Creation un noson a dweud rhyw 'O, helô' oer wrtho a cherdded bant. Roedd fy nghalon i'n rasio. I feddwl i ni fod mor agos, roedd bwrw mewn iddo ar hap yn swreal. Ar y pryd, do'n ni ddim yn siarad gyda'n gilydd, ro'n ni wedi gwahanu a doedd hi ddim yn sefyllfa hawdd. Roedd gan Gareth ffrindie 'nôl getre, a bydden i'n ei weld o gwmpas Crymych amser Nadolig, ac roedd bach o densiwn rhyngddon ni ar y pryd.

Fe wnaeth Gareth ysgrifennu llythyr i fi pan o'n i yn y flwyddyn gynta yn y coleg. O'n i'n caru gyda bachgen arall ac wedi taro mewn i Dave, un o ffrindie Gareth, ar noson mas. Allan o unman fe ddwedodd e,

'Gareth's written you a letter.'

Doedd e ddim i fod i ddweud, sai'n credu. Ry'n ni i gyd yn chwerthin am hynny nawr, a Dave oedd ein gwas priodas ni. Pan ges i'r llythyr roedd e'n dweud, 'Dwi'n gwbod bod ti wedi cwrdd â rhywun arall, ond o'n i eisie dweud 'mod i'n dal i weld dy eisie di.' Fe wnaeth y llythyr argraff arna i. Roedd cwpwl o fois wedi bod, ond doedd neb yn cymharu â Gareth. Wnaeth pethe ddim newid yn syth ar ôl y llythyr ond o'n i'n gwbod yn fy nghalon bod rhywbeth arbennig am ein perthynas ni.

Yr haf hwnnw, aeth criw ohonon ni i Gran Canaria ar ôl gorffen y flwyddyn gynta yn y coleg. Ro'n ni'n 16 o ferched i gyd ac fe gafon ni amser da! Ar y gwyliau wnes i ddechre meddwl beth o'n i'n ei wneud, yn byw y bywyd sengl yma. Dwedes i wrth Einir, un o fy ffrindie penna, 'Fi'n caru Gareth.' O'n i wedi colli fy ffôn ac felly fe wnes i ffonio Gareth o'r ciosg a dweud wrtho 'mod i'n ei garu fe. Oedd, roedd e'n hapus! Doedd ei deulu ddim gant y cant, achos 'mod i wedi torri ei galon – ac fe wnaethon nhw ei rybuddio i fod yn ofalus, rhag ofn iddo gael ei frifo eto. Roedd hynny'n ddigon teg.

O'r adeg hynny, ro'n ni gyda'n gilydd. Finne'n dechre'r ail flwyddyn a Gareth yn y drydedd. Ond roedd problem. Roedd Gareth a Dave wedi prynu tocynnau i fynd rownd y byd am flwyddyn. Doedd dim cariad gyda Gareth pan brynodd e'r tocyn ac felly roedd e'n rhydd i wneud beth

Cariadon ysgol

oedd e eisie ac roedd y Llewod yn chware yn Seland Newydd yn 2005. Fe awgrymodd Gareth ei fod e'n mynd i weld taith y Llewod gyda'r bechgyn, fel oedd e wedi trefnu, a 'mod i'n mynd mas ato ar gyfer y chwech mis ola. Amser Nadolig ges i docyn i fynd i Awstralia am chwe mis ac roedd cymhlethdod i ddod.

Buon ni wyth mis ar wahân. Roedd e'n tipyn o brawf ar ein perthynas. Trwy lwc roedd ffonau symudol yn fwy cyffredin erbyn hyn ac ro'n ni'n gallu cysylltu a chyfnewid negeseuon e-byst. Ond roedd e'n amser hir. Ac eto, roedd e'n gyfnod cyffrous iawn i fi. O'n i newydd ddechre job newydd ac fe wnaeth hynny fy nghynnal i. O'n i'n ffeindio fy nhraed yn y byd gwaith, prynes i gar ac o'n i'n mwynhau fy annibyniaeth.

Fe ddaeth Gareth 'nôl o deithio'n gynnar fel syrpréis i fi. Doedd e ddim fod 'nôl nes Mehefin/Gorffennaf ond fe ddaeth e'n ôl ym mis Mai. Yn ddiarwybod i fi, roedd e wedi trefnu gyda fy ffrindie 'mod i yn y tŷ o'n i'n rhentu gyda'r merched yng Nghaerdydd ac wedi bwcio pnawn bant y diwrnod hwnnw. Roedd fy ffrindie'n gofyn,

'Be ti'n mynd i neud pnawn 'ma, 'te?'

'O, sai'n gwbod,' atebes i.

'Wel, well i ti fynd getre,' medden nhw, gan wbod yn iawn!

Roedd rhieni Gareth wedi mynd i'r maes awyr i'w nôl e a'i adael e yn y tŷ yng Nghaerdydd. O'n i lawr sta'r yn golchi llestri. Yn sydyn reit, es i lan lofft a dyma fe'n dod mas o fy stafell i. Roedd e wedi bod yn cysgu! Roedd *jetlag* ofnadwy arno fe. Ges i rial sioc! Yn amlwg, roedd llawer o ddal lan i'w wneud.

Fe wnaethon ni benderfynu rentu tŷ gyda'n gilydd yn eitha clou ar ôl hynny. Ro'n ni wedi para cyhyd, ac ro'n ni'n barod am y cam nesa. Gafon ni dŷ i'w rentu yn Grangetown,

a'r flwyddyn ar ôl hynny, yn 2007, fe brynon ni dŷ gyda'n gilydd. Roedd llawer o'n ffrindie ni'n byw yn Grangetown, llawer o Gymry Cymraeg. Roedd Rhian, fy ffrind, yn byw yno hefyd. Roedd e'n gyfnod hyfryd, cyfnod cyffrous.
Ddwy flynedd ar ôl i ni brynu tŷ gyda'n gilydd, yn 2009, fe wnaethon ni ddyweddïo.

Roedd Gareth eisie carden credit i brynu cypyrddau ar gyfer y gegin ac achos mai fe sy'n gyfrifol am yr arian yn tŷ ni wnes i ddim cwestiynu'r peth. Ond roedd bwriad Gareth yn go wahanol. Roedd cwpwl o ddiwrnodau bant gyda ni a fuon ni'n trafod beth o'n ni'n mynd i'w wneud gyda'n hamser. Roedd Gareth wedi awgrymu ein bod ni'n mynd i wersylla a fuodd e'n holi beth fydden i'n hoffi ei wneud. O'n i'n brysur gyda gwaith ac yn hapus beth bynnag fydde mlân gyda ni, felly doedd dim byd pendant wedi cael ei drefnu.

Ar fore cynta'r gwyliau o'n i'n dal i gysgu. Ond roedd Gareth wedi mynd lawr stâr yn dawel bach a dod 'nôl gyda brecwast a modrwy Haribo. Ac fe wnaeth e ofyn i fi briodi fe. Aethon ni i ddewis modrwy yn dre ac yna i gerdded lan Pen y Fan. Roedd e wedi bwcio i ni aros yn Nant Ddu Lodge gerllaw y noson honno. Roedd e'n hyfryd. Roedd e'n gweddu i'r dim ein bod ni'n wedi dyweddïo yn y tŷ. Ro'n ni wedi gwneud bach o waith arno, yn ei droi'n gartre i ni. Roedd e'n golygu rhywbeth i ni, ein prosiect bach cynta gyda'n gilydd. Roedd e'n syrpréis go iawn ac roedd pawb o'r teulu'n hapus iawn i glywed y newyddion.

O'n i'n lwcus ar ddechre fy ngyrfa i fod yn fishi gyda gwaith. Rhwng cyflwyno'r tywydd a chyflwyno mewn digwyddiadau, fel Eisteddfod yr Urdd, o'n i'n brysur. Ac fe ddaeth diwrnod y briodas yn glou. Priodon ni ar yr 11eg o Fedi 2010 yng Nghapel Bethel, Mynachlog-ddu, lle dwi'n aelod, ac roedd y parti yng Ngwesty'r Cliff yn Gwbert.

O edrych 'nôl doedd dim llawer o gyffyrddiadau bach i'r briodas. Yr unig beth o'n i eisie oedd priodi Gareth a chael ein ffrindie at ei gilydd am barti da. Dwi'n mynd i briodasau nawr ac yn meddwl, 'Waw! Yr holl fanylion!' Fe allai Gareth a finne fod wedi gwneud cymaint yn fwy ond dyna i gyd ro'n ni eisie ar y pryd. Y dyddiad oedd 9/11, dyddiad y pedwar ymosodiad terfysgol yn erbyn America yn 2001 wnaeth ysgwyd y byd, ac fe ofynnodd rhywun i fi,
'Chi'n cael y briodas yn tsiepach?'
'Na,' atebes i, yn ddiddeall, gan feddwl ei fod e'n gwestiwn rhyfedd i'w ofyn.

Gafon ni dywydd ofnadwy ar y dydd Gwener cyn y briodas, llifogydd bron â bod. Roedd llawer o bobol yn dod o'r gorllewin, ac o Gaerdydd, ac roedd nifer o broblemau. Roedd y gwas priodas, Dave, yn teithio o Maidenhead ac anghofiodd ei waled mewn Gwasanaethau ar y ffordd i Aberteifi ac wedi gorfod troi'n ôl i'w hôl hi. Roedd ei angen e yng Ngwesty'r Cliff i dreial y siwt mlân. Troeon trwstan bach wrth edrych 'nôl, ond ar y pryd ro'n nhw'n ben tost.

Dihunes i'n gynnar ar fore'r briodas a'r peth cynta glywes i oedd sŵn y glaw. O'n i bach yn nerfus achos roedd y dyn oedd yn trin fy ngwallt yn gallu bod yn anwadal. Unwaith weles i ei fod e'n dod lan y feidr o'n i'n gwbod y bydde hi'n ddiwrnod da. Druan o'r ffotograffydd! Profon ni'r pedwar tymor o fewn un diwrnod – cawodydd wrth ddod mas o'r capel ond roedd hi'n braf fel diwrnod hir o Fedi pan aethon ni i'r Cliff ar gyfer y lluniau.

O'n i'n priodi ar ddydd Sadwrn ac ar y dydd Sul daeth rhieni Gareth lawr aton ni i'r ffarm. Roedd hynny'n hyfryd. Roedd amser i alw gyda Mam-gu a Dad-cu hefyd. Roedd Dad-cu Gareth yn sâl ar y pryd ac roedd e wedi methu dod i'r briodas ei hunan, ond fe alwon ni gyda fe ar y diwrnod a gwneud yn siŵr ein bod ni'n galw yn y dyddiau nesa.

Ro'n ni'n teimlo'r blinder ar ôl holl drefniadau'r briodas ac roedd hi'n hyfryd cael amser i ymlacio ac i ddarllen y cardiau ac agor yr anrhegion. Ar y dydd Mercher aethon ni i Antigua ar ein mis mêl. Roedd e'n trît go iawn – gwyliau yn yr haul a chyfle i ymlacio. Tasen ni'n mynd ar wyliau tebyg nawr fydden i ddim yn gwbod beth i'w wneud, a ninne'n gyfarwydd â bod yn rhieni i dri o blant! Ond roedd e'n berffaith.

Roedd Gareth a finne gyda'r cynta i briodi ymhlith ein criw ni. Dwi'n dal i wenu wrth feddwl am y cyfnod yma, roedd hi'n adeg braf a daeth llawer o bartïon plu a phriodasau i ddilyn. Erbyn i ni briodi roedd Elin a Gerallt wedi dyweddïo, ffrindie agos i ni'n dau, felly ro'n ni'n gwbod bod yna briodas arall i edrych mlân ati. Ro'n ni'n byw yn Grangetown o hyd ac er bod y ddau ohonon ni'n gytûn ein bod ni'n bendant eisie teulu, doedd e ddim yn rhywbeth ro'n ni eisie yn syth. Ro'n ni'n eitha ifanc yn priodi ac fe wnaethon ni benderfynu joio bywyd gynta, mynd ar wyliau i lefydd fel Barcelona a Nice a chael amser i ni'n hunain. Fuon ni'n ffodus iawn i gael tair blynedd i fwynhau a bod yn *ni* cyn y bennod nesa yn ein stori.

13

Chware plant

PAN O'N I yn y brifysgol ges i brofiad gwaith ar raglen *Planed Plant* yn Llanisien ac fe wnaeth hynny arwain at swydd yn y pen draw. O fewn y cwrs tair blynedd roedd modiwl Cymraeg yn y Gweithle, felly es i i *Planed Plant* – y rhaglen hon oedd y ddarpariaeth i bobol ifanc cyn *Stwnsh*. Ces i dridiau o brofiad gwaith ac mewn ffordd wnes i ddim edrych 'nôl. Roedd Rhydian Bowen Phillips yn gorffen fel cyflwynydd ac felly roedd swydd yn mynd. Tra 'mod i yno, fe ofynnwyd i fi, 'Oes diddordeb 'da ti?' Ges i bach o sioc ond o'n i'n meddwl, pam lai? Ac wedyn fe ges i brawf sgrin answyddogol.

Y plan rhwng Gareth a finne oedd 'mod i'n gweithio yng Nghaffi Beca ym mis Medi er mwyn clirio'r gorddrafft, mynd mas i Awstralia at Gareth ar ôl Nadolig, yna mynd 'nôl i Gaerdydd i geisio dod o hyd i swydd. Ond ar ôl i fi raddio ym mis Gorffennaf ges i gyfweliad yn syth gyda *Planed Plant*. Sdim byd 'da fi golli, feddylies i. Do'n i ddim yn disgwyl llawer. Felly 'nôl â fi i Gaerdydd, gyda Mam yn gyrru – am reswm da. Y penwythnos hwnnw, o'n i wedi bod yn joio gormod draw yn nhŷ Rhian. Roedd hi wedi bod yn benwythnos fawr ac roedd fy mhen i'n dal yn dost ar fore'r cyfweliad. Fe ofynnon nhw i fi ddyfeisio gêm ac fe

103

wnes i greu rhywbeth tebyg i 'Mwnsian Mefus Mari'. Roedd Alex Jones eisoes yn un o'r cyflwynwyr ac roedd rhaid i fi ei chyfweld hi – a rhoi ei phen mewn powlen o hufen. Mae hi wedi maddau i fi, diolch byth.

Roedd y brodyr Williams – Rhys, Iwan a Siôn – yn ffrindie mawr i'r teulu. Ro'n nhw'n byw ar ein pwys ni ym Mynachlog-ddu pan o'n ni'n blant. Buodd Rhys, sy'n gyfarwyddwr teledu nawr, yn dipyn o help i fi ac yn hael iawn ei gyngor. Ei gyngor gore oedd i fod yn fi.

'Paid dala 'nôl,' medde fe.

Dwi ddim yn meddwl 'mod i'n gyflwynydd teledu plant naturiol. Dwi'n cofio un o'r cynhyrchwyr yn dweud wrtha i 'mod i'n 'rhy neis' gyda'r plant. Falle bod hynny'n dod o fy magwraeth ysgol Sul. O'n i'n gwrtais iawn gyda'r plant, yn or-gwrtais. Pan dwi'n edrych 'nôl arna i fy hunan ar *Planed Plant* mae e braidd yn *cringe*. Ond dyna fy mhrofiad cynta o deledu byw.

Ges i alwad ffôn ar ôl y cyfweliad yn cynnig gwaith yn cyflwyno cwis gyda'r actor Gareth Jewell. Dim fi oedd cyflwynydd newydd *Planed Plant* felly. Ffilmes i'r cwis am ryw wythnos a dwi'n dyfalu nawr eu bod nhw'n fy nhreialu, heb yn wbod i fi. O'n i'n naïf iawn bryd hynny. Es i mas i Glwb Ifor Bach nos Sadwrn a bwrw mewn i Alun Williams.

'Hei, cyflwynydd newydd *Planed Plant!*' medde fe.

Edryches i arno fe'n od.

'Na, dwi jyst yn neud cwis.'

'Na, na, ti yw cyflwynydd newydd *Planed Plant*,' mynnodd e. O'n i'n methu credu'r peth – doedd neb wedi dweud dim byd.

Ces i'r alwad ffôn wedyn pan o'n i'n gweithio yng Nghaffi Beca i ddweud 'mod i wedi cael y swydd. Doedd dim rhif gyda'r alwad a gofynnodd Robert, 'Wyt ti'n mynd i ateb e?' Do'n i ddim yn lico ateb y ffôn, o'n i'n gweithio wedi'r cwbwl. Fe wnaeth yr Uwch-gynhyrchydd Angharad Garlick adael neges, felly wnes i ei ffonio hi'n ôl. O'n i'n gyffrous tu hwnt.

Symudes i'n ôl i Gaerdydd i stafell sbâr fy ffrindie ar Australia Road, oddi ar Whitchurch Road. Roedd Gareth wedi mynd i deithio erbyn hyn a finne fod i ymuno ag e ym mis Rhagfyr. Wrth i'r amser fynd mlân, roedd rhaid i fi dorri'r newyddion i'r cwmni teledu 'mod i wedi prynu'r tocyn teithio. Dwi ddim yn meddwl 'mod i wedi paratoi fy hunan ar gyfer eu hymateb nhw.

'Wel, dwyt ti'm yn cael mynd, Mari. Ni 'di cyflwyno ti fel cyflwynydd newydd *Planed Plant*, ti ar y sgrin, dyw hi ddim yn bosib i ti fynd.'

Roedd hynny'n anodd ar y pryd ond dwi ddim yn difaru aros i weithio. Fydden i ddim yn gwneud y swydd dwi'n ei gwneud nawr tasen i wedi dewis mynd i deithio. Roedd hi'n wers arall: mae bywyd yn llawn penderfyniadau anodd. O'n i'n joio yn y swydd newydd, ond doedd e ddim yn hawdd dweud wrth Gareth 'mod i ddim yn mynd mas ato. Chware teg, fe wnaethon nhw adael i fi gael rhyw bythefnos a hanner o wyliau. Fe wnes i newid y tocyn a gwthio'r gwyliau mlân, ac ym mis Chwefror ges i drip mas i Awstralia a Ffiji.

O'n i'n mwynhau bywyd fel cyflwynydd teledu plant. O'n i'n cael mynd i siopa am ddillad fel rhan o'r swydd ac roedd hyd yn oed y profiad braf hwnnw yn agoriad llygad. O'n i'n un oedd yn joio fy mwyd erioed. Do'n i ddim dros bwysau, ond o'n i'n ferch ffarm ac yn ffodus i ddod o gefndir lle roedd llenwi'r bol yn rhywbeth positif. 'Byt, Mari fach. Ma bola'n gefen,' fydde'n ddiarhebol yn tŷ ni. Ond wrth fynd i'r diwydiant teledu, o'n i'n ffeindio fy hunan yn ystyried y bydde'n rhaid i bethe newid, y bydde'n rhaid i fi fod yn fwy gofalus. Mae teledu'n gwneud i bobol ymddangos yn fwy o faint nad ydyn nhw mewn gwirionedd, mae hynny'n ffaith. Bydd pobol yn dweud, 'Jiw, ti 'di colli pwysau' pan maen nhw'n fy ngweld i yn y cnawd. Ond dwi ddim. Ry'n ni fenywod yn rhoi pwysau arnon ni'n hunain o ran edrychiad a delwedd. Mae'r straen yn waeth i ferched ifanc sy'n cymharu eu hunain â delweddau amhosib o berffeithrwydd ar wefannau cymdeithasol. Dwi'n hoffi meddwl 'mod i'n gymharol gall, ac er nad oedd neb yn dweud dim byd ar goedd wrth i fi ddechre ar fy ngyrfa fel cyflwynydd, o'n i'n synhwyro bod yna ddisgwyliad tawel i fi gadw at ddelwedd benodol.

Roedd yn gyfnod hapus iawn ac yn feithrinfa arbennig o ran cyflwyno teledu byw a dysgu sgiliau dwi'n eu defnyddio nawr. Does dim cymaint o feirniadu ym myd cyflwyno teledu plant ac felly roedd yn lle da i ddysgu fy nghrefft. Y peth pwysica oedd dysgu i fod yn naturiol, i fod yn fi. Weithie mae rhywun yn meddwl bod rhaid rhoi rhyw act mlân, ac mae deall mai'r gwrthwyneb sy'n wir wedi dod gydag amser. Dysges i hefyd i beidio â siarad lawr gyda phlant. O'n i i fod yr un peth â nhw. Yn hytrach na bod yn barchus ac yn ofalus, yn nawddoglyd hyd yn oed, roedd eisie bod bach mwy ffwrdd â hi. Roedd hynny'n anodd achos dim fel'na o'n i wedi cael fy magu.

Roedd cael mynd i Eisteddfod yr Urdd yn sgil y gwaith yn dipyn o uchafbwynt, yn enwedig i fi, sy'n dipyn o *geek* eisteddfodol! Roedd hi mor braf cael mynd mas o'r stiwdio a chwrdd â'r gynulleidfa. Roedd yn brofiad swreal yn fy eisteddfod gynta fel cyflwynydd *Planed Plant* yn Ninbych yn 2006 i weld plant yn aros i gael fy llofnod – dwi'n cofio teimlo'n eitha *chuffed* pryd 'ny.

Roedd *Planed Plant* yn fyw pum diwrnod yr wythnos, felly o'n i yn y stiwdio bron bob dydd ac yn cyflwyno tair

Chware plant

gwaith yr wythnos rhyngdda i a fy nghyd-gyflwynwyr, Alun Williams ac Alex Jones. Falle ei fod e'n swnio fel gwaith blinedig ond dwi wedi hen arfer. Teledu byw yw fy swyddfa i. Dwi wedi arfer â phacio bag gyda dillad gwaith. Mae'n rhan o 'mywyd i. Yna, o fewn dwy flynedd, daeth y swydd i ben. Roedd hynny'n *reality check* enfawr.

Roedd e'n gyfnod o ailstrwythuro, fel sy'n digwydd yn aml yn y diwydiant yma. Roedd *Planed Plant* wedi bod yn cael ei gynhyrchu yn Llanisien, cartref S4C, ond fe benderfynwyd na fydde hawl i wneud hynny bellach a bod rhaid i gwmni teledu annibynnol gymryd yr awenau cynhyrchu. Cwmni Boomerang enillodd y tendr ac, wrth gwrs, ro'n nhw'n awyddus i gyflwyno wynebau newydd.

Yn ystod y cyfnod hwn, pan oedd sôn am golli swyddi, o'n i bach yn naïf unwaith eto, yn meddwl, 'Fi yw'r ifanca, y dwetha mewn, dy'n nhw ddim yn mynd i gael fy ngwared i.' Ond mae ffordd arall o edrych ar hynny, sef fi oedd yr un newydd, y lleia profiadol. Pan ddaeth hi'n bryd i'r sgwrs i ddweud 'mod i'n colli fy swydd, fe wnes i lefen y glaw. O'n i'n 23 mlwydd oed a newydd brynu tŷ yng Nghaerdydd. Ges i banig! 'O god, dwi'n colli 'ngwaith, beth fi'n mynd i neud?' O'n i'n ypsét iawn. Yr unig gysur oedd 'mod i'n ddigon ifanc i ddechre o'r newydd. Ond dyna ddiwedd ar fy ngyrfa i yn y cyfryngau. Neu o leia dyna o'n i'n ofni. Gofynnodd yr Uwch-gynhyrchydd i fi,

'Ti 'di ystyried bod yn gynhyrchydd?'

I fi roedd hynny'n ffordd arall o ddweud ei bod hi ddim yn gweld dyfodol i fi fel cyflwynydd. Roedd honno'n ergyd.

Ond yr haf hwnnw yn 2007 ges i gyflwyno'r Sioe Amaethyddol yn Llanelwedd a'r Eisteddfod Genedlaethol yn Yr Wyddgrug gyda'r BBC. Ges i gyfweliad ynglŷn â chyflwyno o'r Eisteddfod Genedlaethol ac o'n i wrth fy modd – dwi'n caru'r Eisteddfod. Yna, glywes i eu bod nhw'n chwilio am rywun i gyflwyno o'r Sioe Frenhinol yn lle Daloni Metcalfe, oedd yn feichiog. Roedd Meirion Davies, comisiynydd yn S4C ar y pryd, yn ymwybodol o fy nghefndir amaethyddol ac fe fues i'n ffodus iawn i gael y cyfleoedd hyn. Ar y pryd dwi ddim yn meddwl 'mod i'n sylweddoli mor lwcus o'n i. Falle 'mod i'n cymryd y cyfleoedd yn ganiataol. Roedd yna awgrym 'mod i'n rhy ifanc i gyflwyno ond roedd yn gyfle perffaith ar yr amser iawn. Pan o'n i'n mynd i siarad gyda chwmnïau teledu o hynny mlân ro'n nhw wedi fy ngweld i'n cyflwyno yn y Sioe a'r Eisteddfod. Yn sicr, yn achos Tinopolis, roedd yn ddigon iddyn nhw feddwl y bydden i'n ffit da ar gyfer eu rhaglenni nhw.

Fe wnes i ymuno â chwmni recriwtio, a chysylltu gyda llawer o gwmnïau teledu i ddweud 'mod i'n colli fy swydd ac yn chwilio am waith. Fe es i lan i'r gogledd i weld Cwmni Da a lawr i Lanelli i weld criw Tinopolis. Yno, ges i sgwrs ag Angharad Mair a Catrin Evans a chael cynnig cytundeb chwe mis fel gohebydd ar *Heno*, yn ystod cyfnod mamolaeth Heledd Cynwal, dwi'n credu. Roedd yn dipyn o ryddhad i feddwl 'mod i ddim yn colli fy ngwaith.

Fe ofynnes i i S4C a fydden i'n cael gorffen wythnos yn gynnar gyda *Planed Plant* am fod Tinopolis yn awyddus i fi ddechre. Yna, fe ddigwyddodd rhywbeth hollol annisgwyl. Fe wnaethon *nhw* gynnig swydd i fi hefyd... rhywbeth oedd ddim wedi croesi fy meddwl. Ro'n nhw eisie i fi gyflwyno'r tywydd. Roedd sawl cwmni teledu wedi gwneud cais am dendr newydd y tywydd ac roedd fy enw i ar sawl un o'r ceisiadau. Roedd yn dair blynedd o gytundeb yng Nghaerdydd o'i gymharu â chwe mis yn Llanelli. Dewises i swydd y tywydd a dwi ddim yn difaru, mae'n rhaid i fi ddweud.

Chware plant

Ar y pryd, roedd sawl un yn cwestiynu fy mhenderfyniad.

'Ti'n mynd i fod yn gyflwynydd *beth?*'

Ond, yn bendant dyna'r penderfyniad iawn o gofio 'mod i hefyd wedi prynu tŷ yng Nghaerdydd. Wnes i ddim astudio TGAU Daearyddiaeth, felly roedd y ffaith 'mod i'n mentro i'r byd newydd hwn yn bach o jôc yn tŷ ni – a gyda fy athro Daearyddiaeth, Mike Davies. Roedd Elin, fy chwaer wedi gwneud gradd mewn Daearyddiaeth! Ond o'n i'n gyffrous am y cyfle i ddysgu rhywbeth newydd.

Fe ddigwyddodd hyn yn y cyfnod pan oedd y Sianel yn dathlu ei phen-blwydd yn 25 oed ac fe ges i gyflwyno ar y diwrnod hwnnw. Ond er y dathlu, roedd e'n ddiwrnod anodd iawn. Roedd un o gewri Cymru, y chwaraewr rygbi Ray Gravell, wedi marw y noson cynt ac fe daflodd hynny gysgod dros y cyfnod. Dwi'n cofio dihuno'n gynnar, y newydd trist am Ray yn drwch, a chael fy rhybuddio i fod yn barod. Does dim dwywaith 'mod i'n nerfus wrth fynd i mewn i stiwdio HTV yng Nghroes Cwrlwys i gyflwyno'r tywydd am y tro cynta. O gyfnod ansicr fe ges i fy nghipio a fy ngharIo gan y don nesa yn cyflwyno'r tywydd gydag Erin Roberts a Chris Jones. Ro'n ni'n tri am fod yn cyflwyno hyd at chwe bwletin tywydd yn ddyddiol, trwy gydol yr wythnos. Roedd diwyg newydd i'r bwletinau ac o'n i'n ymwybodol o ddatblygiadau technolegol newydd yn gynnar yn 2008, gan gynnwys derbyn y rhagolygon trwy ffôn symudol ac ehangu gwasanaeth y tywydd ar-lein, y bydde'r gwasanaeth yn fwy effeithiol nag erioed.

Yn 2010 fe symudodd cytundeb darllen rhagolygon y tywydd i gwmni Tinopolis yn Llanelli ac fel rhywun oedd eisie symud 'nôl tua'r gorllewin o'n i'n eitha balch o'r newid! Yn 2011 fe benderfynodd Elinor Jones ymddeol ac fe ges i gynnig i gyflwyno *Prynhawn Da*. O'n i wrth fy modd, er 'mod i'n nerfus iawn yn cyflwyno fy rhaglen gyntaf – dwi'n cofio 'mod i'n gwisgo ffrog las! Felly yn ystod y cyfnod yna o'n i'n gwneud ambell shifft yn cyflwyno'r tywydd ac yna ambell un yn stiwdio *Prynhawn Da*. Roedd yr amrywiaeth yn hyfryd ac o'n i'n cael cyfle i fi ddangos mwy o fy mhersonoliaeth ar raglen fyw fel *Prynhawn Da*.

Yna yn 2012 fe ddaeth rhaglen *Wedi 7* i ben ac fe atgyfodwyd *Heno*. Ges i gynnig i fod yn rhan o'r tîm cyflwyno newydd, ochr yn ochr â Rhodri Owen, Emma Walford a Rhodri Ogwen. Fel sy'n digwydd gyda chyflwynwyr, fe fuodd yna ychydig o newid 'nôl a mlân, ond ar y cyfan dwi wedi bod yn rhan o dîm cyflwyno *Heno* a *Prynhawn Da* ers 2011.

14

Teulu bach

ERBYN 2013 O'N i'n disgwyl Steffan ac fe benderfynodd Gareth a finne symud 'nôl i'r gorllewin i fyw ac i fagu teulu. O'n i wedi bod yn teithio'n ôl a mlân o Gaerdydd i Lanelli o 2010 i 2013 ac felly, o ran fy ngwaith i, roedd e'n gwneud synnwyr i symud i Gaerfyrddin, yn agosach at stiwdio Tinopolis. Roedd Gareth yn dal i weithio yng Nghaerdydd ac fe wnaeth e barhau i wneud hynny am gyfnod. Roedd e'n golygu tipyn o deithio iddo fe ond ei agwedd oedd, 'Wel, wyt ti 'di neud e, Mari, felly fy nhro i yw hi nawr'.

Ro'n ni wedi bod yn meddwl ers sbel am ddychwelyd i'r gorllewin i fyw. Felly, pan ddechreuon ni'r broses o edrych ar dai do'n i ddim yn disgwyl, a phan gwmpes i'n feichiog yn Chwefror 2013 roedd bach mwy o bwysau o ran amser. Roedd y babi'n dod ym mis Hydref ac roedd angen tŷ arnon ni! Wrth gwrs, ro'n ni'n dau'n nabod ardal Caerfyrddin yn dda, ond ro'n ni'n chwilio am dŷ oedd yn weddol barod i fyw ynddo fe. Do'n ni ddim yn awyddus i wneud gwaith adeiladu mawr na thynnu walydd. Dreulion ni gwpwl o ddyddiau yn gweld gwahanol dai ac erbyn mis Ebrill ro'n ni wedi dewis un yn Llangynnwr.

Ro'n ni'n ffodus i allu cadw'r tŷ yng Nghaerdydd ac felly

ro'n ni'n gallu osgoi'r broses werthu, gallu parhau i fyw yn y ddinas a theithio i'r gorllewin ar y penwythnos i ail-wneud y tŷ newydd. Fe fu tipyn o fynd 'nôl a mlân am gyfnod, yn cysgu ar *airbed* yn Llangynnwr, ond fuon ni'n lwcus iawn o rieni Gareth fuodd yn helpu ni i beintio a chael trefn ar y lle. Fe wnaethon ni dipyn o waith i gyd: roedd angen cegin a stafelloedd molchi newydd. Fe wnaeth Siôn, yr ail was priodas a ffrind gore Gareth, osod y gegin – ni'n lwcus iawn i gael ffrindie sy'n grefftwyr da. Gafon ni addewid bydden ni'n cael un stafell molchi yn barod cyn i'r babi gyrraedd ond chware teg fe lwyddon ni i gael y ddwy wedi eu gwneud. Roedd y ffaith bod babi ar y ffordd yn help i roi bach o bwysau ar bobol i orffen erbyn dyddiad penodol!

Erbyn dechre Hydref ro'n ni'n barod i symud mewn, er bod Gareth yn dal wrthi'n peintio'r cyntedd wythnos neu ddwy cyn i Steffan gael ei eni, a finne'n methu helpu, yn dod 'nôl o'r gwaith wedi blino'n lân ac yn mynd yn syth i'r gwely i gael cysgad fach. Dwi'n falch i ddweud y daeth pethe i fwcwl cyn i Steffan gyrraedd wythnos yn hwyr, ar y cyntaf o Dachwedd. Dwi'n ystyried i fi fod yn lwcus iawn, mae'r broses eni wedi bod yn gymharol rwydd bob tro. Gyda'r babi cynta, does dim angen gadael i neb wbod pan mae'r poenau geni'n dechre, achos does dim angen help i ofalu am frawd neu chwaer fach. Felly, fe gafodd pawb syrpréis pan ffonon ni i ddweud y newyddion. O'n i'n hwyr ac mi oedd yna ddisgwyl mawr wrth y teulu a llawer o holi pryd oedd y babi'n dod. Yn sydyn reit, ro'n ni'n gallu ffonio yn y bore i ddweud ein bod ni yn Ysbyty Glangwili a bod bachgen bach wedi cyrraedd yn saff.

Roedd y profiad cynta o eni yn fyd newydd. Dwi'n cofio dihuno un bore a theimlo'r poenau. Fuodd Gareth a finne'n Gwglo achos doedd dim cliw gyda ni beth oedd yn digwydd. Ai *contraction* yw hwn? Faint o'r gloch yw hi nawr? Faint sydd ers y *contraction* diwetha? Y cyngor ges i pan ffones i'r ysbyty gynta oedd i gael bath a chymryd parasetamol.

Es i mewn i Glangwili heb fy mag dros nos achos o'n i wedi clywed cymaint o straeon am bobol yn mynd i'r ysbyty ac yn cael eu hala getre. O'n i'n go siŵr y bydden i'n un o'r rheini. Dwi'n cofio un o'r bydwragedd yn gofyn,

'Ble mae dy fag di, 'te?'

A finne'n ateb, 'O, ma fe yn y car.'

'Ti'm yn meddwl bod ti'n cael babi heddi?' gofynnodd hi.

'Na, o'n i'n meddwl bod chi'n mynd i hala fi getre. 'Na beth fi 'di gweld ar y teledu,' atebes i'n cŵl, fel tase trwy'r dydd gyda ni.

Ddwedodd hi, 'Cer i nôl e!'

Aeth Gareth mas i'r car i nôl y bag. Roedd hi'n sefyllfa ddoniol! O'n i'n lwcus, erbyn i fi gyrraedd y ward o'n i'n barod i wthio ac off â ni.

Achos mai fe oedd y babi cynta roedd rhaid i fi a Steffan aros yn yr ysbyty dros nos. Fe ddaeth Mam a Dad, Elin fy chwaer a rheini Gareth lan i'r ysbyty i'w weld e. (Roedd Lisa, fy chwaer fach, mas yn Awstralia ar y pryd.) Steffan oedd ŵyr bach cynta ein teulu ni a theulu Gareth, felly roedd yna gyffro mawr. Cafodd Steffan lawer iawn o sylw, llawer o anrhegion a llawer o gwtshys.

Do, fe wnaeth Steffan newid ein bywydau, ond achos ein bod ni wedi symud o Gaerdydd roedd ein bywyd wedi newid yn barod. Yng Nghaerdydd roedd criw da o ffrindie o'n cwmpas ni ac roedd ein bywyd cymdeithasol yn fywiog iawn. Roedd ein ffrindie ni i gyd, bron, fel tasen nhw yn yr un man â ni yn nhaith eu bywydau: yn sefydlog o ran partner, wedi priodi, a dim plant. O'n i'n aelod o Gôrdydd hefyd ac yn cael nifer o gyfleoedd trwy'r côr. Roedd ffrindie Gareth a finne i gyd yn byw yn gymharol agos i ni, ac felly fe fydden ni'n gallu neidio yn y tacsi a bant â ni. Roedd cymdeithasu'n rhwydd iawn am flynyddoedd. Ond pan symudon ni'n ôl i'r gorllewin o'n i'n gwbod y bydde bywyd yn newid ac ro'n ni'n dau'n barod am hynny.

Wedi dweud hyn, o'n i'n dal i ddyheu am gael ambell noson mas ar ôl i Steffan gael ei eni. Wrth edrych 'nôl nawr, dyna'r peth lleia ddylen i fod wedi bod yn meddwl amdano. Ond ar y pryd, o'n i'n treial dal mlân i fy ieuenctid ffôl. Ro'n ni'n dau'n meddwl ein bod ni'n ifanc o hyd a'n bod ni eisie mynd mas i enjoio. Roedd fy rhieni i'n meddwl mai getre oedd ein lle ni nawr bod babi gyda ni, ond ro'n ni'n benderfynol bod modd gwneud popeth. Dwi'n credu ein bod ni'n perthyn i'r genhedlaeth oedd yn credu na fydde babi'n mynd i'n newid ni. Ond, mewn gwirionedd, wrth gwrs ei fod e'n newid eich bywyd chi! Yn amlwg, doedd dim pob un ymhlith ein ffrindie yn ardal Caerfyrddin yn rhieni, ac roedd rhai cyplau'n fwy rhydd i fynd mas fel ro'n nhw'n mynnu. Bydden i a Gareth yn cael ambell wahoddiad ac yn dyheu i fynd, ond yn gwbod hefyd y bydde angen rhywun i warchod arnon ni. Yn y cyfnod cynta ar ôl geni Steffan ro'n ni'n treial sefydlu patrwm cwsg ac wrth gwrs doedd hi ddim yn bosib aros yn y gwely y bore ar ôl y noson gynt!

O'n i'n bwydo o'r fron hefyd ac roedd hynny'n ddigon heriol, sy'n eironig wrth feddwl am yr hyn dwi wedi bod trwyddo yn y blynyddoedd diwetha. Mae 'na sôn y gall bwydo o'r fron eich amddiffyn rhag salwch difrifol, gan gynnwys canser y fron, ond wnes i fwydo'n tri bach ni o'r fron. Roedd gan Steffan *tongue-tie*, ond do'n ni ddim yn gwbod hynny pan ddaethon ni mas o'r ysbyty. Do'n ni ddim yn gyfarwydd â'r cyflwr, ond mae'n golygu bod yna disw yn clymu ei dafod gyda gwaelod ei geg. Hyd yn oed ar ôl ei gywiro, o'n i'n gwbod bod rhywbeth ddim yn iawn wrth i fi ei fwydo, ond o'n i'n godde gan feddwl mai fel hyn oedd hi. Fe gafodd Mam lid yn y fron, *mastitis*, pan oedd hi'n fy mwydo i fel babi a, diolch byth, fe sylwodd hi ar lwmpyn wrth fy ngwylio i'n bwydo un diwrnod. Fe wnaeth hi fy nghynghori i fynd at y doctor a gofyn am antibiotics a dwi'n falch i fi wneud. Doedd bwydo o'r fron ddim yn rhwydd, mae'n rhaid i fi gyfadde ond fe wnes i gario mlân ac fe ddaeth e'n rhwyddach. Unwaith gliciodd pethe, roedd e'r peth gore erioed.

Daeth Tomos i'r byd lai na dwy flynedd a phedwar mis ar ôl ei frawd, yn Chwefror 2016. Mae'n wir i ddweud bod yr ail fabi wedi dod yn gynt nag oedd Gareth a finne wedi meddwl, ond ro'n ni wrth ein boddau pan ddaeth Tomos, bachgen bach arall i lonni'n byd ni, ac mae maint y bwlch sydd rhwng y ddau frawd yn siwto i'r dim. Fel y bydd mamau eraill yn gallu tystio, roedd bod yn feichiog yn brofiad gwahanol iawn yr eilwaith. O'n i'n gweithio ac roedd un plentyn bach getre yn barod, wrth gwrs, felly doedd dim cymaint o amser i ymlacio – ac roedd Tomos yn fabi mawr 9 pwys 10 owns. Roedd fy haearn i'n isel wrth ei gario am fod mwy o straen ar y corff, ond roedd yr enedigaeth ei hunan yn rhwydd iawn. Es i mewn i'r ysbyty yn y bore a dim ond ei gwneud hi mewn ffordd. Lwcus ein bod ni'n byw'n agos!

Fe ges i lid yn y fron wrth fwydo'r tri plentyn ac roedd 'na gyfnodau pan o'n i'n pendroni a o'n i'n gwneud y peth iawn. Do'n i ddim yn siŵr ai blinder achos diffyg cwsg oedd yn gyfrifol am y ffordd o'n i'n teimlo neu oedd yna rywbeth arall? Falle fod rhywbeth yn bod yr adeg hynny hyd yn oed. Wrth edrych 'nôl dwi'n holi fy hunan a ddylen i fod wedi cael cyngor a gofyn am archwiliad manwl? Ac eto, fe wnaeth Mam ddiodde'n waeth na fi gyda llid y fron. O'n i'n lwcus yn yr ystyr 'mod i'n gallu nabod y symptomau ac felly'n gallu delio ag e'n gyflym.

Fe gollodd Gareth a finne fabi bach yn 2019. Dyw hyn ddim yn rhywbeth dwi wedi ei drafod yn gyhoeddus o'r blân. Es i i ddisgwyl, ond bu'n rhaid i ni derfynu'r beichiogrwydd. Roedd hwn yn gyfnod anodd iawn. Dwi wedi dweud erioed 'mod i eisie tri o blant – dwi'n un o dair fy hunan ac o'n i eisie trydydd plentyn. Felly, ro'n ni'n dau'n hapus iawn i ddeall 'mod i'n disgwyl eto, ac yn y sgan deuddeg wythnos fe gafon ni wbod bod popeth yn iawn. Ond pan aethon ni'n ôl i'r ysbyty ar gyfer y sgan ugain wythnos doedd pethe ddim yn iawn.

Doedd y meddygon ddim yn hapus gyda mesuriadau'r ffetws yn ystod y sgan, ac fe ofynnwyd i ni ddod 'nôl yr wythnos ganlynol er mwyn iddyn nhw allu ailwirio'r mesuriadau. Fe gafon ni dipyn o sioc o gofio bod y ddau fabi arall wedi dod yn rhwydd ac yn naturiol. Pan aethon ni'n ôl i'r ysbyty fe gafon ni wbod bod y *femurs*, esgyrn y clun, ddim fel tasen nhw'n tyfu ac y bydde angen i ni fynd i Gaerdydd i fi gael archwiliad pellach. Ar ben hynny roedd amheuaeth bod y galon ddim wedi ffurfio'n iawn. Roedd y cyfan yn dipyn o sioc ac yn ergyd i ni'n dau.

Trwy lwc, fe gafon ni ddyddiad yn gymharol gyflym i fynd i Ysbyty Bwrdd Iechyd Prifysgol Caerdydd a'r Fro. Roedd angen dau apwyntiad gwahanol – un i weld arbenigwyr ar y galon a'r llall yn Uned Meddygaeth y Ffetws. Roedd y ddau apwyntiad ar ddiwrnodau ar wahân. Fe welon ni arbenigwr y galon yn gynta a chael newyddion cadarnhaol. Roedd pethe'n iawn, ond unwaith i'r babi gael ei eni bydde angen mynd ag e i Fryste i gael llawdriniaeth. Ro'n ni'n teimlo'n obeithiol wrth edrych mlân i'r archwiliad nesa. Ond, y diwrnod canlynol, do'n nhw ddim mor gadarnhaol yn yr Uned Meddygaeth y Ffetws. Ar ôl i fi gael y sgan fe ddaeth yr arbenigwr, Dr Bryan Beattie, â'r canlyniadau. Fe ddechreuodd Dr Beattie eu rhestru nhw, ac roedd yna broblemau di-ri, ond yna fe oedodd a dweud, 'I'm not going to go on.' Ro'n nhw eisie i fi gael *amniocentesis* ac fe fydde'n rhaid i ni aros am ganlyniad hwnnw. Felly, es i'n ôl i'r gwaith yn syth a chario mlân.

Roedd hi'n dymor yr haf ac roedd Sir Benfro'n noddi'r Sioe Frenhinol yn 2019. O'n i fod i ganu ym Moliant y Maes ac o'n i'n cyflwyno *Heno* o'r Sioe. Roedd e'n gyfnod prysur tu hwnt. Doedd e ddim yn amlwg iawn 'mod i'n feichiog ac felly doedd dim llawer o bobol yn gwbod. Ymhlith y rhai oedd yn gwbod oedd Mam a Dad a dwi'n eu cofio nhw'n gofyn beth o'n i'n bwriadu ei wneud ynglŷn â'r Sioe.

'Ti'n aros getre, Mari fach? Does dim pwyse, cofia.'

Ond do'n i ddim yn gweld pwrpas mewn eistedd getre yn pendroni, yn gwylio'r Sioe ar y teledu ac yn ysu i fod yno. Felly, fe benderfynon ni fynd i'r Sioe yn y garafán fel teulu a chario mlân yn ôl yr arfer. O'n i'n gwbod y bydde rhai pobol yno y bydden i'n gallu dweud y newyddion wrthyn nhw ac fe fydde hynny'n rhywfaint o ryddhad.

O'n i'n paratoi i gyflwyno *Heno* yn fyw o'r Sioe ar y dydd Mawrth pan ges i'r alwad ffôn gyda chanlyniad yr *amniocentesis*.

'We've got your results. It's Triploidy,' meddai'r arbenigwr.

'What does that mean?' gofynnes i.

Daeth yr ateb, 'Incompatible with life.'

Fe ges i'r deiagnosis rhwng 5.30 a 6 o'r gloch ac o'n i'n cyflwyno *Heno* yn fyw am 7. Roedd y cynhyrchydd, Beth Wyn, gyda fi – hi sydd wedi bod yn cynhyrchu'r rhaglen ddogfen mae S4C yn ei ffilmio amdana i – ac roedd hi'n ofalus iawn ohona i.

'Wyt ti'n iawn? Wyt ti moyn cario mlaen?' gofynnodd hi.

'Ydw, ydw, ydw,' atebes i.

Eto, roedd rhaid i'r sioe fynd yn ei blân. Fe roies i fy newyddion personol i gefn fy meddwl a chyflwyno *Heno* fel tase dim byd yn bod.

Roedd yr *amniocentesis* yn dangos bod gan y babi Triploidy Syndrome, sy'n gyflwr prin iawn ac yn effeithio ar 1–3% o bob beichiogrwydd. Doedd Gareth a finne erioed wedi clywed amdano, ond mae'n golygu bod cromosomau triphlyg gan y babi. Roedd un ai Gareth neu finne wedi rhoi dwywaith y nifer o gromosomau arferol i'r babi. Felly, roedd gan y ffetws 69 o gromosonau yn hytrach na 46. Mae'n digwydd ar hap a dyw e ddim yn gysylltiedig ag oed y rhieni.

Er ei fod yn siom enfawr, ro'n ni'n dau'n gymharol bragmataidd, fel y'n ni wedi bod yn ystod fy siwrne ganser i. Do'n i ddim mor fawr ag oedden i wrth gario'r bechgyn ac wrth edrych 'nôl falle y dylen i fod wedi cwestiynu pam do'n i ddim yn tyfu cymaint gyda babi rhif 3. Ein hagwedd ni ar ôl cael y canlyniadau oedd mai dyma ffordd natur o ddelio â phethe. Doedd e ddim i fod. Dwi ddim am danseilio profiad unrhyw un arall wrth ddweud hynny, achos mae pob un yn delio â'r profiadau hyn yn eu ffordd eu hunain. O'n i'n lwcus, mae Gareth a fi'n debyg iawn o ran ein hagwedd a'n meddylfryd.

Wedi dweud hynny, roedd e'n amser anodd. Ond roedd y ddau ohonon ni'n ymwybodol bod gyda ni ddau fachgen iach, felly ro'n ni'n canolbwyntio ar yr hyn oedd gyda ni ac yn gwerthfawrogi bod yn rhieni i Steffan a Tomos. Fe fydde'r sefyllfa wedi bod yn wahanol iawn os mai hwn oedd ein babi cynta. Ro'n ni wedi cael newyddion drwg, oedden, ond roedd gyda ni dŷ llawn, a dau fachgen bach iach a hapus. Mewn ffordd, o'n ni ffaelu bod yn drist. Gan fwya, mae mamau sy'n cario ffetws â Triploidy yn colli'r babi achos cymhlethdodau sy'n dod yn sgil y cyflwr. Ond ddigwyddodd hynny ddim yn fy achos i. Falle ei fod e'n nodweddiadol o fy nghorff i 'mod i unwaith eto'n rhoi cartre i bethe sydd ddim i fod y tu mewn i fi.

Yn amlwg, roedd yna ddagrau a sgyrsiau anodd. Ond fe wnaethon nhw awgrymu i ni yn yr ysbyty yng Nghaerdydd mai terfynu'r beichiogrwydd fydde'r peth gore i'w wneud. Roedd dau ddewis. Fe allen i eni'r babi, gan wbod y bydden ni'n ei golli yn ystod y misoedd cynta – mae'r babi hynaf sydd â Triploidy ond wedi byw i fod yn 10 mis oed. Oedden ni'n cyflwyno plentyn bach i fywyd Steffan a Tomos a nhwythau wedyn yn gorfod ffarwelio gyda fe neu hi? Neu oedden ni'n derbyn y sefyllfa ac yn gwneud rhywbeth yn ei gylch yn syth? Roedd y bechgyn yn gwbod bod babi ar y ffordd, felly roedd rhaid i ni ddweud y gwir wrthyn nhw a dwi'n dal i gredu ein bod ni wedi gwneud y peth iawn o ran hynny.

Hyd yn oed wrth gyflwyno *Heno* o'r Sioe y noson honno, o'n i'n gwbod ym mêr fy esgyrn beth oedd o 'mlân i. Roedd y deiagnosis 'Incompatible with life' yn bendant, yn hytrach na deiagnosis lle roedd elfen o ansicrwydd ac o drosglwyddo'r penderfyniad i'r rhieni. Ar ddydd Iau y Sioe, fe aethon ni'n ôl i'r ysbyty yng Nghaerdydd ac fe ges i chwistrelliad fydde'n dechre'r broses o derfynu'r beichiogrwydd. Yna, fe es i Ysbyty Glangwili ar y penwythnos i eni'r babi. Achos bod geni Steffan a Tomos mor rhwydd, roedd y profiad hwn yn waeth. O'n i'n feichiog ers 22 wythnos ac roedd rhaid iddyn nhw ddechre'r enedigaeth gyda meddyginiaeth. Yn amlwg, doedd y corff ddim yn barod i waredu babi. Es i mewn ar y dydd Sadwrn ond wnes i ddim geni nes y dydd Sul. Dreulies i sawl awr yn mynd trwy boenau genedigaeth. Fuodd Gareth a finne'n chware cardiau i dreial tynnu fy meddwl oddi ar y boen ac i basio'r amser. Ges i fy indiwsio i dreial cael pethe i symud. Doedd e ddim yn brofiad dymunol o gwbwl, ond, yn sydyn reit, fe ddaeth y babi.

Fe gafon ni weld y babi bach ac fe wnaethon nhw ddweud mai merch fach oedd hi. O'n i mewn sioc.

'O't ti wedi mynd i ryw *zone*,' meddai Gareth wrth i ni drafod yn ddiweddarach.

Unwaith daeth y babi mas fe wnaeth fy nghorff a fy meddwl gau lawr. O'n i wedi bod lan trwy'r nos gyda phoenau geni ac o'n i'n barod i gysgu. Ar ôl geni, o'n i mewn rhyw banig. Beth oedd wedi digwydd i fi? Pan oedd Steffan yn fach, roedd Alys yn enw fuon ni'n ei ystyried tase'r babi nesa yn ferch, ac yna daeth Tomos, wrth gwrs. Er ein bod ni ddim wedi cofrestru ei genedigaeth yn swyddogol, fe wnaethon ni alw'r babi bach yn Alys. Hyd heddiw mae Steffan dal yn sôn weithie am y babi oedd fod i gyrraedd ar yr 16eg o Dachwedd.

Ar ôl dod getre o'r ysbyty, fe wnes i ymdrech i orffwys. Roedd Eisteddfod Genedlaethol Llanrwst ar y gorwel mewn pythefnos. Ges i bythefnos i ffwrdd o'r gwaith i wella ac i gryfhau. O'n i wedi trefnu i aros ar y Maes Carafanau yn Llanrwst gyda ffrindie ac fe benderfynon ni fynd o ganol yr wythnos mlân. O'n i'n teimlo 'mod i wedi dechre dod dros y sioc a'r siom erbyn hynny. Roedd y tywydd yn ofnadwy yn Eisteddfod Llanrwst a'r tywydd gwlypaf tua diwedd yr wythnos. Bu'n rhaid i'r gìg ola, sef Dafydd Iwan, symud o Lwyfan y Maes i'r Pafiliwn achos y glaw ac fe aeth rhai o'n ffrindie ni getre. Fe benderfynon ni aros achos mai hwn oedd ein gwyliau ni. Ro'n ni wedi benthyg carafán bach 2 *berth* fy chwaer ac mae gyda fi atgofion melys o'r pedwar ohonon ni'n cwtsho ac yn gwylio'r teledu. Falle ei fod e'n nodweddiadol ohona i a Gareth i gario mlân gyda'n cynlluniau, beth bynnag ddaw.

15

Tŷ pishi

ROEDD HWN HEFYD yn gyfnod pan wnaethon ni symud tŷ eto. Fe symudon ni i'r hen ficerdy rhwng Bancyfelin a Sanclêr ym mis Mehefin 2019, ar adeg pan oedd fawr neb yn gwbod 'mod i'n disgwyl. Mae'r ficerdy yn dŷ mwy o faint na'r un yn Llangynnwr ac mae ychydig bach o dir ynghlwm, sy'n braf i fagu teulu. Am ryw reswm roedd Dad wastad yn dweud wrtha i, 'Wy'n gallu dy weld di, Mari, mewn rhyw hen ficerdy.' Fe ddaeth ei broffwydoliaeth yn wir.

Buon ni'n lwcus wrth brynu a gwerthu. Roedd fy ffrind, Sioned, yn nabod cwpwl oedd yn symud o Gaerdydd i Gaerfyrddin ac yn chwilio am dŷ. Roedd y gŵr wedi cael gwaith yn Tinopolis a phan ddaethon nhw i weld ein tŷ ni fe sonion nhw am y Ficerdy wrth ochrau Sanclêr oedd ar werth ers blwyddyn. Roedd y cyn-berchnogion wedi dod â'r tŷ i safon arbennig ac ry'n ni wedi gwneud ambell beth ers symud, ond mae'r salwch wedi cymryd drosodd. Dwi'n cwestiynu pethe wrth feddwl am adnewyddu'r tŷ nawr. Oes angen cegin neu stafell folchi newydd? Ydw i'n gwario arian ar y tŷ a finne ddim yn gwbod pa mor hir fydda i'n byw ynddo, neu a fydde fe'n well gwario'r arian ar wyliau a chreu atgofion i'r plant? Beth maen nhw'n mynd i'w gofio?

Mae hynny'n chware ar fy meddwl i'n gyson. Oes, mae pethe sydd angen eu gwneud yma, ond beth sydd bwysica i'r plant? Ydyn nhw'n mynd i gofio, 'O, oedd cegin neis yn tŷ ni' neu, 'O, aethon ni ar wyliau, gafon ni amser da gyda Mam'? Pa un o'r rheini sy'n bwysig mewn gwirionedd?

Es i ddisgwyl eto yn Ionawr 2020. O'n i'n benderfynol 'mod i ddim eisie i'r trydydd fod yr enedigaeth ola. Fe allen ni fod wedi cwestiynu ein penderfyniad. Roedd dau blentyn iach gyda ni – fydde hi'n well gadael pethe fel oedden nhw? Roedd honno'n drafodaeth hir. Ond doedd y profiad diwetha o eni ddim yn un positif, yn anffodus, a do'n i ddim eisie i hwnnw fod yr hyn o'n i'n ei gofio am eni plant. Felly, fe benderfynon ni fentro arni unwaith eto.

Fe wnaethon nhw awgrymu yn Ysbyty Bwrdd Iechyd Prifysgol Caerdydd a'r Fro fy mod i'n cael prawf yn gynt na'r arfer er mwyn tawelu'r ofnau. Fe ges i fy rhybuddio y bydde'r beichiogrwydd yma'n wahanol iawn, ar ôl beth oedd wedi digwydd i fi. Yr awgrym oedd y bydde hi'n anoddach i fi ymlacio y tro hwn. O'n i wedi dechre pendroni a o'n i'n gallu cario merched. Yn rhyfedd, rydyn ni'n dair o ferched yn fy nheulu i. Ond dau o fechgyn oedd gyda Gareth a finne, ac roedd Lisa, fy chwaer, wedi cael crwt bach o'r enw James. Falle ein bod ni ddim yn gallu cario merched?

Fe ges i'r prawf i weld sut oedd y babi'n ffurfio ac, yn ffodus, roedd pethe'n iawn y tro hwn. Roedd y prawf cynnar yn dangos rhyw'r babi, ond fe wnaethon ni benderfynu peidio cael gwbod. A dweud y gwir, o'n i'n tybio 'mod i'n cario bachgen arall ac ro'n ni'n dau'n hapus am hynny – er i sawl un fy holi os o'n ni'n gobeithio am ferch fach y tro hyn! Aeth y beichiogrwydd yn iawn, o'n i'n cario'n eitha tebyg i'r ffordd o'n i wedi cario Steffan a Tomos.

Yn ystod y beichiogrwydd yma fe fu'n rhaid i fi fynd am sgan ar fy mhen fy hunan achos rheolau Covid. Fe wnaeth hynny amharu'n negyddol arna i'n feddyliol, wrth gofio beth oedd digwydd wrth gael y sgan ugain wythnos diwetha a'r newyddion gwael ro'n ni wedi ei dderbyn. Roedd y *sonographer* yn dod o Awstralia yn wreiddiol ac roedd hi dipyn bach yn *scatty*. Roedd yna awydd cryf yndda i wbod bod popeth yn iawn ond roedd hi'n methu cadarnhau hynny achos ei bod hi ddim yn deall y peiriannau gant y cant. O'n i'n desbret am newydd da ac fe wnes i bledio gyda hi, 'Please can you tell me everything is going to be OK, my last experience wasn't.'

'Oh, I'm sure there'll be other scans,' meddai hi'n eitha fflipant.

Ar ei dyddiad geni penodedig, yr 16eg o Fedi, fe ddaeth Hanna Medi i'r byd ac mae meddwl am hynny'n dal i roi gwên fawr ar fy wyneb.

Dim ond cyrraedd yr ysbyty mewn pryd wnaethon ni gyda Hanna hefyd. Roedd hi'n *touch and go*! Y bore hwnnw o'n i'n gwbod bod y babi ar ei ffordd ac fe fuon ni'n trafod beth i'w wneud o ran mynd â'r bechgyn i'r ysgol. Fe holodd Steffan, 'Ti'n iawn, Mam?'

'Ydw, ydw,' atebes i gan guddio'r ffaith bod y poenau geni wedi hen gychwyn.

'Mae'n Medi un deg chwech heddi, on'd yw hi? Ydy'r babi'n dod heddi, Mam?' gofynnodd e.

'Na!' medde fi, mor cŵl ag y gallen i, dan yr amgylchiadau. O'n i'n gwbod yn iawn, ond o'n i eisie iddyn nhw fynd i'r ysgol.

'Ddylen ni alw dy fam?' holodd Gareth, gan weld 'mod i mewn poen, ond o'n i'n benderfynol.

'I beth? Sdim point iddi ddod lan am ryw ddeg munud i fynd â'r bois i'r ysgol. Drïwn ni ddi.'

Ar y ffordd i'r ysbyty roedd car heddlu *undercover* yn mynd o'n blaenau ni wrth i ni fynd mewn i dref

123

Caerfyrddin. Roedd Gareth yn treial tynnu ei droed oddi ar y pedal achos doedd e ddim eisie cael ei ddal gan yr heddlu. Doedd dim amser! Ond fe wnaeth hynny ein dal ni'n ôl ymhellach. Ddaethon ni i ben â chyrraedd yr ysbyty yn saff, heb gael stop gan y polîs, dwi'n falch i ddweud. Erbyn cyrraedd Glangwili o'n i'n gwbod bod dim sbel i fynd. Daeth Hanna i'r byd ac fe gafon ni yffach o sioc mai merch fach oedd hi. Roedd hynny'n hyfryd ac roedd y bydwragedd hefyd yn joio bod yn rhan o bethe. Ro'n nhw'n gwbod bod dau o fechgyn gyda ni'n barod a'n bod ni ddim yn gwbod rhyw'r babi yma. Ro'n nhw wrth eu boddau i fod yn rhan o'r cyffro!

Yn anffodus, roedd rhaid i fi aros mewn yn yr ysbyty ar ôl geni Hanna er mwyn cael *antibiotics*. Doedd hynny ddim yn brofiad neis chwaith. Cafodd Gareth aros gyda fi ar ôl yr enedigaeth ac roedd y bydwragedd yn wych. Ges i gawod, gafon ni fwyd ac amser gyda'n gilydd ein tri ac roedd hynny'n hyfryd. Ond yna daeth yr amser i Gareth fynd ac roedd rhaid i fi fynd i'r ward gyda Hanna ar fy mhen fy hunan, ac roedd hynny'n anodd. Mewn sefyllfa arferol fe fydde'r bois wedi cael dod mewn i'r ysbyty y noswaith honno i weld eu chwaer fach am y tro cynta, ond doedd dim hawl gwneud hynny. Fe ddaeth Gareth 'nôl i Glangwili gyda'r bechgyn er mwyn dod â bagiau i fi ac fe gafon nhw gip cyflym ar Hanna yn y coridor. Bellach, mae'n arferiad i roi tags ar fabis ac aeth y larwm bant achos 'mod i wedi crwydro bach yn bellach nag o'n i fod! Roedd y bechgyn yn llawn cyffro.

O'n i'n lwcus, dwi'n meddwl, mai dyma fy nhrydydd plentyn i, felly roedd hi'n haws ymdopi â bod ar fy mhen fy hunan gyda babi newydd. Dwi'n cydymdeimlo gyda'r menywod oedd yn geni am y tro cynta yn yr amgylchiadau hynny – galla i ddychmygu ei fod yn brofiad anodd ofnadwy.

Tŷ bishi

Ges i *wobble* bach wrth adael Gareth, rhaid cyfadde, a finne'n mynd i'r ward gyda Hanna – ac o'n i wedi bod yn fam i fabis newydd-anedig ddwywaith o'r blân. O'n i'n gwbod beth i'w ddisgwyl. Does dim rhyfedd 'mod i'n ddagreuol, achos ar ôl geni babi mae'r hormonau a'r emosiynau trwy'r to. Dwi'n cofio dweud wrtha i fy hunan, 'Un noson fach yw hon' ac fe wnaeth hynny fy nghysuro.

Ges i fynd getre y diwrnod canlynol. Pan ddaeth Steffan a Tomos 'nôl o'r ysgol, o'n i a Hanna getre yn aros amdanyn nhw. Roedd y bois wrth eu bodd gyda Hanna. Mae'r berthynas rhyngddyn nhw wedi bod yn hyfryd. Roedd Steffan eisie babi arall ers sbel, ac mae e'n dal i ofyn am frawd neu chwaer arall ac yntau bellach yn 11 oed. 'Na' yw'r ateb erbyn hyn. 'Ni 'di cael cath fach nawr,' fydda i'n ei atgoffa fe. Maen nhw wedi bod yn frodyr da ers y cychwyn. Doedd Steffan ddim yn siŵr ar y dechre'n deg achos roedd Hanna mor fach, ond yn fuan iawn roedd e'n mynd â hi lan i'r gwely, neu'n mynd i'w hôl hi i fi, yn saith mlwydd oed, ac yn frawd annwyl iawn. Mae Steffan fel tad bach arall i Hanna bellach ac mae Tomos a hi'n cael sbort gyda'i gilydd.

Fel y gellid dychmygu, mae hi'n eitha bishi yn ein tŷ ni, ond dwi'n ddiolchgar iawn am hynny. Wrth ddelio gyda fy salwch, dwi'n diolch bod yna fwrlwm, bod yna fywiogrwydd, mae'n tynnu'r meddwl oddi ar yr hunllef ry'n ni'n byw drwyddo. Does dim amser i eistedd yn llonydd. Yn ystod yr wythnosau pan dwi'n cael cemo mae'n rhaid i fi orffwys, ond eto mae digon o bethe i'w gwneud. Mae'r plant yn fishi gyda'u diddordebau, mae nifer o weithgareddau maen nhw'n rhan ohonyn nhw. Ry'n ni'n lwcus bod cymaint o ddewis o bethe mlân yn yr ardal. Mae Hanna yn bump oed nawr ac wedi dechre cael gwersi nofio. Dyma ddechre ei siwrne hi o ran diddordebau. Dwi'n meddwl bod Gareth a

125

finne'n lwcus iawn ein bod ni'n fishi fel teulu a bod 'da ni dri o blant i'n cadw ni i fynd.

O ran fi fy hunan, does dim amser gyda fi ar gyfer diddordebau ar hyn o bryd. Dwi wedi sôn eisoes o'n i'n arfer bod yn aelod o Côrdydd yng Nghaerdydd ac yna ar ôl symud i Gaerfyrddin fe wnes i ymuno â Chôr Llanddarog. Pan o'n i ar famolaeth gyda Steffan yn fabi, fe fydden i'n mynd i'r côr ar nos Iau. Honno oedd fy noson fach i. Fe fydde criw ohonon ni'n mynd i dafarn y Butchers am ddiod bach ar ôl yr ymarfer. Pan es i'n ôl i'r gwaith gyda *Heno*, roedd yr oriau'n gymharol anghymdeithasol. O'n i'n gweithio nosweithie hwyr, a doedd hi ddim mor hawdd i roi trefn ar bethe fel 'mod i'n cael amser i ddiddordebau.

O'n i'n lwcus iawn o fy rhieni. Roedd Mam yn gofalu ar ôl Steffan ac roedd fy rhieni yng nghyfraith yn helpu ar y penwythnos – roedd mam Gareth yn dal i weithio'r adeg honno. O'n i'n lwcus iawn o'r gefnogaeth gafon ni. Wrth i'r plant fynd yn hŷn sylwes i 'mod i'n colli mas ar ambell beth achos o'n i'n gweithio – rhyw ddigwyddiad yn yr ysgol neu weithgaredd ar ôl ysgol. Dwi'n ofni 'mod i'n euog o roi fy ngwaith cyn fy nheulu. Ond os dwi'n ymrwymo i rywbeth mae'n rhaid i fi ei wneud e, a'i wneud yn iawn. Dwi ddim eisie siomi pobol. Dyna fy agwedd i mewn bywyd. Fel mae natur teledu byw, mae'n rhaid i chi fod yno. Os oedd rhywun yn sâl neu'n methu dod i'r stiwdio, bydde Tinopolis yn cysylltu ac yn gofyn i fi aros mlân i gyflwyno. O'n i'n cytuno wrth gwrs. Dyna oedd yn ddisgwyliedig ohona i.

Tair blynedd yn ôl fe ddaeth newid byd pellach a chyfle i fynd yn llawrydd. Roedd newidiadau yn *Heno* ac o'n i'n sylweddoli bod fy mhlant i'n mynd yn hŷn a'u bod nhw fy angen i'n fwy nag erioed. Felly, fe wnes i'r penderfyniad i roi'r gore i fod yn gyflogedig i Tinopolis, ac roedd hynny yn y cyfnod cyn cael fy neiagnosis. Roedd hi'n anodd dod i'r penderfyniad, ond dwi'n falch erbyn hyn 'mod i wedi ei wneud. Mae'n golygu bod yna fwy o hyblygrwydd yn fy mywyd gwaith ac mae'n haws gwneud ambell benderfyniad pan mae pethe eraill, fel teulu a iechyd, yn galw.

16

Realiti teledu

DWI DDIM YN un sy'n edrych 'nôl ac yn difaru'r hyn dwi ddim wedi ei wneud na dewisiadau dwi wedi eu gwneud. Ond mae yna un peth dwi'n dod yn ôl ato wrth feddwl am fy ngyrfa. Rhyw foment *'sliding doors'* i fenthyg teitl ffilm Gwyneth Paltrow. Dyma'r stori. Ar ôl Eisteddfod Genedlaethol 2007 fe wnaeth Keith Jones, Pennaeth Rhaglenni Cymraeg y BBC ofyn i fi ddod mewn i'r BBC am sgwrs. O'n i wedi bwrw mewn iddo mewn archfarchnad, ac roedd e'n canmol, yn dweud ei fod e wedi joio fy ngweld i'n cyflwyno o'r Eisteddfod. O'n i ar noson mas, ar ôl y Steddfod, ac roedd cwpwl o bobol wedi sôn, yn anffurfiol, eu bod yn credu y bydden i'n dda am ddarllen y newyddion. Dwi'n cofio cael syrpréis a gofyn i fi fy hunan, 'O, reit, o ble ma'r syniad 'ma 'di dod?'

Yn y cyfarfod gyda Keith Jones, fe sonies i am fy swydd newydd yn cyflwyno'r tywydd. Unwaith ddwedes i mod i wedi derbyn y swydd honno, fe newidiodd y sgwrs. Ges i fyth wbod am beth oedd y cyfarfod. O'n i'n 23 oed, yn ifanc iawn, a falle nawr y bydden i wedi cymryd y cyfle hwn yn fwy o ddifri. Dyna i gyd o'n i ei angen ar y pryd oedd job i dalu'r morgais, a ninne newydd brynu tŷ. Mae hwnna'n chware ar fy meddwl i. Beth tasen i wedi holi,

Cleopatra am y noson (chwith) ym mharti plu Elin yn Aberystwyth, 2008.

Edrych yn ddifrifol iawn yn *photshoot* cyflwynwyr tywydd S4C, gyda Chris Jones ac Erin Roberts, 2008.

Gyda'r merched ar fy mhenwythnos plu yng Nghaeredin, Gorffennaf 2010.

Gareth a fi ar ddiwrnod ein priodas yn 2010. Roedd y briodas yng Nghapel Bethel, Mynachlog-ddu a'r brecwast yng Ngwesty'r Cliff, Gwbert.

Gyda'r teulu tu allan i Westy'r Cliff. O'r chwith i'r dde: Dad, Mam, fi, Gareth, Iona (mam Gareth) a Verdi (tad Gareth).

Cyflwyno o Eisteddfod Llangollen, 2012.

Cyngerdd gyda'r tenor Pene Pati, Hendy-gwyn ar Daf, 2012.

Rhian a fi yn dathlu fy mhen-blwydd yn Nhrefdraeth, Awst 2012.

Rhys Meirion a'i nith Gwenllian, fi a Rhodri yn ystod fy rhaglen olaf cyn dechrau fy nghyfnod mamolaeth gyda Steffan, Hydref 2013.

Parti dathlu *Heno* yn 25 oed yn y Sosban, Llanelli, Tachwedd 2015.

Gareth, Steffan a fi yn Bluestone, 2016.

Taith y Tractor Pinc, 2017, gyda Steffan a Tomos.

Dathlu pen-blwydd fy nghefnder Rhodri yn 30, gyda pharti thema sgio! Tachwedd 2018.

Tomos a fi yn Llyn Efyrnwy, 2018.

Hen griw Côr Newyddion Da oedd yn canu yng ngwasanaeth Moliant y Maes, gyda Marilyn Lewis, pan oedd Sir Benfro'n noddi'r Sioe Fawr, 2019. O'r chwith i'r dde: Ffion Rodgers, Catrin Morris, Joy Cornock Thomas, Marilyn, fi a Lowri James.

Fi, Michael Ball a Sioned Lewis. Roedd Côr Llanddarog yn canu gyda Michael Ball ar draeth Tyddewi ar gyfer rhaglen ar Channel 5, 2021.

Diwrnod mas gyda'r plant ar Fferm Antur Clerkenhill yn Sir Benfro, haf 2021.

Pawb ar eu beics yn un o'n hoff lefydd ni, Caerfai, Tyddewi, 2021.

Y tair chwaer, Mam a Dad, yn dathlu pen-blwydd Elin yn 40 oed yng Ngwesty'r Cliff, Hydref 2021.

Cyfweld â Mike Phillips yng Nghlwb Rygbi Hendy-gwyn ar Daf adeg lawnsio ei hunangofiant, Hydref 2021.

Fi ac Owen Powell yn Bonhams Llundain yn ffilmio casgliad John Peel i *Heno*, Mehefin 2022.

Fi, Hanna a Mr Urdd yn Eisteddfod Sir Gâr, 2023.

Cyflwyno Gŵyl Canol Dre, 2023.

Cyflwyno *Heno* gydag Owain Tudur Jones ac Al Lewis, Mehefin 2023.

Mas am swper ar y penwythnos cyn dechre cemotherapi.

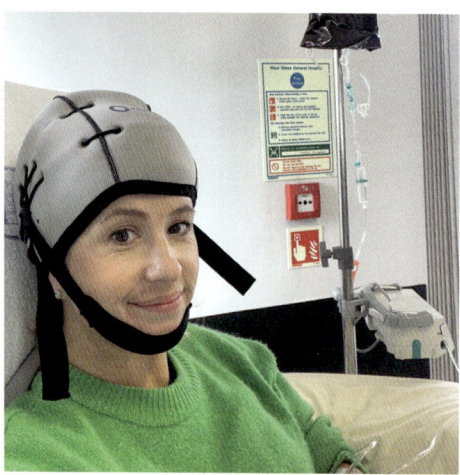

Dechrau'r cemo cyntaf, Gorffennaf 2023.

Elin a fi'n mwynhau glased bach o *mulled wine* cwpwl o ddyddiau ar ôl dychwelyd o'r ysbyty, Nadolig 2023.

Y bechgyn yn casglu fi o'r ysbyty yn eu siwmperi Nadolig.

Criw Radiotherapi Ysbyty Singleton, 2024, ar ôl gorffen 15 sesiwn.

Recordio'r podlediad gyda Jill Lewis a Lowri Davies, Gorffennaf 2024.

Dathlu pen-blwydd Einir yn 40 oed yng Nghaernarfon, 2024.

Syrpréis yn stiwdio *Prynhawn Da*. Michelle Evans-Fecci wedi gwneud cacen 40 yn arbennig i fi, 2024.

Dathlu fy mhen-blwydd yn 40 oed yn Ninbych y Pysgod, Awst 2024.

Fi ac Eleri Siôn, Eisteddfod Ffermwyr Ifanc Cymru yn Sir Gâr, 2024.

Cyflwynwyr *Prynhawn Da* yn y stiwdio, Nadolig 2024.

Llysgennad Ymchwil Canser Cymru, Ionawr 2025.

Cinio yn yr heulwen, Pas de la Casa, Andorra, adeg ein gwyliau sgio, Chwefror 2025. O'r chwith i'r dde: Fi, Gareth, Gerallt, Elin, Einir a Dyfan.

Gwyliau arbennig yn Disney gyda Mam-gu a Tad-cu Hermon, Mai 2025.

Sioned Snelson a fi yn yr Ŵyl Cyfryngau Celtaidd. Cafodd fy mhodlediad, *1 mewn 2*, ei enwebu am y Rhaglen Ffeithiol Sain Orau, Mehefin 2025.

Rhian, fi a Laura, Pen y Fan, 2025.

Steffan a'i fedal ar ôl i dîm rygbi ysgolion Caerfyrddin fynd drwodd i'r rownd derfynol yn Rodney Parade yng Nghasnewydd, Mai 2025.

Gwyliau yn Argelès-sur-Mer, Ffrainc, Awst 2025.

'Beth yw'r cynnig?' Beth tase fe wedi cynnig fy meithrin i fel cyflwynydd newyddion? Beth fydde fy hanes i wedyn? Fydden i yng Nghaerdydd nawr? Fydden i'n gyflogedig gan y BBC? Pwy a ŵyr? Wedi dweud hyn, dwi'n meddwl bod rheswm am bopeth, oherwydd o'n i eisie dod 'nôl i Sir Gâr i fyw. Fe fydde darllen y newyddion yn debyg i ddarllen y tywydd yn yr ystyr bod rhywun ddim i fod i ddangos gormod o bersonoliaeth. Bydden i'n gyfrifol am gyflwyno a gohebu gwybodaeth. Wrth gyflwyno rhaglenni dyddiol dwi'n gallu bod yn fi, ac o'n i'n colli'r cyfle hwnnw i fod yn fi wrth ddarllen y tywydd. Mae *Prynhawn Da* yn rhaglen wych i'w chyflwyno. Mae yna amser i oedi ychydig a chael sgwrs hirach gyda'r gwesteion. Dwi'n gallu rhannu fy hunan gyda'r gwylwyr a dwi'n meddwl bod y gynulleidfa yn gwerthfawrogi'r agosatrwydd hynny.

Oherwydd y blynyddoedd o gystadlu mewn eisteddfodau bydd pobol yn gofyn weithie a fydden i wedi hoffi bod yn actores neu'n gantores. Er 'mod i'n falch o'r profiadau ges i, dwi wir ddim yn meddwl 'mod i'n actores dda iawn. Cyflwyno yw fy myd i. Dwi'n dathlu ugain mlynedd yn y cyfryngau eleni ac yn cyfri fy mendithion. Dwi'n lwcus iawn 'mod i ddim wedi bod mas o waith yn yr amser hynny na chael cyfnod ar y dôl – dwi'n credu bod hynny'n dipyn o beth.

Dechreues i gyflwyno ym mis Medi 2005 a dwi wedi gweithio'n gyson yn y cyfryngau ers hynny. Yn amlwg dwi wedi cael amser bant i gael tri o blant, ond dwi erioed wedi gorfod gwneud gwaith tempio na gwneud gwaith arall er mwyn cynnal fy hunan. Yn achos actorion, mae arwyddo ar y dôl yn beth lled gyffredin. Dwi'n lwcus tu hwnt bod yna raglenni dyddiol fel *Prynhawn Da* a *Heno* sy'n cynnig swyddi cyflogedig. Falle mai ugain mlynedd dwi wedi bod yn y diwydiant ac mai dim ond am ugain mlynedd fydda i yna! Pwy a ŵyr? Ond am nawr dwi'n eitha balch o'r ffaith yna. Dwi ddim yn bwriadu cael parti, cofiwch. Y mwya o sŵn mae rhywun yn ei wneud y mwya tebygol y bydd rhywun yn rhywle yn dechre ailfeddwl am dy ddyfodol. Pen lawr yw hi yn y diwydiant hwn. Pen lawr a chlatsho bant.

Yn ystod fy ngyrfa dwi wedi cael y cyfle i gwrdd ag enwogion fel Katherine Jenkins, a sêr y byd chwaraeon. Un o'r uchafbwyntiau i fi oedd cyfweld y chwaraewr rygbi, Shane Williams, a hynny ar fwy nag un achlysur. Mae e'n rhywun dwi'n ei edmygu, ac mae e'n dod i mewn i'r stiwdio yn gyson. Dwi ddim yn berson sy'n mynd yn *starstruck*. Mae gymaint o amrywiaeth o bobol yn dod i eistedd ar soffa *Prynhawn Da*, pob un â'i stori, pob un â'i heriau. Mae hynny wir yn dy gyffwrdd di. Ymhlith fy hoff westeion mae pobol fel Rhys Meirion, Dot Davies, Ifan Jones Evans a Meinir Howells, pobol gynnes sy'n gallu siarad, pobol sydd yr un peth ar y sgrin ac oddi ar y sgrin. *What you see is what you get*. Un fel'na dw inne hefyd ac felly dwi'n uniaethu â nhw.

Un noswaith fe gollwyd cysylltiad lloeren ac roedd rhaid i fi sgwrsio gyda gwestai am naw munud. Roedd hi'n noson cyhoeddi enillydd Llyfr y Flwyddyn ond fe gollwyd y cysylltiad ac fe drodd sgwrs tair munud a hanner yn naw munud. Sara Pennant, sy'n gweithio ym maes y Cyfryngau a PR, oedd y gwestai a do'n i erioed wedi cwrdd â hi o'r blân. O'n i mor ddiolchgar ei bod hi'n gallu siarad! Ar ôl y rhaglen o'n i'n gwbod y bydden i'n gallu mynd am botel o win gyda'n gilydd! Mae pethe fel'na'n digwydd ac mae'n rhaid bod yn barod. Mae rhai pobol yn wahanol iawn i'r hyn maen nhw'n ymddangos ar y sgrin. Mae actorion, er enghraifft, yn gallu bod yn swil iawn. Mae actio'n broffesiwn gwahanol. Maen nhw'n cael sgript. Maen nhw'n gyfarwydd â pherfformio geiriau pobol eraill ond mae'n fwy o her iddyn nhw i fod yn nhw eu hunain. Mae'n dipyn o sioc pan rwyt ti wedi edmygu eu gallu actio nhw ar y teledu ac yna rwyt ti'n cwrdd â nhw ac maen nhw'n nerfus ofnadwy ac yn dy holi di'n dwll. 'Be ti'n mynd i ofyn i fi? Be ti'n mynd i weud?' Dyw'r ffaith eu bod nhw ar y teledu ddim yn golygu eu bod nhw'n hyderus.

Mae yna westai sy'n hyderus iawn ar lawr y stiwdio ond mae'r camerâu yn eu dallu ac yn sydyn maen nhw'n swil. Y ffordd arall rownd weithie hefyd, maen nhw'n cyrraedd yn dawel iawn ac yn dod yn fyw yn y stiwdio. Dwi wedi dysgu i beidio cymryd dim byd yn ganiataol oherwydd dyw rhywun byth yn gwbod beth maen nhw'n mynd i'w gael. Dwi'n hoffi hynny, oherwydd fy ngwaith i fel cyflwynydd yw cael y gore mas o berson. Mae'n bwysig iawn sgwrsio gyda'r gwestai cyn i'r rhaglen ddechre. Pan mae'r camera'n cael ei ddiffodd dwi'n dal yr un person, gobeithio, ac mae pobol yn gallu gweld hynny, yn gweld 'mod i ddim yn actio o flân y camera.

O ran y gwaith stiwdio, dwi ddim yn mynd yn nerfus erbyn hyn, oherwydd dwi'n gyfarwydd iawn â'r gwaith. Ond fues i'n cyflwyno cyngerdd yng Nghastell Aberteifi dros yr haf ac o'n i'n teimlo'n eitha nerfus bryd hynny. Cyngerdd gyda Gwasanaeth Cerdd Ceredigion oedd y digwyddiad, a Trystan Llŷr Griffiths, Gwawr Edwards a Sara Davies oedd y cantorion. Roedd cynulleidfa fyw fawr o fy mlân a finne wedi arfer wynebu tri camera, rheolwr llawr a llond dwrn o bobol eraill. Roedd angen cynnal noson fyw a chlymu'r gwahanol elfennau ynghyd. Ar y pryd, o'n i'n meddwl, 'Pam dwi'n cytuno i neud y pethe 'ma?' Ond roedd hi'n noson dda ac o'n i'n falch 'mod i wedi gwthio fy hunan mas o fy *comfort zone*.

Fydden i ddim yn disgrifio fy hunan fel rhywun sy'n paratoi yn fanwl ddiwrnodau o flaen llaw. Mae llawer o'r gwaith paratoi yn digwydd yn y car, ar y ffordd, pan dwi'n cael llonydd. Roedd angen siarad yn Gymraeg a Saesneg yn Aberteifi a phontio o un iaith i'r llall. O'n i'n nabod y cantorion ac roedd hwnna'n help wrth sgwrsio â nhw ar y llwyfan. Falle bod y ffaith 'mod i ddim yn paratoi'n orfanwl yn dangos weithie, bydda i'n osgoi llunio sgript. Dyw dilyn sgript ddim yn fy helpu i. Mae'n rhaid treial dilyn hwnnw, ac mae rhywun yn gallu colli lle. Bydd syniad go gadarn gyda fi ble dwi'n mynd a dwi'n treial hoelio beth sydd eisie ei ddweud ar y cof.

Mae fy nghyngor i i bobol ifanc sydd â diddordeb yn y byd cyflwyno yn syml ac yn anodd: byddwch yn chi eich hunain. Dyw teledu ddim yn dweud celwydd. Ar ddechre fy ngyrfa o'n i'n derbyn cyngor ynglŷn â beth i'w ddweud a beth i beidio ei ddweud neu ei wneud. Ac fel cyflwynydd ifanc o'n i'n gwrando. Ond wrth i fi fynd yn hŷn ac yn fwy profiadol dwi'n glynu at bwy ydw i. Odw, dwi'n mynd i ddweud hyn, dwi'n mynd i ddweud y llall. Dwi'n cofio cyfweld â Claire Jones pan oedd hi'n delynores frenhinol. Ces i fy nghynghori i beidio â dweud ei bod hi'n gyn-ffrind ysgol i fi. 'So ni moyn gwbod,' oedd y cyngor a dwi'n cofio cytuno, 'Ocê, sori,' mewn llais bach. Erbyn hyn bydden i wrth fy modd yn dweud wrth y gwylwyr bod Claire Jones yn gyn-ffrind ysgol. Mae gwylwyr yn hoffi clywed y manylion bach personol yna sy'n gwneud y cyfweliad yn fwy arbennig. Barn yw teledu ar ddiwedd y dydd. Falle bod beth mae un person yn ei hoffi yn wahanol i beth mae rhywun arall yn ei hoffi. Mae personoliaethau yn chware rhan hefyd. Dwi'n sylweddoli bod pawb ddim yn fy hoffi i fel cyflwynydd, bod well ganddyn nhw Elin Fflur neu Llinos Lee. Mae yna amrywiaeth o gyflwynwyr ac mae

Realiti teledu

hynny'n bwysig ond mae'n fyd eitha cystadleuol hefyd. Dyw cyflwyno ar lwyfan Prydeinig ddim yn rhywbeth sy'n apelio ata i, yn enwedig o weld sut mae ambell berson wedi cael eu tynnu'n bishys gan y wasg a'r cyfryngau cymdeithasol – mae'r Cymro Wynne Evans yn un esiampl ar ôl ei ymddangosiad ar *Strictly*. Mae'r wasg a'r cyfryngau yma yng Nghymru yn wahanol a dyw cyflwynwyr a pherfformwyr ddim yn cael eu rhoi o dan chwyddwydr a'u darnio'n gyhoeddus. Ry'n ni'n lwcus iawn yn hyn o beth. Dwi eisie gallu gwneud fy ngwaith, a dwi dal eisie bod yn fam ac yn wraig gyffredin – dyna'r bywyd dwi moyn. Dwi'n dal i allu gwneud beth dwi'n caru ei wneud ond dwi hefyd yn gallu byw ble dwi'n dewis byw. Dwi ddim yn gorfod becso am fynd mas i'r siop neu fynd i'r ysbyty, oherwydd fod camerâu yn aros amdana i. Mae e lan i fi beth dwi'n dewis ei rannu amdana i fy hunan. Does dim pwysau i fod yn gyhoeddus.

Dyw'r sgwrs a'r ymateb ar y cyfryngau cymdeithasol i bopeth mae rhywun yn ei ddweud neu'n ei wneud o flaen y camera ddim mor ddwys yng Nghymru. Dyw'r gwylwyr ddim yn ymateb i bob dim sy'n cael ei ddweud. Ond weithie bydd rhywbeth yn tynnu sylw ar y gwefannau cymdeithasol. Dwi'n cofio cyflwyno'r Ŵyl Cerdd Dant un flwyddyn a chamynganu enw un o'r beirniaid a derbyn ymateb negyddol i hynny. Mae yna bobol mas yna sy eisie tynnu nyth cacwn am eu pennau ac ry'n ni'n cael blas o hynny fel cyflwynwyr *Heno* a *Prynhawn Da*. Fe ges i lythyr ar ôl cyflwyno *Heno* un tro yn cwyno bod fy Nghymraeg i ddim yn ddigon da, 'mod i'n dweud 'Cymrâg' yn lle 'Cymraeg' a 'mish' yn lle 'mis'. Ond mae unrhyw ymateb negyddol yn dy wneud di'n gryfach.

Dwi'n mwynhau gwrando ar bodlediad Elizabeth Day, *How to Fail*. Mae'r gwesteion yn dewis tri peth maen nhw wedi methu ei wneud ac yn rhannu sut maen nhw wedi llwyddo yn y pen draw. Ar y pryd mae unrhyw fethiant, a beirniadaeth, yn siomedig. Mae'n rhaid magu croen caled. Ar ddechre fy ngyrfa, roedd ergydion yn effeithio arna i yn fwy, a chamgymeriadau'n fy llenwi ag embaras. Roedd y camgymeriadau yn chware ar fy meddwl ac yn fy siomi. Dwi'n lwcus bod Gareth yn gweithio mewn maes hollol wahanol i fi. Dyw e ddim yn rhan o'r diwydiant o gwbwl ac mae llawer o fy ffrindie y tu fas i'r diwydiant hefyd. Dwi ddim yn byw mewn powlen bysgod gyfryngol, ac mae dihangfa i'w chael. Mae fy nheulu'n ddihangfa hefyd. Bues i'n cyflwyno'r Eisteddfod un flwyddyn ond ches i ddim gwahoddiad 'nôl i gyflwyno y flwyddyn ganlynol. O'n i yn fy nagrau ar y ffôn gyda Mam, 'Beth wnes i o'i le, 'te?' Fe ddwedodd Mam wrtha i am ddod getre ac roedd hi'n aros amdana i.

'Paid becso, Mari fach,' meddai. 'Ma mwy i fywyd.'

Mae fy nheulu wedi bod yn llawn cefnogaeth a chariad erioed ac maen nhw fy helpu i i ddelio gydag unrhyw beth, gan gynnwys fy salwch.

Dwi heb gael fy nhemtio i fyd teledu realaeth. Fe ges i wahoddiad i ymddangos ar *Pryd o Sêr* un tro ond o'n i ar gyfnod mamolaeth ac felly doedd yr amserlen ffilmio ddim yn siwto. Mae'n ddiddorol 'mod i'n cael mwy o sylw nawr 'mod i'n sâl. Mae'n eitha eironig ac yn arwydd o ba fath o le yw'r diwydiant. Beth yw'r rheswm? Ydw i'n fwy 'normal' oherwydd 'mod i'n sâl? Mae hynny'n rhywbeth sy'n troi yn y meddwl. Mae'n codi gwên yn fwy na dim. Dwi bellach wedi bod yn gweithio yn y diwydiant ers cyhyd a dwi'n deall yn iawn sut mae'n gweithio. Mae'r *sympathy vote* yn mynd yn bell! Dwi ddim yn gweld hyn fel rhywbeth negyddol, dwi'n gobeithio 'mod i'r un cyflwynydd ag o'n i cyn cael canser, ond dwi'n dychmygu bod mwy o bobol yn gallu uniaethu â fi nawr, gan fod canser mor gyffredin. Dwi'n fwy yn wyneb y cyhoedd gan fod sawl erthygl newyddion wedi bod amdana i, felly mae mwy o bobol yn gwbod amdana i. Dwi wedi bod yn ffilmio rhaglen ddogfen am fy mywyd bob dydd a fydd ar S4C ym mis Hydref. Fydde ddim diddordeb oni bai 'mod i'n sâl, dwi'n siŵr o hynny. Dwi'n deall sut mae'r diwydiant yn gweithio, mae gwylwyr eisie rhywbeth i uniaethu ag e. Falle eu bod nhw ddim yn meddwl y bydden nhw'n gallu uniaethu â fi cyn y canser. Fydden i ddim yn sgrifennu fy hunangofiant chwaith, siŵr o fod. Falle 'mod i fwy yn wyneb y cyhoedd oherwydd fod straeon newyddion am fy salwch a chyfweliadau ar Radio Cymru a Radio Wales. Mae'n codi ymwybyddiaeth am ganser a dyna sy'n bwysig i fi. Ond dwi'n gorfod cynnal fy hunan hefyd. Mae gyda fi deulu bach a morgais i'w dalu ac mae yna bwysau oherwydd hynny. Mae bywyd yn mynd yn ei flân. Dwi'n llawrydd ac felly pan dwi ddim yn gweithio oherwydd salwch dwi ddim yn cael fy nhalu. Dyna fy realiti i.

'Ymlân at 2024. Amdani!'

AR RAGLEN NOS Galan *Heno* fe fydden i, fel arfer, yn rhan o'r tîm oedd yn y stiwdio, ond nos Galan 2024 fe benderfynwyd gwneud eitem unigol yn edrych 'nôl ar fy mlwyddyn i. Yn eironig, dwi'n gorffen yr eitem honno trwy ddweud, 'Ymlân at 2024. Amdani!'

Roedd y flwyddyn newydd yn gyfnod o orffwys. Dwi ddim yn un sy'n gwneud addunedau blwyddyn newydd a do'n i ddim yn teimlo bod angen i fi wneud unrhyw beth yn wahanol y flwyddyn honno. Es i'n ôl i Ysbyty Llanelli ar y 19eg o Ionawr i drafod y masectomi o'n i wedi ei gael cyn Nadolig. O'n i'n awyddus i sicrhau eu bod nhw wedi cael y *'margins'*, sef ymylon y tisw o gwmpas y tiwmor. Fe fydd unrhyw un sydd wedi cael llawdriniaeth canser yn gwbod bod yn rhaid i'r meddygon sicrhau eu bod wedi gallu tynnu'r hyn ro'n nhw eisie yn y theatr. Fe ges i wbod 'mod i'n mynd i gael cwrs o radiotherapi. Roedd hynny'n newyddion da. Fel arfer y bobol sy'n cael radiotherapi yw'r rhai sydd â chanser y fron cynnar. Doedd y math o ganser oedd gyda fi ddim yn gynnar o gwbwl, roedd e wedi lledu ac roedd clywed 'mod i'n cael cynnig radiotherapi yn galonogol iawn.

Es i i weld ymgynghorydd yn breifet yng Nghaerdydd i weld a oedd angen llawdriniaeth bellach arna i ar yr afu. Roedd Ysbyty Llanelli wedi treial cysylltu gyda sawl llawfeddyg am y mater hwn ond heb gael ateb. Os nad oedden nhw wedi llwyddo i gael atebion roedd rhaid i fi gamu i'r adwy, fel petai, a mynd â'r mater ymhellach. Felly, dechre mis Chwefror, ges i apwyntiad i weld Mr Kumar er mwyn cael cyngor ar yr afu. O'n i'n meddwl, 'Reit, fi 'di sorto'r fron. Beth am yr afu nawr?' O'n i'n teimlo'r momentwm unwaith eto.

Roedd yr apwyntiad am 8.30 bore dydd Iau ac o'n i'n teimlo fel tasen i'n mynd i ryfel. O'n i hyd yn oed wedi gwisgo fel tasen i'n mynd am gyfweliad! Fy ffrind, Rhian, ddaeth gyda fi ac roedd hi wedi fy rhybuddio falle na fydden i'n cael y newyddion o'n i eisie ei glywed – falle na fydden nhw'n cynnig llawdriniaeth. Roedd ei geiriau wedi fy mharatoi ac o'n i wedi dilyn ei chyngor. Roedd angen dangos 'mod i'n iach, yn barod am lawdriniaeth arall, er 'mod i newydd gael un cyn Nadolig. Roedd e'n gyfarfod positif iawn. Fe ddywedodd Mr Kumar nad oedd y tiwmors ar yr afu yn ddigon mawr i allu cyflawni'r llawdriniaeth. Os nad oedd e'n gallu gweld y canser, doedd e ddim yn gallu cael ei wared.

'Beth fydde pwrpas y llawdriniaeth?' gofynnodd Rhian.

'To cure your friend,' atebodd Mr Kumar. Roedd ei glywed e'n defnyddio'r gair *cure* wrth drafod fy nghanser i yn foment 'Waw!'. Oedd e'n wir bod modd gwella fy nghanser i am byth?

Ddes i mas o'r apwyntiad yn teimlo'n gadarnhaol iawn. Tase'r canser ar yr afu yn tyfu, roedd yna gynllun, ond roedd rhaid bod yn amyneddgar am y tro. Ar gais Mr Kumer dwi wedi bod yn cael sgans cyson ar yr organ honno bob tri mis ers hynny. Ac fe allech chi ddweud bod yr afu wedi bihafio. Dyw'r canser ar yr afu ddim wedi tyfu hyd heddiw. Yn eironig, mae'r afu wedi cael sylw a gofal mawr.

Dechreues i radiotherapi ar ddydd Iau, y 14eg o Fawrth, cwrs tair wythnos yn Ysbyty Singleton. Roedd hwnna'n rhwydd, ac unwaith eto o'n i'n meddwl amdano fel cam positif. O'n i'n cael y radiotherapi ar ran o'r frest lle o'n i wedi cael y fron bant, er mwyn sicrhau nad oedd unrhyw *'rogue cells'* neu gelloedd abnormal yno. Y gwaith mwya oedd gyrru i Abertawe bob dydd. Roedd bythefnos o'r driniaeth yn cwmpo dros wyliau'r Pasg a gan fod Steffan yn chware pêl-droed yn Southampton ar ddydd Sul ro'n ni wedi trefnu mynd i Peppa World gerllaw. Fel arfer, ni'n treial cael diwrnod yn Peppa World, fel ei fod yn ddigwyddiad teuluol yn hytrach na rhywbeth i Steffan yn unig. Gofynnes i'n ddigon hy a fydde hi'n bosib cael diwrnod bant o'r radiotherapi? Chware teg, fe ddwedodd y nyrsys y bydden nhw'n holi a fydde hynny'n bosib. 'Ti wedi bod trw' shwt gyment,' oedd eu geiriau nhw. Roedd yr Uned yn hyblyg iawn, chware teg, ac o'n i mor ddiolchgar i gael diwrnod bant. Felly, fuon ni'n gwylio Steff yn chware pêl-droed a'r diwrnod canlynol roedd hi'n ddiwrnod cynta gwyliau'r Pasg ac aethon ni i Peppa World. Gofynnwch a chwi a gewch, medden nhw! Fy meddylfryd o hyd oedd, 'Dwi'n fam a dwi ddim eisie i ganser gymryd drosodd fy mywyd.' Ro'n nhw'n deall yn Singleton bod yn rhaid i'r driniaeth gyd-fynd â bywyd bob dydd.

Pan ddaeth y radiotherapi i ben dwi'n cofio meddwl, "Na ni, dwi wedi gorffen y driniaeth.' Daeth y driniaeth i ben ar y 5ed o Ebrill a digwydd bod o'n i wedi trefnu i fynd mas gyda dwy o fy ffrindie ysgol, Rhian a Laura, i fwyty

'Ymlân at 2024. Amdani!'

Barbican yng Nghaerfyrddin i ddathlu eu pen-blwyddi yn 40, felly roedd yr amseru'n berffaith. Roedd e'n deimlad grêt i allu mynd mas a joio gyda nhw. Dathliad bach, carreg filltir arall wedi ei chwblhau. O'n i hefyd wedi trefnu i fynd i Dylan's Coastal Resort yn Talacharn i ddathlu 40 fy ffrind, Carwen, rhai wythnosau'n ddiweddarach ac o'n i mor falch 'mod i'n gallu mynd. Felly roedd hwn yn ddechre ar gyfnod da. O'n i'n cael chwistrelliad bob tair wythnos ond roedd bywyd 'nôl i normal, i raddau. Yn amlwg, roedd y sgans yn parhau bob tri mis – sgan CT a sgan MRI – ond ar y cyfan o'n i'n ddi-driniaeth. Roedd hynny'n newyddion da, ond fuon ni ddim yn dathlu'r newyddion hwnnw. Ro'n ni i gyd yn rhy ymwybodol o'r siwrne i roi'r cart o flân y ceffyl.

18

1 mewn 2

YN YSTOD Y cyfnod hwn o normalrwydd, daeth y podlediad i fodolaeth. O'n i wedi clywed bod gan y BBC rownd gomisiynu newydd ac es i ac un o fy ffrindie arall, Sioned Snelson, sy'n gynhyrchydd gyda Radio Cymru ati i lunio cais am bodlediad a fydde'n trafod canser mewn ffordd agored yn Gymraeg. *1 mewn 2* yw'r teitl ac, yn anffodus, mae'r ystadegau yna'n ddifrifol ac, yn ffodus, fe gafodd y syniad hwn ei gomisiynu. Fe ddechreuodd y podlediad fagu anterth yn ystod mis Ebrill, felly roedd gwaith yn prysuro wrth i fi fynd ati i recordio cyfweliadau. Ond roedd hwn yn gyfnod da ac o'n i'n gallu cynllunio heb orfod meddwl, 'Beth os fydd raid i fi ganslo?' Roedd y gwrthwyneb yn wir ac o'n ni'n gallu cynllunio fel teulu. Fe wnaethon ni fwco gwyliau i Ffrainc ym mis Mehefin. Pam lai?

Fe wnaethon ni recordio pennod gynta'r podlediad yng Nghaerdydd ar yr 2il o Fai. O'n i newydd gael canlyniad MRI ar yr afu ac felly fe wnes i allu cyhoeddi bod pethe'n dal i edrych yn dda i fi. Roedd y bennod honno'n sgwrs gyda Lindsey Ellis, un o'r merched cynta i gysylltu i ddweud ei bod hi yn yr un sefyllfa â fi, gyda chanser y coluddyn, a hynny flwyddyn yn ôl adeg y Sioe, yn ogystal â Dr Llinos

1 mewn 2

Roberts sydd wedi bod yn help mawr i fi ar hyd y ffordd. Mae recordio'r podlediad, a'r cyd-gysylltu gyda'r cyfranwyr, wedi fy nghadw i i fynd. Roedd e'n rhyw fath o therapi. Wnaeth neb wrthod siarad chwaith. O'n i'n cael cyfle i drafod gyda phobol eraill a'u clywed nhw'n sôn am eu siwrne. Mae'r cynghorion a gafwyd ym mhob pennod o'r podlediad wedi bod yn werthfawr i fi'n bersonol. Recordiwyd chwe pennod i gyd: 'Deiagnosis', 'Cemotherapi', 'Rhannu'r newyddion gyda'r teulu', 'Iechyd meddwl', 'Llawdriniaeth' a 'Byw gyda chanser'. Dwi'n cofio Lowri o Flaendulais yn dweud ym mhennod 6: 'Os ti ffaelu cymryd un dydd ar y tro, cymra awr, os nad hynny, cymra funud, ac os nad wyt ti'n llwyddo i neud hynny, cymra eiliad.' Mae Lowri'n mwynhau rhedeg ac wedi cwblhau marathon Llundain sawl tro ac felly roedd hi'n mynd am *run* cyn mynd i'r uned cemotherapi er mwyn teimlo'n gryf i ddelio â'r driniaeth.

Dwedodd Angharad Panteg, 'Bydd cemo fel ffrind i ti. Fe fydd e'n dy neud di'n well, felly paid â bod ei ofn e.'

Agwedd llawer o bobol yw eu bod nhw'n casáu cemo ond roedd hi'n wahanol.

'Mae e'n mynd i dy neud di'n well, felly, ti angen e,' meddai Angharad.

Roedd Lowri Mai o Lanfyllin yn y brifysgol gyda fy chwaer ac yn ffrind da i Alun Saunders, fues i'n actio gydag e yn *Dal dy Dir* ar ddechre fy ngyrfa. Fe anfonodd hi gwpled wedi ei fframio i fi trwy'r post, a dwi'n ei drysori.

'Gwisga dy wên a chofia dy werth

Gwisga dy hyder a chofia dy nerth.'

Oedd, roedd y podlediad fel therapi ac eto doedd dim dianc rhag y canser oherwydd o'n i'n siarad amdano o hyd. Weithie, fe fydden i'n sgwrsio â phobol nad oedd eu sefyllfa nhw mor wael â fy un i. O'n i'n gallu meddwl, 'O, da iawn, dyw eu canser nhw ddim wedi lledu.' Ond roedd cyfnodau pan doedd dim *switch off*. Fues i'n cyfweld â phobol oedd mewn gwaeth sefyllfa hefyd, fel Will Beynon o Landdarog oedd â chanser yr esgyrn prin o'r enw Ewing Sarcoma. Roedd Will wedi cael gwbod bod y celloedd canser wedi tyfu'n ôl, ac eto o'n i'n teimlo bod y ddau ohonon ni mewn sefyllfaoedd eitha tebyg ar y pryd. O'n i'n gallu dweud, 'Mae'r ddou o ni wedi cael cyment o sgans â'n gilydd.'

Roedd cyfraniad Will yn werthfawr iawn i'r podlediad am ei fod yn barod i siarad am iechyd meddwl, a hynny o safbwynt bachgen ifanc. Fe wnaeth e helpu llawer o bobol trwy siarad mor agored. Yn drist iawn, fe fuodd Will farw ym mis Ionawr 2025. Wrth recordio, dwi'n cofio meddwl, 'Druan ag e.' Dwyt ti ddim yn gwbod gyda chanser. Mae canser yn gyment o ddiawl.

Fe lansiwyd y podlediad yn Eisteddfod yr Urdd ym Maldwyn 2024, flwyddyn yn union ar ôl i fi ddechre dweud wrth bobol, yn dawel bach, yn Eisteddfod Sir Gâr 'mod i'n sâl. Flwyddyn yn ddiweddarach o'n i'n gallu bod yn hollol agored. Ar y pryd, o'n i wedi gorffen fy nhriniaeth, ac fe lansiwyd y podlediad ar y dydd Llun, yng nghwmni merched Eden, gyda finne'n teimlo'n dda. Buon ni'n carafanio yn yr Eisteddfod nes dydd Mercher, yna aethon ni lawr i Gaerfai yn Nhŷ Ddewi. Roedd hi'n wythnos brysur. Ar y dydd Sadwrn cynta fe es i Gaernarfon i ddathlu pen-blwydd Einir, un o fy ffrindie gore, yn 40 oed ac roedd Steffan yn cystadlu gyda'r ysgol yn yr Eisteddfod ar y dydd Llun a'r dydd Mawrth.

Fe gafon ni ymateb arbennig i'r podlediad yn yr Eisteddfod ac ers hynny mae wedi magu gwrandawyr. Mae pobol di-ri wedi cysylltu â fi i rannu profiadau neu i ddweud gair o ddiolch. Dwi wedi derbyn llythyron, e-byst a negeseuon testun, llawer ohonyn nhw gan bobol dwi ddim yn eu nabod. Fe gysylltodd un fenyw i ddweud ei bod hi wedi gwrthod triniaeth ar gyfer canser terfynol, ond ei bod hi wedi gwrando ar y bennod gynta a bod ein sgyrsiau ni wedi ei helpu hi i newid ei meddylfryd. Roedd hi'n sgrifennu i ddiolch i ni am newid ei meddwl am gael triniaeth. Roedd clywed ei stori yn meddwl y byd i fi.

Doedd un dyn erioed wedi gallu prosesu marwolaeth ei dad, ond roedd ein clywed ni'n siarad am ganser yn y Gymraeg yn ei normaleiddio. Eto, roedd e eisie diolch i ni.

Er ei fod yn wir i ddweud bod y podlediad yn canolbwyntio ar ferched yn benna, mae yna ystod o brofiadau yn cael eu trafod, gan gynnwys sut i gefnogi rhywun sydd â chanser neu sut i drafod canser gyda pherthynas neu ffrind. Dyna dwi'n meddwl yw cryfder y podlediad, bod y siaradwyr yn siarad o brofiad ac yn siarad yn agored. Dwi'n teimlo'n freintiedig iawn bod y cyfranwyr wedi rhoi eu ffydd yndda i i rannu eu straeon.

Roedd y broses i gyd yn brofiad wnes i joio. Ond do'n i ddim eisie cyflwyno podlediad fel hwn. A dweud y gwir, mae'n gas gyda fi 'mod i'n gymwys i wneud hynny. Dwi'n meddwl ei fod yn adnodd gwerthfawr, does dim byd tebyg ar gael yn Gymraeg. Dwi'n siarad o brofiad unwaith eto, oherwydd pan ges i fy neiagnosis es i i chwilio am adnodd tebyg a methu dod o hyd i ddim byd. Mae cael podlediad am ganser yn dy famiaith yn hollbwysig.

Fe wnes i gyfweliad ar bodlediad Hanna Hopwood, a hynny yn Gymraeg ac yn Saesneg. Wrth sôn am y plant yn Gymraeg o'n i'n llefen y glaw. Wrth sôn am y plant yn Saesneg wnes i ddim colli deigryn. Roedd fy ymateb emosiynol yn hollol wahanol. Dwi'n falch i ddweud mai *1 mewn 2* yw'r podlediad sydd wedi cael y nifer fwya o wrandawyr ar Radio Cymru. Wrth gomisiynu, roedd y BBC wedi rhoi targed i ni o ran ffigyrau gwrando ac ry'n ni ymhell dros hwnnw. Yn amlwg, mae galw mawr amdano.

Megis twtsh â'r ochrau y'n ni wedi ei wneud o ran y sgyrsiau a gafwyd. Fe allen ni drafod cymaint o linynnau eraill: o ran y teulu, partneriaid, siarad â phlant, beth bynnag sydd o help i bobol. Fe gawn ni weld beth ddaw. Mae yna gais wedi dod gan y BBC am ail gyfres ac mae hynny'n dibynnu ar sut ddown ni i ben â'r amserlenni. Fel dwi wastad yn dweud, yn anffodus does dim prinder o siaradwyr.

Fe lwyddon ni i recordio penodau eraill y podlediad i gyd yng Nghaerfyrddin. Roedd bywyd yn gymharol normal. Ro'n ni'n parhau i recordio penodau pan oedd hi'n siwto'r gwesteion, roedd mwy o ddathliadau pen-blwydd 40 ac fe gafon ni wyliau fel teulu yn Ffrainc, hedfan i Bergerac ac aros yn nhref ganoloesol Duras, trwy garedigrwydd ffrindie yn yr ysgol oedd yn berchen ar dŷ yno. Fe fydd pobol yn cyfeirio weithie at y ffaith bod gyda fi lawer o egni, ond roedd bywyd a chadw'n fishi yn fy nghadw i i fynd.

Flwyddyn yn ddiweddarach, roedd hi'n braf gallu bod yn ôl yn y Sioe Amaethyddol am yr wythnos y tro hwn, a 'nôl yn cyflwyno *Heno*. Roedd yr Eisteddfod Genedlaethol ym Mhontypridd yn grêt, ac fe fuodd criw mawr ohonon ni'n carafanio gyda'n gilydd. Yna, o'n i'n edrych mlân at fy nathliadau pen-blwydd i'n 40 oed ar y 27ain o Awst. Roedd criw ohonon ni wedi bod mas yn Ninbych-y-pysgod ar yr 17eg o Awst. Deg cwpwl i gyd, yn mynd ar y trên o Gaerfyrddin, pawb yn joio a dim byd yn fy mhoeni. Ychydig o ddyddiau cyn fy mhen-blwydd, ar y 25ain, ro'n ni'n cael parti bach yn y tŷ. Ges i sgan CT ar y bore dydd Gwener cyn hynny. O'n i wedi cael yr MRI ar yr afu diwedd Gorffennaf ac roedd hwnnw'n iawn, a do'n i ddim yn poeni am y sgan CT. Dyw'r CT ddim yn dangos dim byd yn glir iawn a does dim byd sinistr wedi ymddangos ar fy sganiau CT i ar hyd yr amser. Ar fore'r 23ain ces i fy nal yn sbido ar y bont ar y ffordd mewn i Gaerfyrddin, ar fy ffordd i'r sgan. 'Na ddechre da, feddylies i! Ar ôl y sgan o'n i'n cyflwyno *Prynhawn Da* a ges i syrpréis hyfryd. Roedd Michelle Evans-Fecci wedi gwneud cacen arbennig i fi ac fe ddaeth y cyflwynwyr eraill i mewn i'r stiwdio i ddweud pen-blwydd hapus. Dwi'n cofio dweud ar goedd, 'Gobeitho fydd y degawd nesa yn fwy dymunol i Mari Grug.'

Roedd popeth yn edrych yn dda ac o'n i mewn hwyliau da, yn edrych mlân i'r parti 40 ar y dydd Sul gyda theulu a ffrindie agos. Yna, ges i alwad ffôn ar ôl y rhaglen. Galwad ffôn ar yr un diwrnod â'r sgan? O'n i'n gwbod yn syth – roedd rhywbeth yn bod.

'Ma 'na rwbeth yn dangos lan ar y CT, Mari,' meddai'r ysbyty.

Dwi erioed wedi cael sgan yn y bore sy'n cael ei ddarllen ar yr un dydd. Roedd e'n amseru gwael. Wrth edrych 'nôl, do'n i ddim eisie gwbod y newyddion hyn. Ond dwi'n ddiolchgar 'mod i wedi cael gwbod yn fuan oherwydd amser yw popeth.

'Odi hwn yn rhwbeth i boeni yn ei gylch?' gofynnes i.

Doedd yr arbenigwyr ddim yn poeni.

'Mae pethe fel hyn yn digwydd gyda phobol sy'n cael eu sganio'n aml,' medden nhw. 'Na, does dim byd yn bod, siŵr o fod, ond mae angen i ti gael *ultrasound*, i ni fod yn siŵr ac fe fyddwn ni'n cwrso'r canlyniadau yn glou tro 'ma.'

Roedd Gareth a finne'n mynd bant i San Sebastian ar y dydd Iau yr wythnos ganlynol i ddathlu fy mhen-blwydd. Sut allen i joio'r gwyliau, a hyn ar fy meddwl? Felly, fe wthies i i gael yr *ultrasound* cyn ein bod ni'n mynd. Ac fe ddes i ben â hi. O'n i'n gobeithio y bydde'r *ultrasound* yn tawelu fy ofnau, y bydden i'n cael cadarnhad nad oedd unrhyw beth i boeni yn ei gylch. Ond fe wnaethon nhw fiopsi ar y fron arall a'r nodau lymff, ac ar yr ochr honno roedd y broblem y tro hwn. Mewn gwirionedd, dwi'n meddwl eu bod nhw'n

145

gwbod yn iawn bod problem, ond eu bod nhw hefyd yn gwbod 'mod i ar fin mynd ar fy ngwyliau.
O, god! feddylies i. Ond doedd dim byd arall o'n i'n gallu ei wneud ar y pryd – roedd e mas o 'nwylo i. Penderfynes i bod rhaid mynd ar fy ngwyliau, a gwneud y mwya ohono, oherwydd do'n i ddim yn gwbod beth oedd o 'mlân i pan ddelen i'n ôl. Wnes i ddim dweud wrth neb oedd yn dod i'r parti, gadwes i'r newydd yn dawel. Roedd criw ffilmio yno, ac fe wnes i ddweud wrthyn nhw bod pethe ddim yn grêt. Ro'n nhw fel rhyw fath o *outlet* i fi allu dweud fy nweud yn onest. Unwaith eto roedd fy agwedd yr un peth: *the show must go on*. O'n i'n dal i obeithio bod dim byd mawr i boeni amdano. Roedd yr arbenigwyr yn ofalus iawn, a'r gofal yn arbennig. Ac o'n i'n teimlo'n iawn.

O'n i'n eitha emosiynol yn y maes awyr. Dyma ni, dim ond y ddau ohonon ni. Roedd pob math o bethe'n troi yn fy mhen. Odw i'n mynd i allu joio'r gwyliau 'ma? Beth y'n ni'n mynd i ddod 'nôl iddo fe? Ges i bwl o lefen wrth fynd ar yr awyren a dwi'n siŵr bod Gareth yn meddwl, 'Pa fath o wyliau fydd hwn? Odi Mari yn y lle iawn? Odi Mari yn mynd i allu neud hyn o gwbwl?' Ond ges i fe mas o fy system. Lwcus bod sbectol haul gyda fi! Unwaith gyrhaeddon ni'r pen arall fe setlodd y gofidiau. Roedd San Sebastian yn lleoliad byrlymus. Fan hyn dwi nawr, feddylies i, a dwi am wneud y mwya o'r cyfle.

Gafon ni wyliau arbennig. Fe wnes i lwyddo i ymlacio, i ddarllen llyfr, i orwedd ar y traeth a chael amser da. Mae'r ddau ohonon ni'n gwerthfawrogi'n fawr yr amser gafon ni gyda'n gilydd. Ro'n ni'n lwcus bod dwy set o rieni oedd yn hapus i ofalu am y plant. Roedd hi'n wythnos ola gwyliau'r ysgol a doedd dim gormod o weithgareddau. Gwyliau i ymlacio oedd hwn. Ro'n ni heb fod ar wyliau dim ond ni'n dau ers blynyddoedd. Ro'n ni'n gallu cymryd ein amser, cael brecwast, ymlacio wrth y ford bwyd, yn hytrach na gorfod cofio mynd â llyfrau lliwio neu weithgareddau eraill. Doedd dim angen y bag Spider Man sy'n mynd gyda ni i bob man i gadw'r plant yn hapus ac yn ddiddan wrth y bwrdd. Dim ond ni'n dau, handbag bach a dilyn ein trwynau. Dim gormod o reolau na threfnu'r hyn a'r llall. Mwynhau *pintxos* ac awyrgylch bendigedig San Sebastian. Dwi mor falch ein bod ni wedi mynd ar y gwyliau hwnnw, fe wnaethon ni wir enjoio. Sdim os nac oni bai, fe wnaeth fy helpu i.

Ond ar ôl dod 'nôl o Ffrainc ym mis Mehefin dwi'n cofio meddwl 'mod i'n teimlo bach yn sic ac fe wnes i ddweud hynny wrth yr arbenigwyr. Fe ges i brawf gwaed oherwydd hynny, ond doedd dim byd yn dangos ar y prawf. Beth arall oedd eisie i fi ddweud am fy iechyd a'r ffordd o'n i'n teimlo? Ond, yn amlwg, dyw fy nghanser i ddim yn un sy'n dangos yn y profion gwaed ac mae hynny'n rhyfedd ynddo'i hunan.

Yr wythnos ar ôl dod getre o Wlad y Basg roedd y plant 'nôl yn yr ysgol a phawb 'nôl i drefn... ac fe ges i alwad ffôn wrth Llanelli – doedd pethe ddim yn edrych yn dda. O'n i ar y ffordd i gasglu'r plant o'r ysgol. Glywes i'r ffôn yn canu a gweld rhif yr ysbyty. Lwcus 'mod i yn y car ar fy mhen fy hunan. Dwedodd y nyrs, 'We haven't got all the receptors back yet,' oedd y neges ac o'n i'n gwbod yn iawn – roedd y canser 'nôl. Bydde Kirsty Deias, Nyrs Arbenigol Clinigol Gofal y Fron, ddim wedi dweud beth ddwedodd hi fel arall.

'We're still waiting on one of the receptors, but it's not oestrogen or progesteron positive' – fel oedd y canser arall. O'n i jest ffaelu credu fe.

Pnawn dydd Mercher ges i'r alwad ac o'n i fod i fynd 'nôl i Lanelli bore dydd Gwener i gadarnhau'r newyddion.

Roedd well gen i eu bod nhw wedi dweud wrtha i ar y ffôn. O'n i'n gwbod beth i'w ddisgwyl wedyn. O'n i mewn sioc. Ffones i Gareth yn syth.

'Ma'r canser 'nôl...' medden i ac fe glywes i ei lais e'n torri.

Fe weles i Gwennan, un o fy ffrindie, wrth gasglu'r plant ac fe ddwedes i'r newydd wrthi a thorri lawr yn llwyr. Fe ofynnodd Tomos,

'Mam, pam ti'n llefen?'

'O, na, sai'n llefen,' atebes i. 'Ma rhwbeth yn fy llygad i.'

Dwi ddim yn gwbod beth oedd yn mynd trwy fy mhen i. Roedd e'n hollol hunllefus. Rhywbeth mor normal â chasglu'r plant ond doedd dim byd normal am y sefyllfa y diwrnod hwnnw, na beth oedd i ddod.

19
Pedlo, pedlo

Y DIWRNOD DDWEDES i wrth Mam a Dad bod y canser 'nôl roedd mwy o newyddion drwg.

"Nei di ddim credu beth y'n ni newydd glywed gan Lisa,' meddai Mam.

Roedd Lisa wedi ffeindio lwmpyn yn ei bron, ond roedd hithe wedi cadw hynny'n dawel, fel finne. Roedd y meddygon wedi dweud wrthi bod 'dim byd i boeni amdano' tan iddi gael deiagnosis ffurfiol. Tase rhywun yn sgriptio'r tro dramatig hwn mewn ffilm neu nofel fe fydde'n rhaid ailfeddwl. Gormod o gyd-ddigwyddiad, anghredadwy! Ond, yn anffodus, yn achos ein teulu ni, mae'n wir.

Tra bod fy mhen yn troi gyda deiagnosis Lisa, dyma ddechre'n ôl ar gyfnod o sgans a thriniaethau, ac yn bendant, roedd e'n waeth y tro hwn na'r tro cynta. Ac ydyn, mae'r dagrau'n dod wrth sgrifennu am y cyfnod hwn. Dwi'n gofyn i fi fy hunan, beth ddiawl sy'n mynd mlân? Ges i famogram clir ym mis Ebrill. Ges i sgan CT ar fy mron ym mis Mai a doedd dim byd i'w weld. Roedd e'n dipyn o sioc. I ddechre o'n i'n meddwl eu bod nhw wedi canfod celloedd canser, ond, na, roedd tiwmor 2cm o hyd yn amlwg ar y fron arall ar y biopsi. Tiwmor. Tiwmor oedd wedi tyfu o'r newydd. Mewn lle newydd. Dyna ni, 'te.

Roedd Gareth gyda fi'n gwmni y bore Gwener hwnnw. Ro'n ni wedi cael gwbod bod canlyniad y *receptor* arall ddim wedi dod 'nôl o hyd, felly doedd dim byd mwy ro'n nhw'n gallu dweud wrthon ni. Roedd fy ymgynghorydd, Mrs Khawaja, yno, oedd wedi gwneud y masectomi ac roedd gweld ei hwyneb hi, yn llawn cydymdeimlad, yn anodd iawn.

'Co fi'n ôl fan hyn 'to,' ddwedes i.

'O, Mari!' meddai hi, yn dosturi i gyd. Ddwedon nhw wrtha i bod rhaid i fi gael PET Scan, gan obeithio na fydde'r canser wedi symud i unman arall. Roedd gobaith o hyd y bydde modd i fi gael llawdriniaeth i dynnu'r fron arall. Roedd hynny'n eitha calonogol achos do'n i ddim yn meddwl y bydde hynny'n bosib. Ond os na fydde'r PET Scan yn glir bydde'n rhaid cael mwy o cemo cyn unrhyw lawdriniaeth.

Roedd rhaid aros am y sgan PET wrth gwrs. Fe wnes i fy ngore glas i wthio i'w gael cyn gynted â phosib, gan ffonio fwy nag unwaith, ac fe ges i'r sgan yr wythnos ganlynol, yn Singleton ar yr 11eg o Fedi, yr un dydd ag oedd Gareth a finne'n dathlu 14 mlynedd o briodas. Do'n i ddim wedi dweud dim byd wrth Mam a Dad cyn fy mhenblwydd. Felly ar y dydd Iau, cyn i fi fynd 'nôl i Singleton ar y dydd Gwener, ffones i Mam. Roedd honno'n alwad ffôn ofnadwy.

'Dyw pethe ddim yn edrych yn dda,' ddwedes i, wrth dorri'r newydd iddyn nhw.

'O, Mari fach,' meddai Mam.

Roedd clywed ei llais hi'n ddigon. Roedd e'n deimlad annifyr i dorri mwy o newyddion ofnadwy. Ar ôl cael y newydd yn swyddogol ar y dydd Gwener, a chael gwbod beth fydde'r camau nesa, ffones i Mam eto a bryd hynny rannodd hi'r newydd drwg am Lisa.

Roedd hi'n anodd amgyffred y newydd am ganser Lisa. Roedd y sefyllfa bron yn chwerthinllyd. Alla i ond dychmygu beth oedd fy rhieni'n mynd trwyddo. Am dymor i ni fel teulu oedd yr hydref hwnnw. Roedd rhaid treial cario mlân. Roedd yna ddigwyddiadau yn y dyddiadur, ac fe wnes i barhau i weithio wrth aros am y sgan. Fe wnes i gadeirio sesiwn cwestiwn a holi am y gyfres deledu *Cleddau* i BAFTA yng Nghaerdydd. O'n i'n sobor o falch i allu cario mlân. Roedd Hanna yn cael ei phen-blwydd wrth i ni aros am ganlyniad. Roedd hi'n bedair ar yr 16eg o Fedi ac roedd diwrnod hyfforddiant mewn swydd, felly aethon ni lawr i Fferm Folly. Dyna'r tro cynta i Hanna fod yn Fferm Folly, druan – y trydydd plentyn! – y ddau arall wedi hen fod. Dwi'n siŵr bod llawer o rieni'n gallu uniaethu â hynny. Druan â hi, yn cael ei thynnu i bob twll a chornel wrth ddilyn ei brodyr – dim bod hynny'n ei phoeni hi, cofiwch! Ro'n ni wedi trefnu i fynd ac felly fe aethon ni, er gwaetha'r sefyllfa. O'n i fod i ffonio i gael canlyniad y sgan, ond do'n i ddim eisie sbwylio'r diwrnod. Roedd e'n ddiwrnod hyfryd, y pump ohonon ni, yr haul yn gwenu ar ddiwrnod braf o Fedi... ond yn amlwg, yng nghefn fy meddwl o'n i'n pendroni: odw i'n ffonio'r ysbyty? Odw i'n aros iddyn nhw fy ffonio i? Beth yw'r newyddion yn mynd i fod? Penderfynes i beidio ffonio ar y dydd Llun. Wnaethon ni joio a gorffen y dydd trwy fynd lawr i Ddinbych-y-pysgod i gael swper. Wrth edrych 'nôl dwi'n falch mai dyna sut fuodd hi.

Ar y dydd Mawrth o'n i mewn lle tywyll. O'n i'n parhau i aros am alwad a dim byd yn dod. Mae Gareth yn gweithio tipyn o getre ond roedd e mewn yn y swyddfa ar y dydd Mawrth, felly o'n i adre ar fy mhen fy hunan y diwrnod hwnnw. Ges i sgan ar fy nghalon yn y bore, rhywbeth sydd wedi digwydd ers cyn i fi ddechre cemo. O'n i'n cael y sgans hyn yn gyson oherwydd mae chwistrelliadau PHESGO yn gallu effeithio ar y galon. Fe ddes i'n ôl o'r apwyntiad i'r realiti bod yr ysbyty ddim wedi fy ffonio i o hyd. Pam? Mae'n rhaid bod y newyddion yn wael! Ffones i Gareth yn fy nagrau, 'Pam so nhw'n ffono?' lefes i. Erbyn hyn o'n i wedi ffonio'r ysbyty ac wedi gadael neges am alwad, ond heb ei chael. O'n i'n desbret. Plis rhowch wbod i fi un ffordd neu'r llall! Dwi eisie gwbod! Ac wedyn ges i alwad ffôn i ddweud bod y canlyniadau wedi cyrraedd y tîm. Ond wnes i gamddeall y neges. Roedd llawdriniaeth i fod ac fe ddealles i o hynny fod y sgan yn glir. Roedd hynny'n rhywbeth i'w ddathlu! Wnes i decsto'r teulu a phawb oedd angen gwbod. Roedd pawb yn dweud yr un peth: 'Yes, yes, yes!' Y neges oedd, o'n i wedi ei ddal yn glou, dyw e ddim wedi mynd i unman arall. Roedd hynny'n bositif.

Wrth fynd i Lanelli ar y dydd Gwener, roedd sbring yn fy step i. Dyw'r canser ddim wedi lledu – grêt! Dwi'n mynd i gael dyddiad am fasectomi heddi. Ond dwedodd yr arbenigwr,

'Mari, there are two lymph nodes, near the diaphgram, retrocrural nodes showing mets.'

Ces i fy llorio. Es i'n dwym a fethes i wrando ar weddill y newyddion. Lwcus bod Gareth gyda fi.

Ar y pryd roedd llawer o bobol yn meddwl, 'tase Mari ond wedi tynnu'r ddwy fron' – ac fe groesodd hynny fy meddwl i hefyd tan i fi gael y canlyniadau hyn. Mae *'mets'* yn dalfyriad am ganser metastatig, canser sydd wedi symud o ble ddechreuodd e i rannau eraill o'r corff. Dwi'n ddiolchgar felly bod yr ail fron yn dal yno, yn rhybudd bach.

Ar y dydd Iau ar ôl y deiagnosis swyddogol, roedd y tîm

MDT (Multidisciplinary Team) wedi trafod fy achos ac fe benderfynwyd fod angen triniaeth amgenach arna cyn i fi gael llawdriniaeth. O'n i fod i weithio y diwrnod hwnnw ond es i ddim 'nôl i'r gwaith. Es i getre i geisio amgyffred yr ergyd newydd hon. Roedd hwnnw'n gyfnod anodd iawn. Roedd y meddwl yn symud o un peth i'r llall: 'Beth yw hyd a lled y canser? I ble ni'n mynd o fan hyn?'

Roedd digon o bethe mlân dros y penwythnos i fynd â'r meddwl: nofio, pêl-droed ac roedd fy wncwl a fy anti, sef rhieni Elan, yn cael parti ar y nos Sadwrn i ddathlu penblwydd priodas ruddem, ac ro'n nhw'n codi arian ar gyfer yr uned cemotherapi yn Glangwili a'r uned yn Llanelli.

'Odych chi moyn i ni ganslo'r parti?' gofynnon nhw.

'Dim o gwbwl,' atebes i, 'fe fyddwn ni'n dod i'r parti.'

Erbyn hynny roedd pobol wedi clywed am Lisa hefyd. Wnes i ddim siarad cymaint ag arfer gyda phobol y noson honno, fe wnes i gadw ychydig o bellter, ond o'n i'n falch o allu bod yno.

Roedd Tomos yn chware rygbi gyda'r Quins ar y dydd Sul canlynol. Mae llawer o rieni ei gyd-chwaraewyr yn ffrindie agos iawn ac fe dorres i lawr yn eu cwmni nhw. Dwi'n cofio gweld y panig ar eu hwynebau wrth i fi siarad yn ddagreuol. Dwi ddim yn meddwl eu bod nhw wedi fy ngweld i'n llefen o'r blân. O'n i'n gofidio. 'Beth sy o 'mlân i? Beth dwi'n mynd i orfod neud nesa? Beth sy raid i fi newid?' Eto, o'n i'n lwcus i gael y fath gefnogaeth. O'n, o'n i ar y meysydd chwarae, ond o'n i'n dal i allu gael *cry* bach, yn gallu bod yn fi a chael cwtsh i fy nghysuro. Roedd yna bobol eraill yn fy ngweld, siŵr o fod, ond ddim eisie holi, ac roedd criw agos o 'nghwmpas.

Wrth rannu'r newyddion yn yr ysbyty o'n nhw wedi gofyn a o'n i eisie cefnogaeth bellach ond, fel gyda llawer o'r pethe hyn, roedd yn rhaid aros am y canlyniadau.

Doedd dim byd allen ni ei wneud nes cael canlyniadau'r PET Scan. Aros am ganlyniad ac yna mynd o fan'na. Roedd pethe mas o'n rheolaeth ni – a nhw.

Ar ôl cael y canlyniad, fe ddwedon nhw wrtha i eu bod nhw'n disgwyl llawer gwaeth na'r ddau o nodau lymff ar bwys y diaffram. Roedd hynny, yn bendant, yn gysur, yn galonogol. Dwi'n diolch i'r nefoedd 'mod i wedi cadw'r fron arall, oherwydd roedd hynny'n golygu bod y nodau lymff oedd yn dal yno yn arwydd o ryw fath ar y CT Scan. Heb yr arwydd hwnnw fydden i ddim wedi cael y PET Scan. Doedd y chwistrelliadau PHESGO ddim yn cadw'r canser draw a fydde'r ddau o nodau lymff ar bwys y diaffram ddim wedi cael eu trin. Mae meddwl fel hyn wedi fy helpu i brosesu fy sefyllfa. Mae yna strwythur, mae yna ryw fath o broses ac mae'n rhaid i fi roi fy ffydd yn honno. Ar adegau, dwi'n teimlo 'mod i'n pedlo, pedlo ond ddim yn symud, ond yn amlwg mae yna lwybr ac mae'n rhaid ei ddilyn.

Sut o'n i'n mynd i ddweud wrth y plant bod y canser yn ôl? Ges i gyngor arbennig gan Dr Llinos: 'Mae'r ffordd rwyt ti'n rhannu'r newyddion yn fwy pwysig na beth wyt ti'n dweud,' meddai hi.

Felly, wnes i ddweud wrthyn nhw yn y car, ar y ffordd getre o'r ysgol un noson:

'Ffonodd yr ysbyty i ddweud 'mod i'n gorfod cael mwy o cemotherapi.'

Fe ddywedes i hyn mewn ffordd gadarnhaol ond eitha naturiol a sôn bod canser gydag Anti Lisa hefyd, er mwyn ei normaleiddio, i raddau. Dyw Mam ddim yn ffrîc, mae yna rywun arall yn y teulu sy 'run peth â hi. Ymateb yr hynaf oedd, 'O, na!' Ond wnaethon nhw ddim gofyn a oedd y canser 'nôl. Dywedodd Dr Llinos, 'Paid dweud celwydd wrthyn nhw. Os nag y'n nhw'n gofyn, does dim isie i ti ddweud,' a dwi ddim wedi dweud hyd yn hyn.

Pedlo, pedlo

Fe ges i wbod y bydden i'n cael cemotherapi eto. Fe ges i'r canlyniad ar yr 20fed o Fedi a dechre'r cemo ar y 15fed o Hydref. Roedd rhaid aros tair wythnos oherwydd o'n i newydd gael chwistrelliad PHESGO ac ro'n nhw'n methu dechre'n syth oherwydd fod hwnnw yn y corff o hyd. Roedd yn gyfnod o baratoi – paratoi'r meddwl ar gyfer mynd trwy cemo unwaith eto a chyfle i sicrhau fod pethe'n barod o ran y teulu a'r cartre a gwneud y mwya o'r dair wythnos fach yna heb driniaeth. Fe wnes i barhau i weithio, parhau i gadw'n fishi.

O'n i'n ôl yn yr Uned ar y 15fed, bron flwyddyn yn union ers i fi orffen fy nhriniaeth y flwyddyn gynt, ar yr 16eg o Hydref. Roedd hynny'n anodd ofnadwy. Do'n i ddim eisie mynd 'nôl i'r Uned. Er 'mod i'n mynd yno'n gyson i gael chwistrelliad, mewn a mas oedd hi ac roedd hynny'n grêt. Roedd gwbod 'mod i'n ôl ac y bydde'n rhaid aros yn ddiflas tu hwnt. Ro'n nhw wedi awgrymu 'mod i'n gwisgo'r *cold cap* eto, fel o'r blân, ond o'n i'n ymwybodol y bydde hwnnw'n ychwanegu amser i'r diwrnod. Yn feddyliol roedd e'n anoddach. O'n i wedi neud hyn i gyd megis blwyddyn yn ôl! Roedd hynny'n tyff.

Yn 2023, o'n i'n gwbod 'mod i'n cael chwe chwrs o cemo, ond y tro hwn do'n nhw ddim wedi dweud faint fydden i'n ei gael. Enhertu oedd y cemo y tro hwn, ac roedd e'n gymharol newydd. Mae Enhertu wedi cael llawer o sylw yn y newyddion a thipyn o drafod wedi bod arno. Roedd llawer o bobol yn meddwl 'mod i'n lwcus i'w dderbyn e. Dyw e ddim yn addas ar gyfer pob math o ganser. Mae Her 2-*positive* yn ei gael, ond ddim Her 2-*low*. O'n i'n ddiolchgar. Mae llawer o bobol ar grŵp dwi'n ei ddilyn ar rownd 45, rownd 50 ayyb. Ai dyma beth sy'n mynd i fy nghadw i'n fyw? A fydd rhaid i fi fod arno am weddill fy oes? Wel, os felly, dwi'n mynd i'w gael.

Ar ôl dwy sesiwn roedd ambell fore pan do'n i ddim wedi codi o'r gwely cyn i'r plant fynd i'r ysgol. Roedd hwnna siŵr o fod yn dod ag atgofion 'nôl. Dwi'n treial cael cawod a newid yn y pnawn erbyn eu bod nhw getre o'r ysgol. Dyw'r cemo ddim yn effeithio arna i mor wael ag oedd y cemo llynedd, hyd yn hyn.

Ar ôl y trydydd rownd ges i PET Scan, canol Rhagfyr, gan obeithio y bydde fe'n dangos bod y canser yn ymateb yn dda. Os felly, bydde gobaith am lawdriniaeth i dynnu'r fron i ffwrdd a radiotherapi, o bosib, ar y nodau lymff sydd ar bwys y diaffram. Roedd e i gyd yn dibynnu ar ganlyniadau'r sgan. Pob PET dwi wedi ei gael dwi e ddim wedi bod yn newyddion da, felly do'n i ddim yn dala fy anadl am y trydydd sgan yma. Maen nhw'n dweud bod Enhertu yn 'effeithiol tu hwnt' – dyna oedd geiriau'r oncolegydd yn y cyfarfod diwetha – felly o'n i'n gobeithio y bydde fe'n effeithiol tu hwnt i fi hefyd.

O'n i'n cael y trydydd rownd diwedd Tachwedd, yna bydde angen cwpwl o wythnosau i hwnnw weithio cyn cael PET Scan ac yna'r canlyniad. Felly, dechre Hydref 2024, o'n i wedi dechre meddylu pa newyddion o'n i'n mynd i'w gael dros Nadolig. 'Odw i eisie newyddion allai newid fy mywyd i eto dros gyfnod y Nadolig, neu a fydde fe'n well 'mod i ddim yn gwbod?' Roedd y nicers mawr cryf mlân ac roedd rhaid derbyn y newyddion. Roedd cyfnod o ansicrwydd yn debygol, ond hyd at Nadolig roedd yna strwythur i fywyd. A chyn y dydd mawr, fe ddaeth newydd da. Roedd effaith y cemo wedi bod yn arbennig, y tiwmor wedi lleihau dros 50%, a'r nodau *retrocrural*, sy'n cynnwys y nodau lymff, ddim yn dangos canser o gwbwl! Nadolig llawen!

20

Sut mae Gareth?

FE FYDDE GARETH yn dweud 'mod i'n bach o *hypochondriac*.
'O, mae pen tost 'da fi. OMG. Mae tiwmor ar fy ymennydd.'
Dwi wedi dweud pethe fel'na yn y gorffennol ac ymateb Gareth yw, 'Mari, paid â bod yn sili.'
Y noson ffeindies i'r lwmpyn ddwedes i wrth Gareth yn syth, wnes i ddim celu'r hyn o'n i wedi ei ganfod. Roedd e'n ymwybodol iawn 'mod i wedi dod o hyd i lwmpyn, a beth oedd oblygiadau hynny. Ond, fe ddaeth y deiagnosis fel sioc fawr iddo fe. O fewn ein perthynas, ry'n ni'n bobol wahanol iawn. Dwi'n fwy gwyllt a falle mai fi yw'r un fwya positif o'r ddau ohonon ni pan mae'n dod i gynllunio neu i drefnu pethe munud ola. Fi fydd yn dweud, 'Dere mlân, jest newn ni fe,' ac mae Gareth yn fwy gofalus, 'Na, sdim amser 'da ni i neud hwnna nawr.' Ond pan ddaeth hi i fy salwch fe gymerodd Gareth fy mantell i fel yr un positif yn y briodas. Pan fydd fy meddwl yn crwydro at ymyl y tywyllwch fe fydd Gareth yn fy nghocsio i oddi yno trwy ddweud, 'Paid meddwl ambytu 'na. Ti'n mynd i fod yn iawn.' Mae e'n bositif tu hwnt. Yn fwy na hynny, dyw e ddim yn gadael i fi feddwl y gwaetha.

Wedi dweud hynny, ry'n ni wedi cael ambell i sgwrs anodd, yn y stafell wely gan amla, pan ry'n ni'n gwbod nad oes clustiau bach yn gwrando. Mae yna nosweithie pan mae'r ddau ohonon ni'n llefen, yn pori dros y PET Scans, dim un ohonon ni'n gallu eu darllen yn iawn. Does dim cefndir meddygol gyda'r naill na'r llall ohonon ni. Ry'n ni'n treial gwneud synnwyr o bethe ac yn methu, yn digalonni... ac yn diweddu lan yn bigitan. Bydd Gareth unwaith eto yn treial bod yn bositif a finne'n gwrthod gadael iddo anwybyddu'r canlyniadau os nad ydyn nhw'n gadarnhaol. Mae e'n treial gweld yr ochr ore ond weithie mae'n rhaid i fi ddweud beth sydd ar fy meddwl inne hefyd, yn haul neu'n storom.

Dwi'n gwerthfawrogi ei bod hi'n anodd iddo fe, fel fy ngŵr, fy nghlywed i'n dweud ambell beth. Pan aethon ni i San Sebastian eleni ar fy mhen-blwydd yn 40 oed fe gafon ni sgwrs ddwys iawn.

'Wyt ti'n meddwl am fywyd hebdda i?' gofynnes i iddo fe.

Ateb Gareth oedd, 'Paid mynd 'na, Mari, beth yw'r pwynt? Beth yw pwrpas neud hynny? Beth wyt ti'n elwa o 'na?' Roedd e'n benderfynol. 'Na, sai'n mynd fan'na o gwbwl.'

Dwi'n ei gredu fe. Mae e wedi dweud wrtha i, 'Os daw hi i hynna, fe ddaw... ond am nawr sai'n mynd fan'na.'

Dwi'n ffyddiog ei fod e'n dweud y gwir.

Mae ffrindie Gareth yn dweud ei fod e'n berson eitha caeedig. Dyw e ddim yn rhannu. Fe wnaeth un o'i ffrindie ei ddisgrifo fel '*clam*' pwy ddiwrnod. Fy ymateb i oedd, 'Odi, ond ma fe'n neud be sy angen.' Mae e'n ŵr ac yn dad arbennig, mae e mor dda gyda'r plant, mae e'n ffantastig. Mae fy oriau gwaith i'n gallu bod yn anwadal a dwi wedi bod yn gweithio oriau anghymdeithasol, ac mae cymaint o bethe mlân gyda'r plant, ond os rhywbeth, mae Gareth yn fwy *on it* na fi. Yn ystrydebol mae rhywun yn meddwl mai'r fam sy'n gwneud y cwbwl ond Gareth sy'n gwbod beth yw'r drefn yn ein tŷ ni. Dwi'n aml yn gofyn, 'Reit, beth sy'n digwydd heddi? Ble ma'r bois yn mynd?' Mae ein byd yn troi o gwmpas chwaraeon, a Gareth sydd â'r manylion.

Pan gafodd Steffan ei eni, fe fydde Mam yn dweud am Gareth, 'O, ma fe'n *hands on*!' Mae'n siŵr ei fod e'n go wahanol i'r genhedlaeth fagodd blant yn y saithdegau a'r wythdegau. Synnen i daten fod Dad ddim wedi newid llawer o napis erioed! Ac mae llawer o ddynion tebyg! Roedd Mam yn rhyfeddu ato a finne'n meddwl, 'Da iawn, Gareth!'

Unrhyw beth sy'n ymwneud â'r plant, mae e'n joio, ond yn arbennig y pêl-droed oherwydd mae gyda fe ddiléit ei hunan. Doedd y cyfleoedd ddim yno pan oedd e'n blentyn nes iddo gyrraedd yr Uwchradd, ac yna roedd rygbi'n cael y flaenoriaeth yn hytrach na phêl-droed. Unrhyw gyfle mae Gareth yn ei gael i hybu pêl-droed, mae e wrth ei fodd. Weithie, byddwn ni'n dadlau, 'Dwi isie mynd i weld Steffan a Tomos yn chware!' 'Na, dwi isie mynd i weld e!' Mae yna griw o dadau ar ochr y cae sy'n ffrindie da. Ry'n ni wedi bod yn lwcus bod yna griw o rieni yn yr ysgol sydd wedi dod yn ffrindie ry'n ni'n teimlo fel tasen ni'n eu nabod nhw erioed. Criw o rieni ffrindie Steffan a Tomos y'n nhw ar hyn o bryd, ond gobeithio y daw criw tebyg yn sgil Hanna cyn bo hir. Mae'r criw wedi bod yn gefen mawr i ni yn ystod fy salwch, yn cynnig mynd â'r plant fan hyn a fan 'co, yn barod i gael *chat* fach wrth gasglu'r plant o'r ysgol. Bydd un o'r tadau'n holi, 'Ti ffansi *run* bach, Gareth?' tra bod y bechgyn ar y cae pêl-droed. Maen nhw'n ymwybodol o'r hyn ry'n ni'n mynd trwyddo ac maen nhw treial ein helpu ni y ffordd ore gallan nhw.

Mae Gareth wedi bod yn cadw'n heini erioed. Mae e'n chware pêl-droed gyda thadau Ysgol y Dderwen bob nos Lun, ac os yw e'n colli'r sesiwn honno dyw e ddim yn hapus! Pan o'n i'n cyflwyno *Heno* ar nos Lun o'n i'n gwneud yn siŵr 'mod i getre erbyn ugain munud wedi wyth iddo fe allu mynd i'r pêl-droed. Mae e wedi hen fennu chware rygbi ond mae e'n chware pêl-droed gydag ail dîm Crymych hefyd pan mae e'n gallu, ond mae hynny wedi bod yn anodd yn ddiweddar, oherwydd 'mod i ddim wedi bod yn teimlo'n hwylus. Ymarfer corff sy'n rhoi dihangfa iddo. Weithie, fe fydd y ddau ohonon ni'n dal ein hanadl, 'Paid mynd â chael anaf heno. Mae'n ddigon bod un o ni'n sâl, so ni moyn dou o ni *out of action!*' Mae Gareth yn 42 ac mae ambell i beth yn rhoi mwy o ddolur na'i gilydd, ond mae e'n dwli ar ymarfer corff, a gobeithio y bydd hynny'n para.

Dyw agwedd Gareth ddim wedi newid yn ystod cyfnod y salwch, a hynny er i ni gael ergyd arall yn haf 2024. Roedd e'n dipyn o sioc i ni fod y canser wedi dod 'nôl, ac fe fuon ni'n meddylu pan o'n ni'n San Sebastian, 'Beth sy'n ein wynebu ni pan ddewn ni'n ôl?' Falle ei fod e'n dawel bryderus ond mae'n well ganddo fyw i'r nawr. Ac mae'r plant mewn oedran pan maen nhw ein hangen ni – does dim amser i ofidio amdanon ni'n hunain. Yn ystod wythnos cemo, fe fydd Gareth yn gweithio mwy o oriau o getre ac mae e'n dueddol o fod yn gyfrifol am fynd â'r plant 'nôl a mlân. Dwi'n gwneud yn siŵr bod bach o drefn yn bodoli cyn hynny, trwy gynllunio prydau bwyd a rhoi trefn yn y tŷ. Ond dwi'n gwbod, os na fydden i wedi llwyddo i wneud y pethe hyn fydde ddim ots achos mae Gareth yn gallu coginio hefyd. Ar ddyddie Sul a Llun cyn cemo bydda i'n paratoi bwyd ar gyfer dechre'r wythnos, ond does dim pwysau i fi wneud hynny. Dwi'n gwbod bod llawer o wragedd a mamau'n gorfod gwneud yn siŵr bod bwyd ar y bwrdd, ond mae Gareth yn hollol gymwys.

'Paid poeni,' bydd e'n dweud, 'fyddwn ni ddim yn starfo.'

Ar ôl y deiagnosis yn haf 2024 roedd e'n gwrthod bod yn negyddol, 'Sdim isie i ti fecso, blip yw hwn,' neu dyna roedd e'n ei ddweud wrtha i. Roedd e wedi neidio i fy rôl arferol i. Falle tase rhywun yn siarad ag e'n dawel bach, bydde fe wedi cyfadde rhywfaint o ofid, ac eto dwi ddim yn meddwl ei fod e'n gadael iddo'i hunan fynd i'r man gwaetha, yn sicr ddim nes i fi gael y canlyniad swyddogol. Ei agwedd e oedd y dylen ni ddelio gyda beth bynnag oedd y canlyniad pan fydde hwnnw'n dod. Falle bod hynny'n nodweddiadol o'r ffordd mae dynion yn delio â phroblemau ar y cyfan.

Pan gafon ni wbod bod y canser wedi tyfu'n ôl, roedd Gareth yn dal i fod yn gryf.

'Ma'n well bod hyn 'di digwydd nawr,' meddai. 'Ti'n ifanc, ac ma hynny o dy blaid di wrth ga'l ergyd arall. Ti 'di bod yn lwcus i'r canser ddod 'nôl mor glou, a'u bod nhw wedi ei ffeindio fe. Ma'n nhw'n gallu ei drin e'n syth. Gwell na phum mlynedd o feddwl bod ti'n glir ac yna ca'l ergyd arall â tithe'n henach.'

Mae agwedd Gareth at fywyd a'i holl gefnogaeth yn gweithio i fi. Wrth gwrs, mae fy meddwl i'n pendilio rhwng y da a'r drwg, felly dwi'n lwcus i gael Gareth wrth fy ochr i fy helpu a fy nghynnal i.

O ran y plant, Steff yw'r hynaf a fe yw'r un sydd wedi holi fwya am y salwch ei hunan. Rhyw noson, ddwedodd Steff bod ei fola fe'n dost cyn gwely. Holes i,

'Ti'n iawn, Steff? Ti'n poeni am rwbeth?'

Roedd e wedi gweld rhywbeth ar TikTok a fe ddwedodd e mewn acen Americanaidd,

'My mum passed away to cancer.'
Mae e'n fwy sensitif na'i frawd. Atebes i e'n ysgafn,
'Paid bod yn sili, paid becso ambytu 'na nawr.'
Ond dwi'n sylweddoli nawr 'mod i'n euog o ddweud celwydd wrtho a ddylen i ddim fod wedi gwneud hynny. Yr ateb deche ddylen i fod wedi ei roi yw, 'Ma pawb yn marw rhywbryd, Steff.' Roedd hynny cyn yr ail ddeiagnosis ac, ar y pryd, o'n i'n teimlo 'mod i'n methu mynd i'r lle hwnnw. Mae bai arna i am beidio ag ateb Steff yn onest, ond ar y pryd doedd e ddim yn teimlo'n iawn.

Dyw'r plant ddim wedi gofyn i fi ydw i'n mynd i farw ond dwi ddim yn siŵr a fydden i'n ddigon dewr i ddweud, 'Sai'n gwbod, fi'n gobeithio ddim. Fi'n treial fy ngore glas i neud yn siwr 'mod i'n peidio.' Ond sai'n siŵr allen i ddod rownd i ddweud hynny. Trwy lwc, dy'n nhw ddim wedi gofyn i fi eto.

Dwi'n treial normaleiddio'r canser, dwi ddim yn treial ei guddio oddi wrth y plant. Mae Hanna'n bump oed ac mae hi wedi arfer â salwch Mam. Falle mai dyma ei normal hi. Mae Hanna'n greadigol iawn, mae'n hoffi sgrifennu ac yn dod â chardiau bach i fi gyda'r teitl, 'Ma Mam yn sâl.' Mae'n gariad. Yn y bore, yn ystod y cemo eleni, bydde hi'n dod mewn i'r stafell wely ac yn rhoi cusan bach i fi.

'Ti'n well heddi, Mam?'
Mae hi fel nyrs fach.
Mae'r plant wedi dod yn gyfarwydd â threfn y salwch yn ystod 'yr wthnos pan fydd Mam yn treulio amser ar y soffa'. Ar ddiwrnod y cemo, byddan nhw'n dod getre o'r ysgol ac fe fydda i'n gorwedd yn y stafell fyw, yn gwisgo het, oherwydd bod fy ngwallt i'n wlyb ar ôl y *cold cap*. Mae pethe'n dod yn rhwyddach iddyn nhw. I ddechre, bydden nhw'n holi, 'Be ti'n neud fan hyn?'

Fel gofynnodd Hanna ddoe,

Sut mae Gareth?

'Wyt ti 'di bod fan hyn trw'r dydd? Tra bo' fi yn yr ysgol?'

'Odw, dwi 'di bod yn ymlacio fan hyn trw'r dydd, Hans. Do'n i ddim yn teimlo'n dda iawn ond fi'n well nawr.'

Wedyn gofynnodd hi'r un peth i Gareth.

'Beth wyt *ti* 'di bod yn neud tra bo' fi yn yr ysgol heddi? Ti 'di bod yn gweitho lan lofft? *Trw'r* dydd?'

Roedd hi'n meddwl am brysurdeb ei diwrnod hi – tra ein bod ni'n dou wedi bod getre! Mae meddwl plant yn rhyfeddol. Ymateb Steff i fy salwch oedd ei fod e moyn babi neu gath! Ddwedes i, 'Wel, sdim mwy o fabis yn dod!' Buodd e'n holi am sbel, a Gareth a finne'n meddwl bod digon yn mynd mlân gyda ni heb ychwanegu anifail anwes at y cawl. Roedd hi'n 2024 arnon ni'n penderfynu, pam lai! Felly ar ben-blwydd Steff yn 11 oed fe ymunodd Fflwffen â'r teulu. Ac mae hi wedi setlo mewn yn grêt a phawb yn dwli arni.

Does dim un ateb pendant i beth sy'n helpu pobol sydd â chanser a'r bobol o'u cwmpas nhw. A does dim un ateb pendant am sut mae cefnogi rhywun sydd wedi cael deiagnosis canser. Ond mae'n gwestiwn sy'n cael ei ofyn i fi o hyd, ac yn un ry'n ni wedi ei drafod ar y podlediad. Mae cymaint o bobol sydd eisie helpu ond ddim yn siŵr beth yn gwmws gallan nhw ei wneud. Bydden i'n awgrymu eu bod nhw ddim yn holi beth gallan nhw wneud ond yn dweud, 'Dwi'n dod draw heno 'da pryd o fwyd i ti,' neu, 'Dwi'n mynd i gasglu'r plant o'r ysgol i ti.' Pan mae rhywun yn sâl ac yn profi cyfnodau o dderbyn triniaeth mae'n straen i wneud penderfyniadau bach. Mae'n haws i fi ofyn i deulu am help.

'Mam, Dad, allwch chi gasglu'r plant i fi heno? Dwi'n stryglan.'

Ond dyw rhywun ddim yn hoffi holi ffrindie. Dyw e ddim

yn rhwydd i ofyn am unrhyw help o hyd ac o hyd chwaith. Falle bod hyn yn ddiffyg ynddon ni fel Cymry. Dy'n ni ddim eisie dangos gwendid ac felly fyddwn ni'n rhygnu mlân. Os y'ch chi eisie helpu ffrind sy'n sâl peidiwch gofyn beth allwch chi wneud, peidiwch rhoi'r straen arnyn nhw. Jest gwnewch e!

Mae pobol yn mwynhau dangos cariad gyda siwgr. Pan rwyt ti'n mynd trwy driniaeth mae cael pethe bach blasus yn fendigedig, ond falle y bydde grawnwin, ciwi neu ffrwythau eraill yn fwy addas. Dyna yw'r cyngor dwi wedi ei gael gan y deietegydd. Mae pobol yn cysylltu cariad gyda chacen – dwi wedi cael toreth o *brownies* trwy'r post. Peidiwch â chamddeall, maen nhw wedi bod yn fendigedig a dwi'n ddiolchgar tu hwnt, ond falle bod yna ddewisiadau gwell pan mae rhywun yn treial torri'n ôl ar siwgr.

A ddylech chi ofyn i ffrind sydd â chanser sut maen nhw, neu siarad am rywbeth arall? Dwi'n meddwl y byddech chi'n nabod eich ffrind yn ddigon da i wbod pa fath o berson y'n nhw a beth fydde eu dewis nhw. Dwi'n berson eitha agored ac mae pawb yn gwbod eu bod nhw'n gallu fy holi am fy iechyd i. Ond mae rhai pobol sydd ddim yn hoffi holi. Falle eu bod nhw ofni 'mod i ddim eisie siarad am y canser ac mae hynny'n ddigon teg. Os y'ch chi'n nabod rhywun yn ddigon da, fyddwch chi'n gwbod ble allwch chi fynd â'r sgwrs. Os nag y'ch chi'n siŵr, fe allwch chi holi'r partner, rhiant, chwaer neu frawd.

Ac mae angen cofio am y partner, y rhiant, y chwaer a'r brawd hynny. Mae cymdeithas wedi newid er gwell yn hyn o beth, ac mae pobol yn sylweddoli bod angen gwarchod y bobol sydd o gwmpas yr un sy'n sâl. Yn ôl Dad, roedd y gymuned yn gefnogol iawn iddo fe pan gafodd Mam ddeiagnosis. Ac mae llawer o bobol yn holi am Gareth. Mae hynny'n bwysig iawn achos mae e'n delio gyda'r

Sut mae Gareth?

canser hefyd. Mae'r rhan fwya o bobol yn hyfryd, ond fel dwi wedi sôn, mae rhai pobol wedi gwneud i fy rieni deimlo'n waeth wrth ddweud pethe eitha negyddol. Dim eu bai nhw yw hyn o reidrwydd, mae'n amlwg nad ydyn nhw ddim yn gwbod beth i'w ddweud a bod yr emosiwn wedi dod yn llifo mas, 'O, dyna newyddion ofnadwy am Mari!' Dim dyna beth mae Mam a Dad moyn clywed wrth siopa yn yr archfarchnad ar nos Wener. Ddwedes i wrth Mam, 'Chi'n iawn, wedyn peidiwch becso beth ma pobol eraill yn weud.' Mae rhai pobol yn mynd i ymateb mewn ffordd sydd ddim yn plesio. Falle eu bod nhw wedi profi eu siwrne canser eu hunain a'u bod nhw'n siarad o brofiad, yn hytrach na bod yn negyddol. Y peth pwysig yw bod y teulu yn gallu delio â'r deiagnosis, ond ddylen nhw ddim gorfod delio ag emosiynau pobol eraill ar ben hynny.

Mae'r cymylau'n gallu ymddangos yn ddirybudd. Yn amlwg, mae wedi bod yn ergyd fawr i golli Will (Beynon) ym mis Ionawr 2025. Roedd Will wedi dod yn ffrind ac yn un o'n i wedi cydweithio ag e'n ddiweddar ar y podlediad. Dalies i fy hunan yn meddwl, "Na fe, ai dyna beth fydd fy hanes i?' Yn sicr, mae'r golled wedi gwneud i fi gwestiynu fy sefyllfa. Fe gafodd Will bedair blynedd ar ôl ei ddeiagnosis. Pan o'n i'n cyfweld ag e ar y podlediad fe ddwedodd e fod y canser 'nôl. Ar y pryd doedd fy nghanser i ddim wedi dychwelyd ond nawr mae e'n ôl gyda fi hefyd. Falle ei bod hi'n anorfod fy mod i'n mynd i golli rhai o'r bobol dwi'n cwrdd â nhw ar hyd y siwrne. Dwi'n rhan o grwpiau ar Facebook, er enghraifft, ac mae Gareth wedi awgrymu y dylen i adael y grwpiau hyn oherwydd eu bod nhw ddim yn llesol i gyd. Rwyt ti'n dod i nabod pobol, yna mae cyhoeddiad i ddweud bod rhywun wedi colli'r frwydr – dyma yw siwrne canser pobol. Mae e mor amrywiol. Dwi ddim yn gwbod pa mor hir fydda i yma ond mae hynny'n wir amdanon ni i gyd. Dyna pam dwi'n benderfynol o gadw fynd.

   Dwi'n gwbod bod fy rhieni, yn enwedig Mam, yn meddwl 'mod i'n gwneud gormod. Dwi'n dweud wrthi, 'Wel, Mam, sai'n gwbod pa mor hir sy 'da fi.' Dwi ddim eisie i'r plant golli mas a'u bod nhw'n edrych 'nôl a meddwl, 'Wel, yn y cyfnod oedd hi'n sâl, doedd hi ddim yn gwneud dim byd eniwê!' Odw, dwi'n cael triniaeth ond dwi'n gallu bod yn fam hefyd. Dwi'n gallu mynd â'r plant i nofio a rygbi, a beth bynnag arall maen nhw eisie ei wneud, a'u casglu o'r ysgol. Ry'n ni'n gallu gwneud pethe neis a mynd ar wyliau. Mae e'n gylch dieflig. Oes, mae angen gorffwys a dwi ddim yn gwbod beth yw hyd a lled fy salwch – does neb yn gwbod. Mae llawer o bobol siŵr o fod yn meddwl, 'Mae'n dal i weithio, mae hi'n dal yn neud hyn a hyn.' Wel, odw, ac mae yna reswm da – mae'r pethe hynny'n fy nghadw i i fynd!

21

Cylch bywyd

ALLA I DDIM â dweud bod Disney wedi apelio rhyw lawer ata i, ond roedd ein trip i Disneyland ym mis Mai eleni yn atgof fydd yn aros am byth. Ro'n ni i fod i fynd yno dros ddwy flynedd 'nôl. Roedd fy mam yng nghyfraith yn troi'n 60 yn mis Ionawr 2023 a dyna sut oedd hi eisie dathlu ei phen-blwydd oedd i ni fynd gyda'n gilydd i Disney. Cafodd y trip ei ohirio achos 'mod i yng nghanol cemo y tro cynta ond fe weithiodd pethe mas yn dda yn y diwedd achos roedd Hanna yn hŷn erbyn gwanwyn eleni ac yn gallu gwerthfawrogi'r profiad yn fwy. Gafon ni amser gwych. Un o'r profiadau mwya emosiynol oedd y noson tân gwyllt pan mae rhannau o ffilmiau Disney yn cael eu dangos ar waliau'r castell – sioe a hanner gyda drôns a *pyrotechnics*. Un o fy ffefrynnau i yw stori *The Lion King*. Dwi'n cofio mynd i Theatr y Mwldan yn Aberteifi i weld y ffilm pan ddaeth hi mas yn 1994 a dwli ar gerddoriaeth Elton John a'r stori am Simba, y llew ifanc sy'n colli ei dad, y brenin Mufasa. Fe wnes i golli deigryn bach i gyfeiliant 'The Circle of Life', rhaid i fi ddweud, wrth feddwl am fy sefyllfa i. Wnes i ddim dangos i neb arall 'mod i yn fy nagrau ond roedd yna foment fach pan ges i fy nal gan emosiwn yr achlysur a'r hyn oedd yn mynd mlân yn fy meddwl i.

Cyn y gwyliau, roedd hi wedi bod yn gyfnod prysur, fel arfer. Ges i gyfres o sgans ym mis Ebrill, y rhai dwi'n eu cael bob tri mis: CT ac MRI. Roedd y newyddion yn dda ar y cyfan, er, do'n nhw ddim yn gant y cant chwaith. Wrth asesu'r canlyniadau, roedd yr arbenigwyr yn gallu gweld bod rhywbeth ar yr ysgyfaint, ond ro'n nhw'n eitha hyderus ei fod e'n ddim byd i boeni amdano, sgil effaith haint ar yr ysgyfaint o'n i wedi ei gael ym mis Chwefror falle. Yn amlwg, roedd hwnna yng nghefn fy meddwl i wrth wynebu'r sgans nesa.

Wedyn yn yr un mis ges i gynnig dyddiad ar gyfer llawdriniaeth ar Fai'r 27ain. Galla i ddychmygu mai fi yw'r unig un fydde'n gwrthod masectomi achos Eisteddfod yr Urdd! Pan ffonodd Kirsty, y nyrs o'r ysbyty, roedd hi'n amlwg yn bles eu bod nhw'n gallu cynnig dyddiad pendant i fi. Fe wnaeth hi roi Mrs Khawaja ar y ffôn i rannu'r newyddion da ond fy ymateb i oedd, 'Oh no, I've promised to adjudicate in the Eisteddfod. It's the largest youth festival in Europe.' Ddwedes i gelwydd gwyn, 'I've signed a contract. I have to do it.' Yna ddywedodd Mrs Khawaja ei bod hi i ffwrdd ym Mehefin ac o'n i'n meddwl, pryd dwi'n mynd i gael y llawdriniaeth nawr 'te? Roedd e'n rhyddhad pan ges i gynnig ail ddyddiad ar Fehefin y 10fed a hwnnw ddim yn rhy bell mlân. Tua'r un adeg, ges i gynnig encil am ddim trwy elusen Make Seconds Count, sef dwy noson yng Nghaerdydd a chyfle i gwrdd â phobol yn yr un sefyllfa â fi. Fe golles i mas ar hwnnw tro hwn ond roedd y masectomi'n bwysicach ar y pryd.

O'n i wedi brwydro'n galed i gael y llawdriniaeth gynta, ond y tro 'ma o'n i'n teimlo fel tase'r masectomi yn rhwystr, bod bywyd yn mynd yn ei flân a'i fod e'n bach o hindrans i

Cylch bywyd

feddwl am orfod mynd i'r ysbyty. Ond, ar ddiwedd y dydd, roedd gyda fi ganser yn fy mron ac roedd rhaid cael ei gwared hi, felly doedd dim dewis ond bwrw mlân. Falle y bydden i wedi gwneud penderfyniad arall tasen ni'n sôn am lawdriniaeth i dynnu'r fron, rhag ofn. Yn fy mhen roedd yr ail wythnos ym Mehefin yn amseru da, cyn gwyliau'r haf, a bydde amser i wella tra bod y plant yn dal yn yr ysgol.

Fe ges i'r ail fasectomi ar ddydd Mawrth, yr un diwrnod â'r masectomi cynta. Roedd Mrs Khawaja hefyd yn gwneud yr ail lawdriniaeth hon. Roedd e'n rhoi rhyw fath o dawelwch meddwl i wbod 'mod i mewn dwylo saff. Aeth Gareth i mewn â fi i'r ysbyty erbyn hanner awr wedi saith ac fe ddaeth Mrs Khawaja i 'ngweld i er mwyn i fi arwyddo i roi fy nghaniatâd i'r llawdriniaeth. O'n i hefyd yn yr union stafell â phan ges i'r masectomi cynta. Yna roedd hi'n dro y nyrsys a'r *anaesthetist* i alw rownd i holi cwestiynau am broblemau ac alergeddau, ac yn eironig iawn roedd pob un yn dweud yr un peth, 'You're straight forward, aren't you?' Na, does dim problemau eraill gyda fi yn unrhyw ran arall o 'nghorff a dwi ddim ar unrhyw dabledi. Ar wahân i'r canser mae popeth yn iawn! Dyna beth sy'n hala fi mor rhwystredig! Ond o leia dwi'n gallu delio â llawdriniaeth, a dod drosti'n eitha da.

O'n i ar ddi-hun yn mynd lawr i'r theatr tua tri y pnawn ac o'n i'n fwy nerfus tro 'ma, mae'n rhaid fi gyfadde, achos o'n i'n gwbod beth oedd o 'mlân i. Ar ôl i fi gyrraedd y theatr ddwedod nhw, 'Oh, you're very calm.' O'n i'n meddwl, 'I'm not feeling calm inside.' Doedd e'n ddim help i'r nerfau bod cyswllt yn rhydd ar y masg ocsigen. O'n i'n gallu clywed y bîps a dwi'n cofio panico 'mbach.

Dwy awr a hanner yn ddiweddarach dihunes i yn y theatr ac o'n i'n gallu clywed llawer o sŵn o 'nghwmpas i. Deimles i'r rhyddhad bod e drosodd. Roedd nyrs yn gofalu amdana i ac o'n i wedi cael antibiotics a phoenladdwyr, felly do'n i ddim mewn poen.

O'n i'n ôl ar y ward cyn chwech, a daeth Gareth i 'ngweld i'r noson honno. Roedd Aelwyd 'da Steffan ond ddaeth Tomos a Hanna i 'ngweld i ar y nos Fercher. O'n nhw'n fy nghofio i'n mynd i'r ysbyty flwyddyn a hanner yn ôl, felly ro'n nhw'n eitha bodlon i 'ngweld i mewn gwely ar y ward eto ac roedd Tomos, wrth gwrs, yn holi cwestiynau ac eisie gweld y clwy'. Yn anffodus, mae gweld Mam yn yr ysbyty yn sefyllfa gyfarwydd iddyn nhw a dwi ddim yn credu eu bod nhw'n bryderus o gwbwl. Ro'n nhw wedi galw yn y siop ar y ffordd a dod â fy hoff bethe yn anrheg – Sports Mix, cnau a siocled.

Dreulies i ddwy noson yn yr ysbyty ac wedyn daeth y plant i gyd i fy nôl i getre ar y dydd Iau. Roedd hi'n ddiwrnod ofnadwy, yn arllwys y glaw! Droiodd y tywydd o *heatwave* ar y dydd Mercher i law a tharanau. Roedd hi'n ddigon pleserus ar y ward ac fe ges i gyfle i ymlacio yn yr ysbyty. Mae bywyd getre mor brysur gyda thri o blant bach. Ond roedd mynd getre yn hyfryd, o'n i'n teimlo 'mod i'n gwella'n gynt unwaith 'mod i'n cysgu yn fy ngwely fy hunan.

Yn wahanol i'r tro diwetha, roedd gyda fi *drain* yn dod o'r ysbyty tro 'ma, i reoli'r hylif oedd yn cronni yn fy mrest. Adeg y masectomi cynta o'n i'n edrych yn fwy 'normal' i'r plant ac o'n i'n falch o hynny dros gyfnod y Nadolig. Y tro hwn ro'n nhw'n holi fi'n dwll, 'Beth yw hwnna, Mam?' Er eu bod nhw'n gwbod am y llawdriniaeth roedd e'n fwy amlwg bod rhywbeth wedi mynd mlân. Weithie roedd y *drain* yn gollwng ac, fel o'r blân, roedd Gareth yn helpu i newid y dresing – roedd e mor ofalus, chware teg.

Ar y dydd Gwener ar ôl i fi ddod getre, roedd Diwrnod Athletau'r Urdd yng Nghaerfyrddin ac roedd Steffan a Tomos wedi cael eu dewis i gynrychioli'r ysgol mewn

Cylch bywyd

campau. Des i ben â mynd i'w gwylio nhw am damed bach. Pan mae gwendid, ti'n gallu ei deimlo, ond ges i gawod yn y bore ac o'n i'n syndod o dda. Gofynnodd Tomos, 'Ti'n dod i watsho fi, Mam?' Roedd y bois wedi gwneud yn dda i gael eu dewis, felly roedd e'n hyfryd i allu mynd i'w gweld nhw'n cymryd rhan, er i ambell fam gael sioc i fy ngweld i a holi, 'Be *ti*'n neud 'ma?!' O'n i'n gwisgo dillad llac a ddes i ben â chuddio'r *drain*. Roedd hi'n braf cael awyr iach ond hefyd yn braf i fynd i wylio'r bois. O'n i'n meddwl, 'Wel, ar hyn o bryd fi'n gallu bod yno a wedyn fi'n mynd.' Dwi'n dal at y feddylfryd honno.

Ar un adeg, o'n i'n bwriadu mynd 'nôl i'r gwaith dydd Iau a dydd Gwener, ond dwi'n sylweddoli erbyn hyn bod hynny'n beth dwl i feddwl. Ges i wythnos getre ac o'n i'n ôl ar soffa *Prynhawn Da* ar y dydd Llun. Wnes i benderfynu peidio siarad am y llawdriniaeth yn gyhoeddus y tro hwn. Er bod pobol yn garedig tu hwnt, a 'mod i'n gwerthfawrogi'r holl negeseuon dwi'n eu cael, mae e'n gallu mynd yn ormod weithie. Mae pawb eisie'r gore i fi ond ar adegau mae'n ddigon o job i ateb negeseuon gan deulu a ffrindie. Achos 'mod i'n cael ambell wythnos bant i dderbyn cemo, doedd e ddim yn anarferol 'mod i ddim ar y sgrin am wythnos fach.

Pan ges i'r *drain* mas ar y dydd Mercher canlynol weles i Dr Khan, yr un doctor ddwedodd wrtha i 'mod i angen mamogram ar ôl i fi ffeindio'r lwmp yn ôl yn Ebrill 2023. Ges i gyfle i'w gyflwyno fe i Gareth am y tro cynta. Ddwedodd Dr Khan, 'You're doing so well, Mari.' Roedd e'n neis i glywed hyn ac eto o'n i'n teimlo ei fod e'n dweud hynny am ei fod e'n sylweddoli pa mor ddifrifol yw fy sefyllfa i. Ond roedd Gareth yn anghytuno ac yn treial fy nghysuro i, 'Mae e'n dweud 'na achos ei fod e'n gweld ti'n edrych yn dda, yn dal i weitho pan ti'n cael cemo.'

Roedd cyflwyno *Prynhawn Da* ar y dydd Llun yn golygu ei bod hi'n gyfleus i fi slipo draw i glinig y fron am ddeuddeg. Roedd Mrs Khawaja yno, a gafodd hi weld y clwy' a dweud ei fod e'n gwella'n dda. Cafodd hi wared ar yr hylif oedd yn cronni yn y frest ac yn ôl hi roedd yn arwydd da bod yna bocedi bach o hylif.

Maen nhw wedi anfon y tisw bant i gael ei archwilio i weld ydyn nhw wedi gallu tynnu popeth oedd angen. Y cwestiwn fyddan nhw'n gofyn yw, 'O's 'na *clear margins?*' Mae'n bwysig iawn eu bod nhw wedi gallu gwared y canser a phopeth oedd o'i gwmpas. Mae Mrs Khawaja yn edrych mlân i weld sut mae'r Enhertu, sef y cemo dwi'n ei gael nawr, yn gweithio. Mae hi'n driniaeth gymharol newydd, felly mae'n ddiddorol iddyn nhw feddygon i weld sut mae'r tisw yn ymateb iddi. Gobeithio y bydd y tîm MDT wedi trafod y canlyniadau ar y dydd Iau ac y bydda i'n gallu mynd yno dydd Gwener i weld beth yw'r camau nesa.

Ar y 4ydd o Orffennaf es i'n ôl i gael canlyniad y llawdriniaeth a phan gerddes i mewn i'r stafell roedd wyneb Mrs Khawaja yn bictiwr. Roedd hi'n wên o glust i glust – sydd ddim wedi digwydd llawer yn ystod y ddwy flynedd ddiwetha. Roedd yr Enhertu wedi gweithio'n effeithiol tu hwnt. Doedd dim canser ar ôl yn y nodau lymff a dim ond 1.5mm o ganser oedd ar ôl yn y fron cyn y masectomi. Roedd e wedi lleihau tua 98%. Maen nhw eisie rhoi triniaeth radiotherapi i fi eto, fel o'r blân, felly dwi'n aros i weld pryd alla i ddechre'r driniaeth honno.

Erbyn Gorffennaf, roedd e'n deimlad rhyfedd i feddwl 'mod i ddim wedi cael cemo ers dechre Mai. Cyn hynny o'n i'n cael cemo bob tair wythnos – y tro diwetha oedd cyn priodas Hana Medi ac Osian. Penderfynes i beidio â chael cemo diwedd Mai achos o'n i'n beirniadu yn Eisteddfod yr Urdd ac fe weithiodd hynny i fi. Doedd y meddygon ddim

Cylch bywyd

yn argymell 'mod i'n cael cemo yn agos i'r llawdriniaeth er mwyn i fi fod mor iach a chryf â phosib i dderbyn honno. Ond roedd ochr arall i hynny, a finne heb gael cemo ers mis Mai o'n i'n teimlo ei fod e'n mynd yn hir hebddo. Roedd hi'n anodd peidio â gofyn cwestiynau yn dawel bach, 'Be sy'n digwydd yn fy nghorff? O's rhwbeth yn tyfu?' Dwi'n ymwybodol iawn o'r pethe hyn. Roedd y tîm meddygol yn awyddus i fi wella'n iawn ar ôl y masectomi ac o'n i'n meddwl 'mod i'n gwneud hynny. Pan weles i'r tîm dechre Gorffennaf, o'n i'n gobeithio clywed bod yna gynllun bach yn ei le ar fy nghyfer. Yn fy mhen i – ac yn fy nyddiadur gwaith – o'n i'n planio cael cemo wythnos ola'r tymor, fel bod y plant dal yn yr ysgol. O'n i'n barod hefyd am siom, ond mae'n rhaid bod rhywun rhywle yn gwrando, achos roedd gan y tîm newyddion da i fi. Roedd cemo i fod ac ac fe ges i hwnnw ar y dydd Mawrth, mewn pryd ar gyfer dechre gwyliau'r haf.

22

Sudd seleri

'NÔL AR NOS Wener y 9fed o Fai roedd cyngerdd Merched Soar yn Llambed i godi arian at elusen Ymchwil Canser Cymru. Mae Elan, fy nghyfneither, yn aelod o'r côr ac fe gafodd hi ddeiagnosis yr un flwyddyn â fi yn 2023. Ro'n nhw wedi gofyn i fi gymryd rhan yn y gyngerdd sbel 'nôl ac wrth gwrs o'n i wedi cytuno. Ond roedd hynny cyn i fi gael dyddiad ar gyfer y masectomi. Chware teg roedd Elan wedi dweud,

'Sdim unrhyw bwyse arno ti, Mari. Os na fyddi di'n teimlo'n hwylus y'n ni gyd yn deall, ond os wyt ti'n gallu bod 'na, grêt.'

O'n i wir eisie bod 'na i Elan ac o'n i mor falch 'mod i wedi llwyddo i fynd. Gwrddes i â Dad ac Elin yn Llandysul ac fe deithion ni gyda'n gilydd i'r gyngerdd.

O'n i'n siarad hanner amser ac fe wnes i esbonio beth oedd fy rôl fel llysgennad Ymchwil Canser Cymru, i ble mae'r arian yn mynd a sut mae ymchwil canser yn helpu pobol. Wnes i esbonio 'mod i ar cemo eitha newydd ac oni bai am yr arian sy'n cael ei roi i ymchwil fydde'r cemo yma ddim ar gael. Mae yna cemos newydd yn cael eu datblygu o hyd, ac yn ddiweddar iawn mae yna bilsen wedi dod mas

Sudd seleri

i helpu menywod sydd â chanser y fron Cam 4. Dwi ddim yn gymwys i'w gael e achos merched sydd â chanser y fron sy'n oestrogen a progesteron positif sy'n ei dderbyn. Mae'r driniaeth hon wedi bod yn cael ei datblygu mewn labordy ers dros ddeg mlynedd, felly mae angen amser ac arian i wthio'r datblygiadau mlân.

AstraZeneca yw'r cwmni cyffuriau sy'n gyfrifol am y datblygiad hwn ac ry'n ni'n gwbod mor gyflym lwyddon nhw i ddatblygu *vaccine* Covid. Felly mae datblygiadau a gwelliannau *yn* bosib ac mae pob ceiniog yn cyfri. Mae ymchwil yn hanfodol pan mae'n dod i ofal a thriniaethau canser. Dwi'n cael galwadau ffôn bron yn wythnosol nawr, 'Mae 'na fudiad 'di codi arian, dere i dderbyn siec.' Mae pobol yn hael iawn.

'Perthyn' oedd thema'r gyngerdd yn Llambed ac roedd hi'n noson arbennig achos y gwahanol gysylltiadau personol rhwng y rhai oedd yn cymryd rhan – roedd Elan a finne'n ddwy gyfneither, wrth gwrs, ac roedd cyflwynydd y noson, Ifan Evans, yn ŵr i Gwawr, aelod o'r côr, a Dewi Siôn, yr unawdydd, yn ŵr i Esyllt, oedd yn aelod arall o'r côr. Ar ddiwedd y gyngerdd fe wnaeth teuluoedd y côr ymuno â Merched Soar i gloi'r cyngerdd. Roedd neuadd y Brifysgol yn llawn ac fe godwyd dros bum mil o bunnoedd.

Yn ôl y drefn gyffredinol, dwi'n cael cemo ar y dydd Mawrth ac erbyn y dydd Mercher a'r dydd Iau dwi'n teimlo'r effeithiau. Dwi ddim yn sâl ofnadwy ond fydden i ddim yn gallu gweithio ar y diwrnodau hynny chwaith. O'n i ddim yn teimlo cant y cant nos Wener y gyngerdd ond o'n i eisie bod yno ac roedd pobol yn gwerthfawrogi'r ymdrech. O'n i'n dangos ei bod hi'n bosib i gadw mlân i fyw bywyd a gobeithio bod hynny'n help i bobol eraill sy'n mynd trwy amser anodd.

Fel arfer, bydda i'n dod getre o'r Uned ar y dydd Mawrth

ac yn gorwedd ar y soffa'n syth. Dwi'n eitha blinedig a bydda i'n mynd i'r gwely'n gynnar. O ran sgileffeithiau, dyw'r cemo yma'n ddim byd o'i gymharu â beth ges i yn 2023. Dwi ddim yn teimlo'n sic y tro 'ma, mae bod ar y soffa'n bleserus a dwi'n gallu canolbwyntio ar wylio'r teledu. Mae'n eitha ymlaciol, lle o'r blân roedd y soffa'n troi arna i! Mae effeithiau eraill. Dwi wedi bod yn rhwym iawn, ond dwi wedi dysgu sut i leddfu hynny wrth ystyried beth i'w fwyta a'i yfed a dysgu beth i beidio bwyta. Mae rhywun yn meddwl, 'dwi ddim eisie siarad am pŵ!' ond i fi dyna un o'r pethe gwaetha o ran y cemo yma a dwi wedi gorfod dysgu sut i ymdopi ag e.

Mae'r chwistrelliad cemo yn para hanner awr ac mae'r cyffur yn targedu'r rhan o'r corff lle mae'r canser. Roedd y cemo diwetha yn lladd y drwg a'r da ond mae'r cemo hwn yn adnabod y celloedd drwg, yn glynu i'r rheini ac yna'n rhoi'r cemo i mewn iddyn nhw. Mae'r cemo yn 'edrych' ar y corff i gyd a dyna pam dwi'n dal i wisgo'r *cold cap*. Er bod y driniaeth yn fwy effeithiol, am ei fod yn targedu'r drwg, mae ambell i gell arall yn cael ei heffeithio hefyd. Yn amlwg, mae e'n gyffur drutach a falle mai hwn ddylen i fod wedi ei gael o'r dechre, ond dim dyma'r driniaeth sy'n cael ei chynnig gynta i gleifion. Mae'n fath o cemo rwyt ti'n ei gael bob tair wythnos ond dwyt ti ddim yn gallu rhoi'r gore i'w gael chwaith. Mae'r *cold cap* mlân am hanner awr cyn y chwistrelliad ac am naw deg munud ar ei ôl, felly dwi yn yr ysbyty am o leia dair awr, o gyfri'r amser mae'n cymryd i gael y *cannula* i mewn hefyd. Dyw fy ngwythiennau i ddim y gore erbyn hyn, ond dwi wedi dysgu bod cerdded cyn mynd i'r Uned yn y bore yn help mawr.

Mae'r afu yn parhau i wneud yn dda. Ar ôl sgans y gwanwyn, ges i alwad ffôn gan Dr Khumar, y llawfeddyg

Sudd seleri

oedd wedi gwrthod trin yr afu am fod y canser ddim yn ddigon mawr.

'We'll give you two more scans,' ddwedodd e, 'but if the liver remains as it is, we'll discharge you. We won't be continuing to scan you. We'll know that the liver will have healed.'

Yn wreiddiol roedd dwy ran o'r afu yn dangos *mets*, sef y canser oedd wedi lledu o'r fron, ond does dim golwg o un o'r ddau hynny erbyn hyn, ac mae'r ail wedi lleihau yn sylweddol – does prin dim byd i'w weld.

Mae hwnna'n newyddion da. Ond eto, gyda chanser, dwi'n treial peidio mynd yn rhy ecseited achos dwi wedi bod yma o'r blân. Fe fydde peidio cael y sgans hyn yn gam positif, achos mae'r MRI yn sgan clawstroffobig ac mae'n para hanner awr. Ond ar y llaw arall mae'n beth da i gael y sgan achos dwi'n gwbod wedyn 'mod i'n cael fy monitro. Wedi dweud hynny, roedd clywed Dr Khumar yn siarad mor ffwrdd â hi am y canser ar yr afu sydd gyda fi yn codi fy nghalon.

Fe wnaeth yr afu ymateb yn dda i'r cemo cynta – y canser ar y fron oedd ddim yn ymateb i hwnnw. Pwy a ŵyr, falle bod y sudd seleri fues i'n ei yfed yn gyson ar un adeg wedi bod yn llesol i'r afu! Dwi'n meddwl bod y ddiod honno wedi gwneud lles. Mae'n *detox* i'r corff rhag yr holl gemegion sydd yn ein bwyd, ac sydd bron mewn popeth o'n cwmpas ni dyddie 'ma. Dwi'n yfed y sudd yn y bore, yna'n aros hanner awr cyn bwyta er mwyn iddo gael amser i weithio ei ffordd trwy'r corff.

Dwi wedi bod yn arbrofi gyda sawl triniaeth newydd ac un o'r rheini yw bath sŵn yn neuadd Llanarthne lle dwi'n mynd unwaith y mis gyda fy ffrind, Lowri. Mae'r profiad wir yn fy ymlacio a dwedodd y therapydd,

'Os mai'r unig beth chi 'di cael mas o'r sesiwn yw eich

bod chi 'di gorwedd am awr heb wneud dim byd, mae hwnna'n beth positif.'

I fi, dyw hwnna ddim yn rhywbeth sy'n digwydd yn aml, yn enwedig rhwng 7 ac 8 ar nos Sul. Mae hwnnw'n amser bennu swper, bath, gwaith cartre, darllen i'r plant a gwely. Mae Reiki yn rhywbeth dwi eisie mynd 'nôl i'w wneud hefyd. Dwi mor benderfynol i beidio â gadael i'r canser gymryd drosodd fy mywyd, dwi wedi treial byw bywyd bod mor normal â phosib. Ond falle fod rhaid i fi newid fy ffordd wrth edrych mlân a chofleidio'r triniaethau newydd yma a'u cynnwys nhw yn fy mywyd achos maen nhw'n fy helpu i. Wythnos ddiwethaf dechreues i fynd i'r gampfa ac i ddosbarth dawnsio. Mae'n rhaid i fi symud mwy a dwi wedi bod mas yn cerdded gyda'r nos – sy'n haws pan mae'r nosweithiau'n hir.

Dwi'n euog o feddwl, 'Af i i lanhau'r bathrwm. Af i i gwrdd â ffrind – dwi'n joio hynny!' Mae e fel unrhyw beth, mae'n rhaid gwneud amser ar gyfer ymarfer corff. Does dim angen mynd yn bell a does dim angen mynd am dro hir, dim ond 'mod i'n symud. Mae yna ddyfyniad adnabyddus gan Dr Nick Cavill, yr ymgynghorydd iechyd, 'If exercise was a pill, it would be one of the most cost-effective drugs ever invented.' Mae rhai o'r arweinwyr iechyd mwya blaenllaw yn Awstralia wedi cynghori y dylai ymarfer corff gael ei roi trwy bresgripsiwn i bob claf sydd â chanser ac maen nhw'n rhybuddio y bydde peidio gwneud hynny'n niweidiol. Mae geiriau fel hyn yn gwneud i rywun fel fi feddwl. Ry'n ni'n cytuno i'r cemotherapi a'r steroids yn ddifeddwl, ond beth am yr ymarfer corff?

Es i drwy gyfnod yn 2018 pan oedd gyda fi hyfforddwr personol ac yna daeth Covid ac fe fennes i fy aelodaeth yn y gampfa. Dwi'n prynu *supplements* Magnesiwm ac Omega 3 ond falle bydde fe'n well i fi fuddsoddi fy arian ar hyfforddwr personol. Mae codi pwysau a chryfhau'r corff yn bwysig iawn i ni ferched achos ein bod ni'n colli *bone density* wrth fynd yn hŷn. Mae rhyw agwedd yn perthyn yn gynhenid i ni fel Cymry. Er enghraifft, bydd Mam yn gofyn, 'Wyt ti'n resto nawr?' Wel, odw, yw'r ateb, ond ydy hynny'n fwy llesol na symud? Pan ges i gyngor gan y clinig Synthesis yn Reading sy'n edrych ar iechyd menywod a gofal canser, ro'n nhw'n holi'n benodol faint o'n i'n symud a beth oedd fy nghynllun ymarfer corff. Dwi wedi dod i ddeall bod meddyginiaeth ddim yn ddigon ar ei ben ei hunan a bod cadw'n heini yn un o'r pethe pwysica alla i wneud er mwyn fy iechyd.

23

Amser a ddengys

PAN ORFFENNES I'R radiotherapi ym mis Mawrth 2024 roedd e'n rhyddhad enfawr. 'Reit, fi 'di neud e,' o'n i'n meddwl. O'n i wedi brwydro, wedi cael y cemo, y llawdriniaeth a'r sgan clir ac yna wedi joio byw yn Ebrill, Mai, Mehefin a Gorffennaf. Ac ym mis Awst ergyd arall. Roedd y canser yn tyfu mewn lle newydd. Yn fy mhen i nawr alla i ddim peidio pendroni, ydy hyn yn mynd i ddigwydd eto? Ai dyna sydd o 'mlân i nawr?

Dwi newydd ddechre 'nôl ar gemotherapi ddiwedd Gorffennaf ar ôl dros ddeufis i ffwrdd. Dwi wedi cael amser i feddwl... Ai blip oedd canfod bod canser wedi tyfu yn y fron arall? Dwi'n gweddïo mai e. Neu yw hwn yn batrwm? Ai dyna yw fy mywyd i nawr? Mae'r amser hyn o'r flwyddyn, gwyliau haf, cyfnod y Sioe a'r Eisteddfod, yn fy atgoffa i o'r newyddion ges i diwedd haf llynedd. Ac yng nghefn fy meddwl mae yna dân gwyllt yn bygwth ffrwydro. Llynedd, o'n i ar ben y byd yn meddwl, dwi yma eleni yn y Sioe a'r Eisteddfod! Dwi wedi'i faeddu fe! Ond roedd y canser yn tyfu yn y fron arall heb yn wbod i fi. Yn ystod yr haf o'n i'n gwbod bod cyfres o sgans o 'mlân i ac yn poeni a oedd newyddion drwg ar ei ffordd ym mis Awst eleni eto.

Amser a ddengys

Y sgan-*xiety* yna. O'n i'n paratoi i ddathlu fy mhen-blwydd yn 40 pan ges i'r newyddion bod y canser 'nôl. Beth oedd yn mynd i ddod yn sgil bod yn 41? Yn fy mhen roedd hi'n dod lan i flwyddyn ac roedd hynny'n fy nharo i fel ergyd. Dyw'r emosiwn o'n i'n ei deimlo wrth glywed y newydd ddim wedi diflannu'n gyfan gwbwl. Mis Medi oedd y cyfnod gwaetha, achos dyna pryd ges i'r canlyniadau. Roedd e'n gyfnod ych a fi. O'n i'n aros am ganlyniad, ond yn treial byw yn y foment. Ond yng nghefn fy mhen o'n i'n meddwl, 'Mam fach, beth sy o 'mlân i?' Dyna ni. Dyna yw bywyd rhywun â chanser ac mae'n rhaid ei fyw un dydd ar y tro.

Hales i neges at Gemma. Fe ddechreuon ni sgwrsio pan halodd hi neges ata i i ddweud ei bod hi'n dilyn fy stori. Mae ganddi ganser Cam 4 ac roedd hi'n genfigennus ohona i'n gallu gweithio trwy cemo. Mae hi newydd rannu'r newyddion drwg bod ei chanser hi'n ôl. Wrth gwrs mae hynny wedi effeithio arna i. Ambell waith, pan fydd pobol yn dweud, 'Mari, ges i ganser y fron a dwi wedi gwella.' Falle eu bod nhw ddim yn deall fy neiagnosis i'n iawn – er 'mod i'n agored iawn am y ffaith bod fy nghanser i wedi lledu. Mae'n dda cael cefnogaeth y rhai dwi'n siarad â nhw ar y cyfryngau cymdeithasol, merched sydd â deiagnosis tebyg ac sy'n deall difrifoldeb y sefyllfa.

Ges i wahoddiad i'r Senedd ym mis Ebrill gan Mags Holloway, Pennaeth Macmillan yng Nghymru. Roedd digwyddiad wedi ei drefnu i drafod canser y fron eilaidd, wedi ei ysgogi gan Tassia Hains a fu farw o ganser y fron. Fe fu'n rhaid i Tassia frwydro i gael deiagnosis ac roedd hi'n teimlo'n gryf bod pobol â chanser eilaidd, sef canser sydd wedi lledaenu i rannau eraill o'r corff, yn cael eu hanghofio. Roedd Mags wedi addo i Tassia y bydde hi'n parhau i frwydro'r achos hwn ac i dreial newid y drefn.

Roedd Nick, gŵr Tassia, yn siarad yn Nhŷ Hywel y diwrnod hwnnw ac roedd cynrychiolwyr o wahanol fyrddau iechyd yno hefyd. Wnes i ofyn i fy ffrind Rhian ddod gyda fi, am ei bod hi'n fferyllydd ac yn gweithio yn y byd iechyd.

Roedd y digwyddiad yn agoriad llygad. Mae'n debyg nad oes neb yn gwbod faint o bobol sydd â chanser y fron eilaidd. Does dim data ar gael. Mae elusen Macmillan yn hanner ariannu nyrsys ar gyfer y gwasanaeth iechyd, gan gynnwys nyrsys canser metastatig. Ond os nag y'n ni'n gwbod faint o bobol sy'n byw â chanser eilaidd, sut y'n ni'n gwbod faint o arian sydd ei angen i ariannu'r nyrsys neu'r gweithwyr iechyd hynny? Mae'r sefyllfa'n warthus. Y feddylfryd yw, os yw'r canser wedi lledu, does dim byd gall unrhyw un ei wneud. Ac eto, mewn gwirionedd, mae triniaethau wedi datblygu erbyn hyn ac mae pobol yn byw am flynyddoedd. Roedd e'n deimlad arbennig i fod yno gyda Rhian, rhywun sydd wedi rhannu a thrafod cyment gyda fi dros y blynyddoedd diwetha, a sylweddoli ein bod ni'n dyst i ddigwyddiad allai newid pethe yn y byd canser yng Nghymru.

Roedd e'n ddiddorol iawn i glywed profiadau gwahanol bobol, profiadau nyrsys a'u rhwystredigaethau nhw, ac fe wnes i gwrdd â Sara, oedd wedi cysylltu â fi trwy'r cyfryngau cymdeithasol, yn y cnawd am y tro cynta. Y gobaith yw y bydd modd i fyrddau iechyd greu bas data er mwyn bod y wybodaeth ar gael i wbod faint o nyrsys arbenigol sydd angen eu hariannu. Roedd cynnal trafodaeth yn bwysig iawn. Ambell waith dwi'n cwestiynu fy hunan, 'Beth sy mlân 'da fi? Dwi'n treial helpu pobol, ond beth dwi'n cyflawni mewn gwirionedd?' Roedd yr achlysur hwn yn fy atgoffa pa mor bwysig yw cynnal trafodaeth agored. Mae'n hawdd bod yn dawel a derbyn, fel'na ma hi, sdim byd yn mynd i newid. Wel, na! Does dim rhaid derbyn hynny o gwbwl. Mae hyn yn wir ym mhob rhan o fywyd. Oni bai bod Gwynfor Evans wedi bygwth ymprydio, fydde ddim S4C gyda ni. Mae'n rhaid i ni godi llais. Falle bod yna feddylfryd negyddol am bobol sy'n cwyno. Ond os nad y'n ni'n cwyno does dim byd yn mynd i newid. Roedd e'n agoriad llygad i glywed y trafod yn y Senedd, ac eto o'n i'n meddwl, 'Ma ffordd bell 'da ni fynd.' Yn anffodus fe fu farw Tassia yn Mawrth 2004 ac roedd clywed ei gŵr, Nick, yn dweud, 'Ie, chi'n trafod fan hyn, ond beth y'ch chi'n mynd i neud? Shwt y'ch chi'n mynd i neud hyn?' Roedd e'n siomedig bod neb o'r Llywodraeth yn bresennol, er bod rhai Aelodau o'r Senedd yno. Mae'n sefyllfa gywilyddus ac eto mae'n rhaid dechre rhywle wrth symud mlân.

Aeth Tassia i'r ysbyty sawl gwaith ac fe ddwedwyd wrthi bob tro nad oedd unrhyw beth yn bod arni. Ond yn 28 oed fe gafodd hi ddeiagnosis canser y fron metastatig eilaidd a bod y canser wedi mynd i'r esgyrn ac nad oedd modd ei gwella. Fe ddechreuodd hi ddeiseb yn gofyn am fwy o gefnogaeth i gleifion â chanser metastatig eilaidd. Fe ddisgrifiodd hi ei hymgyrch fel ffordd o sicrhau na fydde'r hyn ddigwyddodd iddi hi, ac i fenywod eraill roedd hi'n nabod, yn digwydd eto. Dwi'n gwbod iddi gwrdd ag Eluned Morgan, oedd yn Weinidog Iechyd ar y pryd, i drafod ei hymgyrch. Wrth glywed Nick, ei gŵr, yn siarad fe ges i fy sobri. Dwi'n lwcus yn y ffaith nad oedd rhaid i fi frwydro am ddeiagnosis. Ond mae yna bobol sy'n gorfod gwneud hynny hyd yn oed.

Roedd yna ferch arall yno ac fe siaradodd hi'n wych gan bwysleisio ei bod hi'n lwcus i fod yn berson digon hyderus, oedd â digon o egni, er ei bod hi'n mynd trwy driniaeth canser, i allu ffonio, i allu haslo. Roedd hi'n cydnabod nad oedd pawb fel hi. O'n i'n gallu uniaethu â hi. Dwi'n lwcus 'mod inne'r un peth, ond dim pawb sy'n gallu nac sydd eisie cwrso canlyniadau. Pam ddylen nhw? Ac eto, yn fy mhrofiad i, mae'n rhaid. Mae meddylfryd cenhedlaeth fy rhieni yn wahanol, maen nhw'n meddwl, *no news is good news*. Ond mae angen ffonio i sicrhau dy fod yn cael y canlyniadau achos *no news is not good news* o hyd.

Fel rhan o'r cyfnod prysur hwn, fe wnes i gyflwyno Gŵyl Fel 'Na Mai yng Nghrymych dydd Sadwrn, penwythnos Calan Mai. Aethon ni i gyd lawr fel teulu ac roedd hi'n braf iawn i fynd getre a gweld wynebau cyfarwydd. Roedd dyddiad y masectomi ar Fehefin y 10fed yn gweithio'n grêt i fi am sawl rheswm. Cafodd fy mhodlediad, *1 mewn 2*, ei enwebu yng Ngŵyl y Cyfryngau Celtaidd am y Rhaglen Ffeithiol Sain Orau, gŵyl sy'n teithio'n flynyddol o gwmpas yr ynysoedd Celtaidd. Felly, ces i a Sioned Snelson, fy nghynhyrchydd, wahoddiad gan Radio Cymru i fynd i Gernyw. Fe lwyddes i fynd i fabolgampau'r plant, yna i'r Ŵyl Cyfryngau Geltaidd ac wedyn roedd y masectomi yr wythnos ar ôl hynny. Fel y gallwch chi ddychmygu, roedd fy mhen 'nôl a mlân yn y dyddiadur yn ystod y cyfnod hwnnw, fel tasen i'n cynllunio ymgyrch filwrol!

Un noson arhoson ni yng Nghernyw, felly *flying visit* oedd hi! Aethon ni â'r plant i'r ysgol bore dydd Mercher, yna gyrru o Gaerfyrddin i'r seremoni yn yr Lighthouse Cinema yn Newquay am bump o'r gloch y prynhawn. Roedd llawer o Gymru yno o gwmnïau eraill ac roedd hi'n braf eu clywed nhw'n dweud eu bod wedi gwrando ar y podlediad ac wedi mwynhau. Un podlediad oedd yn y categori hwn, ochr yn ochr â rhaglenni ffeithiol, ac adeg yr enwebiad o'n i'n browd iawn i glywed clip sain yn cael ei chware i bawb. Roedd e'n deimlad arbennig i Sioned a finne, dwy ffrind oedd wedi cydweithio ar rywbeth oedd yn meddwl cyment i ni. Ro'n ni mor ddiolchgar i'r cyfranwyr ac yn cofio am Will a Jill sydd wedi ein gadael ni, gwaetha'r modd. Ro'n nhw yn ein meddyliau ni ac ro'n ni'n dwy'n teimlo balchder ar ein rhan ni i gyd.

Fel dwi wedi sôn, dwi'n siomedig iawn 'mod i'n gymwys i gyflwyno'r fath bodlediad, ond mae cael enwebiad yn gweud i fi deimlo 'mod i'n gwneud rhywbeth i helpu. Y prif bwrpas oedd creu podlediad yn ein mamiaith achos bod dim byd tebyg i gael yn y Gymraeg. Mae pobol ddi-Gymraeg wedi cysylltu i holi ydyn ni wedi ystyried creu podlediad Saesneg, ond dwi ddim yn meddwl y bydd hynny'n digwydd ar hyn o bryd.

O'n i'n gwbod bod y podlediad yn gwneud gwahaniaeth wrth yr ymateb o'n i wedi ei dderbyn gan yr holl bobol sydd wedi cysylltu â ni. Mae sawl elfen yn cael eu trafod yn y penodau a gobeithio bod y podlediad hefyd yn helpu pobol sy'n cefnogi eraill â chanser. O'n i'n hapus gyda'r ymateb, ond mae cael enwebiad gan bobol sydd ddim yn fy nabod i, sydd ddim yn siarad Cymraeg ac felly sy'n ymateb i *1 mewn 2* yn wrthrychol, yn destun balchder.

Cyn Eisteddfod yr Urdd ym Mhort Talbot fe aeth tîm rygbi ysgolion Caerfyrddin drwodd i'r rownd derfynol yn Rodney Parade yng Nghasnewydd ac fe lwyddes i fod yna i wylio Steffan yn chware. Mae e mor bwysig bod y plant yn cofio achlysuron fel hyn. Fe sgoriodd Steffan gais ac enillodd y tîm blât DC Thomas ac o'n i'n teimlo fel mam falch iawn. Roedd llawer o rieni yno ac roedd yn mynd trwy fy meddwl 'mod i mor falch i fod yna. Mae'n mynd rownd yn fy mhen, 'Sawl gêm arall fydda i yno i'w gwylio?' Dwi'n treial peidio gadael i hynny gymryd drosodd. Yn sicr ar adegau fel hyn dwi'n meddwl, falle fydda i ddim yna i wylio Steffan na Tomos yn chware rygbi neu bêl-droed pan fydd e'n henach, ond dwi 'ma nawr a dyna pam oedd e mor neis 'mod i'n gallu cefnogi.

Mae profiadau fel y bath swn a'r Reiki yn fy helpu i i

ddysgu i fyw yn y foment, er mor galed yw gwneud hynny. Mae'n sgìl a dwi'n bendant yn ei weld e'n anodd, ond dwi'n gallu pan mae raid. Mae'r canser yn sŵn cyson yn fy mhen ond mae yna adegau pan dwi'n gallu ei ddiffodd. Roedd y gwyliau sgio, hanner tymor mis Chwefror eleni, mor llesol wnes i ddim meddwl llawer am y canser o gwbwl. O'n i'n edrych fel pawb arall yn fy helmed a fy gogls. Roedd Elin, fy ffrind, a fi'n cael gwersi mewn grŵp, doedd neb yn gwbod pwy o'n i a neb yn gallu gweld bod fy ngwallt i bach yn denau. Wnaeth fy salwch ddim codi ei ben o gwbwl. Yn amlwg roedd pobol yn holi o ble o'n i'n dod a beth o'n i'n wneud, ond doedd ddim eisie i fi ddweud mwy. O'n i'n gallu canolbwyntio ar sgio a dysgu rhywbeth newydd – ac yn 40 o'n i'n canolbwyntio ar beidio cwympo! Roedd y plant fel *whippets* ar y slôps ond roedd Elin a fi ar adegau fel tasen ni â dwy goes whith. Er hynny, roedd e'n brofiad buddiol i'r corff a'r meddwl. Mae'r tirlun yn Andorra yn hollol wahanol, yng nghanol yr eira, yn anadlu'r aer ffres. Roedd popeth yn fwy syml yno. Ac eto o'n i'n pendroni sut fydden i ar ôl dod 'nôl, ond yn teimlo'n iachach ac yn barod i wynebu mwy o cemo yr wythnos ar ôl hynny. Roedd fy mhwysau i'r un peth, er 'mod i wedi bwyta mwy ar wyliau a chael ambell i lased o win. Roedd e'r math o wyliau ble o'n i'n symud. Roedd e'n waith caled i fynd yn fy mŵts sgio a cherdded o'r gwesty i'r slôps, a chario sgis Hanna! Ond roedd e'n bendant yn wyliau llesol a'r plant wrth eu bodd. Yr unig broblem yw – maen nhw eisie mynd eto!

Mae creu profiadau yn hollbwysig i ni fel teulu wrth feddwl mlân, p'un ai yw hynny getre yn Sanclêr, yng Nghymru, neu ymhellach i ffwrdd. Rhaid derbyn bod popeth ddim yn bosib. Fuon ni ddim â'r garafán i'r Sioe eleni, er 'mod i'n cyflwyno *Heno* o'r Sioe. Roedd mynd i'r Sioe a'r Eisteddfod mor agos at ei gilydd yn ormod. Gafon ni wythnos hyfryd yn yr Eisteddfod yn Wrecsam, deg carafán yn aros ar y maes carafanau, yn ffrindie a phlant gyda'i gilydd. Wnes i ddim gweithio rhyw lawer yr wythnos honno, cyflwyno un *Heno* a chynrychioli Sir Benfro mewn trafodaeth ddifyr gyda Stifyn Parri ar dafodiaith yn y Babell Lên. Fel un sy'n gweithio'n llawrydd, o'n i'n falch i allu gweithio rhwng y Sioe a'r Eisteddfod. Mae llawer o bobol yn cymryd gwyliau dros yr haf ac roedd yna gyfle am shifft bach neu ddwy ychwanegol ar soffa *Heno*, a gan fod Shân Cothi i ffwrdd fues i'n cyflwyno *Bore Cothi* cyn ac ar ôl yr Eisteddfod.

Diwedd Awst, fe fuon ni i Euro Camp yn Argelès-sur-mer yn Ffrainc. Un peth o'n i eisie ar y gwyliau oedd haul ac mae mynd i dde Ffrainc yn gwneud yn siŵr ein bod ni'n cael y tywydd. Wrth i'r plant fynd yn henach maen nhw eisie gwneud gweithgareddau ac mae Euro Camp yn cynnig pwll mawr gyda sleids. Roedd traeth a thre gerllaw ac fe wnaethon ni gadw'n brysur ar y beics. Ry'n ni'n deulu sy'n lico carafanio ac roedd hwn yn wyliau carafanio gyda thywydd braf.

Mae Millie-Mae Adams, cyn-Miss Cymru, hefyd yn llysgennad Ymchwil Canser Cymru ac mae'n trefnu *ball* ym mis Hydref ac wedi gofyn i fi siarad ar y noson. Dwi'n edrych mlân i gydweithio â hi. Mae'r elusen yn gofyn i fi am fideos bob nawr ac yn y man a dwi'n falch i allu helpu trwy ffilmio'r rheini yn ogystal â gwneud pethe eraill fel cyflwyno ambell gyngerdd iddyn nhw. Mae'r rôl llysgennad yn un dwi'n falch iawn ohono ac mae'r ffaith 'mod i â chanser yn helpu Ymchwil Canser Cymru. Mae'n rôl lle dwi'n byw fy mywyd, yn sôn am yr ymchwil sydd wedi bod o gymorth i fi'n bersonol. Dwi'n brawf o'r hyn mae codi arian ar gyfer ymchwil yn gallu ei wneud dros bobol â chanser.

Ac, oes, ma gyda fi ganser y fron metastatig, ond mae

mwy i fi na hynny hefyd. Na, wna i ddim gwella ohono, ond mae modd i fi fyw bywyd gyda fe. Dwi'r un person, yn dal i wneud yr un pethe o'n i'n eu gwneud cyn y canser. Odw, dwi'n gorfod cael hoe fach ambell ddiwrnod o'r mis ar ôl cael triniaeth. Ond dwi'n llwyddo i weithio, i fod yn fam, yn wraig, yn ffrind. Ydy, ma fe'n ddiawl o beth ac, yn amlwg, fydden i ddim yn ei ddymuno fe ar neb, ond dyna fel mae bywyd wedi troi mas i fi a dwi'n treial fy ngore glas i beidio â gadael iddo fe ennill hyd yn hyn.

Fe ges i sgans MRI a CT diwedd yr haf ac er gwaetha fy ofnau roedd popeth yn iawn. Doedd dim golwg o'r cysgod oedd i'w weld yn y gwanwyn, diolch byth. Fues i ddim yn dathlu chwaith. Roedd y canlyniadau'n fwy o ryddhad, rhyw 'ffiw', ar ôl y poeni roedd hi wir yn braf i glywed y newyddion hyn. O'n i'n falch hefyd i ddeall y bydda i'n cael mwy o radiotherapi a chemotherapi cyn diwedd y flwyddyn. Ac fe ddaeth mwy o newydd da yn sgil enwebiad arall ar gyfer fy mhodlediad, *1 mewn 2*, a gwahoddiad i'r British Podcast Awards yn yr O2 yn Llundain ar yr 2il o Hydref. A chyn hynny, wrth gwrs, fe gafon ni wythnos fendigedig yn yr Eisteddfod Genedlaethol yn Wrecsam a gwyliau i'r teulu cyn i'r plant fynd 'nôl i'r ysgol ym mis Medi.

Bydda i'n cael triniaeth am weddill fy mywyd, ac ar hyn o bryd mae'n gweithio, a dwi'n ddiolchgar amdano. Dwi'n falch 'mod i heb fynd i ryw ogof i guddio. Fe gollodd fy ffrind ei chwaer i lewcemia ym mis Mawrth. Fe gafodd hi ddeiagnosis ar ôl fi a, druan, chafodd hi ddim cyfle i fyw o gwbwl achos roedd hi'n sâl ac yn cael triniaeth yn gyson. Dwi'n sylweddoli bod yna bobol sydd ddim mor lwcus â fi, nad oes ganddyn nhw'r egni na'r cryfder meddwl i ddal ati i dreial byw bywyd llawn.

Dwi'n gwbod 'mod i'n mynd i farw cyn bo' fi moyn, siŵr

Amser a ddengys

o fod, ond tra 'mod i yma dwi'n mynd i wneud y mwya o bopeth. Wedi'r cwbwl, does dim un ohonon ni'n gwbod pa mor hir fyddwn ni ar y ddaear 'ma. I fi, beth yw'r pwynt eistedd getre yn ddiflas reit. Fy nymuniad o ran fy nhriniaeth yw bod yna ddatblygiadau pellach fydd yn golygu y bydd modd cael tabledi Enhertu yn hytrach na gorfod mynd i'r uned cemotherapi mewn blwyddyn neu ddwy, a bod llai o sgileffeithiau. Dwi wedi gweld gwahaniaeth yn y driniaeth sydd ar gael i fi o fewn y ddwy flynedd ers cael y deiagnosis. Dwi'n byw mewn gobaith, ac mae'n rhaid – neu blincin hec, bydden i'n llefen bob dydd! Mae bywyd pobol eraill yn galed hefyd, pob un â'i heriau, pob un â'i sialensau ac, i fi, dwi am wneud y mwya ohono.

Fy uchelgais – os oes uchelgais – yw i barhau i weithio. Mae'n ddiddorol, fel dwi wedi sôn, 'mod i'n cael mwy o alwadau o fewn y diwydiant nawr bod canser gyda fi. Ydy, mae'n rhyfedd y ffordd mae'r byd yn gweithio. Dwi yr un person ag o'n i, yr un cyflwynydd, a dwi'n fwy poblogaidd ers y deiagnosis? Dwi ddim yn cymryd hynny fel rhywbeth negyddol. Falle bod pobol yn gallu uniaethu â fi'n well nawr. Falle ei bod hi'n haws uniaethu â fi. Dwi'n dwli ar fy swydd a dwi mor lwcus 'mod i'n dal i allu gweithio. Dyw hynny ddim yn wir i bawb, gan gynnwys Gemma, sydd â chanser metastatig fel finne, a'r un oedran â fi, ond sydd wedi gorfod ymddeol yn gynnar. Ar y cyfan, dwi'n gallu ymdopi gyda'r sgans a'r driniaeth a pharhau i weithio.

Mae yna feddylfryd bod pobol sy'n mynd trwy driniaeth canser ddim yn gweithio, felly mae'r byd meddygol yn meddwl bod pawb ar gael i fynd i bob apwyntiad a bod gyda ni oriau i'w treulio yn eistedd mewn stafell aros. Fel rhywun sy'n llawrydd, mae'n gallu bod yn eitha rhwystredig oherwydd os dwi'n cael cynnig gwaith dwi'n gorfod gwirio'n syth a fydd e yng nghanol triniaeth cemotherapi, a sawl achlysur fydd e. Os dwi'n gorfod gwrthod y gwaith mae risg na fydd y cwmni yna'n gofyn i fi eto. Ond ar y cyfan dwi'n lwcus iawn, ac wedi bod yn gweithio i Tinopolis ers dros 15 mlynedd. Maen nhw'n gefnogol tu hwnt ac mae Siân Thomas yn rhwydd iawn i gydweithio â hi pan ry'n ni'n rhoi trefn ar ein rota cyflwyno.

Un peth da am gael uned arbenigol y fron yn Llanelli yw dwi'n gallu mynd yno am apwyntiad peth cynta yn y bore, neu'n syth wedi dod oddi ar yr awyr ar ôl *Prynhawn Da* neu cyn *Heno*. Mae staff yr uned a finne wedi dod i ddeall ein gilydd yn eitha da. Dyw e ddim yn anarferol iddyn nhw fy ngweld i'n cyrraedd yn golur i gyd, yn edrych fel tasen i'n mynd am noson mas, yn hytrach nag yno i weld arbenigwr i drafod blincin canser.

Do'n i erioed yn berson uchelgeisiol iawn. Do'n i ddim yn dyheu i fod ar y teledu. Rhoies i gynnig arni, ond hyd yn oed ar y dechre o'n i'n meddwl, 'Os nag yw e'n gweitho mas, dyw e ddim yn gweitho mas.' Dyna pam benderfynes i adael fy swydd tair blynedd yn ôl, er mwyn cael gwell balans gyda bywyd teuluol. O'n i'n ddigon hapus i beidio â gweithio ym myd teledu byth eto. Ond mae'r gwaith wedi parhau i lifo. Dwi ddim wedi gorfod meddwl am y Plan B yna mae pobol yn y diwydiant yma'n cyfeirio ato.

Dwi eisie gwyliau i'r teulu i gyd – ni'n pump, Mam a Dad, rhieni Gareth a fy chwiorydd a'u teuluoedd – ac mae hwnna'n fwriad ar gyfer blwyddyn nesa. Gwyliau yn yr haul yw fy nymuniad: fila gyda phwll nofio a bod gyda'n gilydd. Gobeithio'n wir y bydd hyn yn digwydd, ond dy'n ni ddim yn grêt am drefnu mlân!

Mewn gwirionedd, un peth o'n i eisie mewn bywyd – a bod yn fam oedd hwnnw. Mae bod yn fam yn bopeth i fi. Dyna'r unig uchelgais oedd gyda fi a dwi wedi cyflawni'r uchelgais honno. Ac ydw, dwi ar ben fy nigon bod Gareth a finne yn rhieni i Steffan, Tomos a Hanna. Mae gwaith wedi dod i drefn o gwmpas y plant, ac mewn bywyd â'i wên a'i ddagrau, nhw sy'n bwysig. Ie, nhw yw ein byd ni, ac wrth edrych mlân i ddyfodol ansicr, mae hynny'n fwy na digon.